HOMENS LIVRES NA
ORDEM ESCRAVOCRATA

FUNDAÇÃO EDITORA DA UNESP

Presidente do Conselho Curador
Mário Sérgio Vasconcelos

Diretor-Presidente
Jézio Hernani Bomfim Gutierre

Superintendente Administrativo e Financeiro
William de Souza Agostinho

Conselho Editorial Acadêmico
Danilo Rothberg
Luis Fernando Ayerbe
Marcelo Takeshi Yamashita
Maria Cristina Pereira Lima
Milton Terumitsu Sogabe
Newton La Scala Júnior
Pedro Angelo Pagni
Renata Junqueira de Souza
Sandra Aparecida Ferreira
Valéria dos Santos Guimarães

Editores-Adjuntos
Anderson Nobara
Leandro Rodrigues

MARIA SYLVIA DE CARVALHO FRANCO

HOMENS LIVRES NA ORDEM ESCRAVOCRATA

4ª edição

Copyright © 1997 by Editora Unesp
Direitos de publicação reservados à:
Fundação Editora da Unesp (FEU)
Praça da Sé, 108
01001-900 – São Paulo – SP
Tel.: (0xx11) 3242-7171
Fax: (0xx11) 3242-7172
www.editoraunesp.com.br
www.livrariaunesp.com.br
atendimento.editora@unesp.br
1ª edição, IEB/USP, 1969
2ª edição, Ática, 1974
3ª edição, Kairós, 1983

Dados Internacionais de Catalogação na Publicação (CIP)
(Câmara Brasileira do Livro, SP, Brasil)

Franco, Maria Sylvia de Carvalho
  Homens livres na ordem escravocrata / Maria Sylvia de Carvalho Franco. – 4. ed. – São Paulo: Fundação Editora da Unesp, 1997. – (Biblioteca básica)

  Bibliografia.
  ISBN 85-7139-158-0

  1. Brasil – Condições econômicas – Império 1822-1889 2. Brasil – Condições econômicas – Período colonial 3. Classes sociais – Brasil 4. Escravidão – Brasil 5. Pobres – Brasil I. Título. II. Série.

97-3655   CDD 305.5690981

Índice para catálogo sistemático:
1. Brasil: Homens livres pauperizados: Sociedade escravocrata: Sociologia   305.5690981

Editora afiliada:

Asociación de Editoriales Universitarias
de América Latina y el Caribe

Associação Brasileira de
Editoras Universitárias

A
Florestan Fernandes

SUMÁRIO

9   Introdução

21 Capítulo 1
    O Código do Sertão

    1. Vizinhança: a violência costumeira 2. Trabalho e lazer:
    a violência institucionalizada 3. Parentesco: a violência necessária
    4. Pobreza e individualização: a violência como moralidade

65 Capítulo 2
    A Dominação Pessoal

    1. Tropeiros e vendeiros: a abertura do sistema social 2. Sitiantes:
    os fundamentos da dominação pessoal 3. Agregados e camaradas:
    necessidade e contingência da dominação pessoal

115 Capítulo 3
    O Homem Comum, a Administração e o Estado

    1. A herança de pobreza 2. Patrimônio estatal e propriedade
    privada 3. Autoridade oficial e influência pessoal 4. A construção
    do futuro 5. As peias do passado

167 Capítulo 4
O Fazendeiro e Seu Mundo

1. A visão do antepassado 2. Negócios: padrões costumeiros e práticas capitalistas 3.Estilo de vida: produção e dispêndio 4. Diferenciação social e participação na cultura 5. Declínio

235 Conclusões

245 Referências Bibliográficas

INTRODUÇÃO

1 Proposições gerais

O escravo aparecerá tratado, no decorrer deste livro, apenas de maneira circunstancial. Entretanto, ele existiu como "presença ausente", mas constante e pesada, no mundo de homens livres que procurarei reconstituir. A ele esteve ligado não só o destino de seus proprietários, como também a sorte dos homens livres e pobres, o que me obriga a pelo menos propor um ponto de vista sobre o lugar e o significado da escravidão na sociedade colonial.

As considerações desta introdução representam um esforço para não renunciar aos conceitos inclusivos, que apreendem as situações sociais como conjuntos significativos de relações, mas também de evitar os perigos do esquema *escravismo-feudalismo-capitalismo* nas interpretações da sociedade brasileira, as quais, mesmo em versões sofisticadas, fazem tábula rasa das dificuldades de periodização histórica. Representam, igualmente, um esforço para não cair no artifício de fragmentar a realidade investigada conforme as analogias que se puder distinguir entre seus componentes, apreendidos discretamente, e os elementos de conceitos referidos a constelações históricas de ordem e de sentido diferentes. É com este procedimento que se forjam as sociedades e as economias *mistas*: parcialmente primitivas, feudais, capitalistas etc., esquecendo-se de que, ao se trabalhar com formações históricas, as representações conceituais de pouco valerão se não captarem a sua integridade.

O comércio português do início dos tempos modernos nutriu-se de mercadorias fornecidas sistematicamente e em quantidade relativamente grande, seja quando o caráter da produção do gênero encerrava essa potencialidade, como no caso da pimenta, seja quando todo um sistema produtivo foi organizado e correspondeu a essas condições, como no caso do açúcar. Já nas ilhas portuguesas do Atlântico firmara-se, com o açúcar, um estilo de produção marcado pelo volume grande e crescente do gênero obtido, ao mesmo tempo que se refazia o antigo modelo do tráfico de especiaria, montado para mercadorias escassas.[1] A produção mercantil, ao acentuar-se nesses termos, já no século XV, implicou a exploração de uma massa trabalhadora.

Ao regime escravo deve-se, em grande parte, a possibilidade de mudança rápida da escala em que o açúcar era produzido. Foram avanços técnicos que impulsionaram inicialmente a expansão desse ramo. Contudo, os processos básicos de fabricação do açúcar estabilizaram-se durante alguns séculos e o aumento do produto obtido dependeu, assim, de incrementar a exploração dos meios de produção em termos absolutos: estender as plantações e obter maior volume de matéria-prima para alimentar os engenhos, ampliar a capacidade destes e multiplicá-los e, juntamente com tudo isto, acrescentar a mão de obra.[2] Torna-se claro, portanto, que a exploração do açúcar fazia crescer continuamente a procura de braços e vê-se, também, como a escravidão se adequava a essa exigência: ela representava a possibilidade de mobilizar mão de obra e fornecer os contingentes adicionais necessários.

Entrosada nesse quadro, a tendência da escravidão no Brasil foi de avolumar-se cada vez mais.[3] Definiu-se, pois, nos latifúndios aqui estabelecidos, uma situação contraditória: formou-se um agregado de homens engajados precipuamente numa produção mercantil e especializada, que estavam, ao mesmo tempo, isolados e obrigados a suprirem-se por seus próprios recursos. Assim, com a organização do trabalho que foi possível e adequada para a obtenção de mercadorias, limitava-se, *ipso facto*, a escala

---

1 Cf. Coutinho, Azevedo.
2 Cf. Furtado, 1959, cap.9.
3 Cf. Mauro, 1960, p.179-80 (escravos importados entre 1570 e 1670).

de sua produção. Portanto, como decorrência das próprias condições em que se desenvolveu a grande propriedade fundiária no Brasil, houve que conciliar, dentro dela, dois princípios reguladores da atividade econômica que são essencialmente opostos: produção direta de meios de vida e produção de mercadorias.

Ao se apontar a presença simultânea dessas duas modalidades de produzir, no latifúndio, é preciso não perder de vista que, no contexto brasileiro, elas ganham identidade: uma não existe sem a outra. A produção e o consumo diretos encontram sua razão de ser na atividade mercantil, como *meio* que se definiu juntamente com a extensão das terras apropriadas, as técnicas rudimentares, a escravaria. A combinação colonial dos fatores de produção repousou, em larga medida, na possibilidade do latifúndio autossuprir-se. Isto posto, não basta constatar que produção para subsistência e produção para mercado estejam arranjadas numa estrutura e sejam interdependentes. Ainda assim se correrá o risco de chegar a uma visão dissociativa dos componentes do latifúndio e indicar que, nele, formações socioeconômicas distintas estão combinadas, compondo uma dualidade.[4] Respeitar-se-á, ao invés, sua integridade, ao se apreender aquelas duas modalidades de produzir como *práticas que são constitutivas uma da outra*. Dessa perspectiva, os princípios opostos de ordenação das relações econômicas aparecem sintetizados e, ao observá-los, não seremos levados a representar a economia colonial como *dualidade integrada*, mas como uma *unidade contraditória*. Essa síntese, determinada na gênese do sistema colonial, sustentou, com suas ambiguidades e tensões, a maior parte da história brasileira.

Um estudo de Max Weber indica que a mesma síntese de orientações contraditórias da atividade econômica esteve presente no latifúndio escravista da Antiguidade.[5] Seu estudo permite distinguir essa semelhança com o latifúndio moderno e, ao mesmo tempo, observar a diferença das formas em que a referida contradição se desenvolveu quando produzida em meios sociais radicalmente diferentes.

---

4 Ver, por exemplo, Inácio Rangel, 1957, autor que caracteriza o latifúndio colonial como "intinerante feudal e externamente capitalista". Essa abordagem permeia a literatura sobre sociedades desenvolvidas, descobrindo nelas, e em seus quadros de mudança, "a coexistência de formas sociais que pertencem a diferentes épocas".
5 Weber, 1950.

A partir da análise de Weber, conclui-se que os elementos que estiveram na base da expansão imperialista romana e que configuraram o latifúndio, a escravaria e a produção mercantil, tiveram efeitos fundamentalmente repressivos sobre a diferenciação e integração da economia. Em decorrência da organização socioeconômica determinada ao longo desse processo, as malhas da rede comercial definiram-se de maneira frouxa e o tráfico oneroso limitou-se às necessidades de luxo da camada mais alta, ficando a produção de mercadorias restrita a artigos que a supriam. Nas condições da economia romana, o escravo provia, de maneira absolutamente necessária, de modo direto, a si e a seus senhores, produzindo adicionalmente para mercado. A pesada massa de escravos, congregada no latifúndio isolado e sujeita ao imperativo de autoprover-se, pressionou de modo que o processo histórico tivesse seu curso orientado para a resolução das necessidades básicas desses homens, com a vida paulatinamente se fechando em torno dos estabelecimentos agrícolas e a economia tendendo para uma forma autárquica.

Na época moderna, o sentido geral da evolução da economia de base escravista foi oposto ao da Antiguidade. O fato decisivo é que ela se desenvolveu em estreita ligação com o mundo europeu, que se orientava para a utilização do trabalho livre, processo que correu paralelo com a intensificação da divisão do trabalho social e com a generalização da forma mercantil das relações econômicas. O sistema colonial fez parte desse contexto em que se expandiram os mercados e disto dependeu sua vitalidade. Foi esse vínculo que levou lentamente a contradição entre produção direta de meios de vida e produção para mercado, contida no latifúndio, a desenvolver-se pelo reforço da atividade mercantil. A monocultura altamente rendosa marcou os rumos da economia colonial, promovendo um incipiente movimento no sentido de sua diferenciação e integração. A partir dessa pressão, desenvolveram-se as áreas de culturas subsidiárias, de apresamento e criação de gado, e floresceram as charqueadas, suportando as necessidades da produção e do escoamento das safras, bem como fornecendo boa parte do alimento do escravo. Vagarosamente, mas progressivamente, as correntes de comércio foram atravessando o país.[6]

Um fato ilustra, com precisão, essas considerações gerais. Na fase de transição que assinalou o século XVIII paulista, a escravidão aparece

---

6 Cf. Prado Júnior, 1953, cap.12.

como um "fator social construtivo", impulsionando a passagem de formas rudimentares para um tipo mais complexo de exploração econômica. Ocorreu isto a partir do ponto em que a produção aurífera entrou em declínio, observando-se, em consequência dos movimentos demográficos então havidos, uma elevação constante da escravaria na região de São Paulo, onde esse contingente de mão de obra era desproporcional ao padrão de subsistência para o qual tendia a economia. Esse desequilíbrio corrigiu-se pela evolução no sentido da grande lavoura, sendo relevante, nesse processo, a presença onerosa de uma massa escrava imobilizada. Este fato, de um grande número de homens escravizados, no interior de uma economia de subsistência, não ter reforçado a tendência para a produção direta de meios de vida, mas ter pressionado no sentido contrário, de deslanche da produção mercantil, só é inteligível pela referência ao sistema econômico mais amplo em que se incluía a região, isto é, às condições postas pelos mercados exteriores.[7]

Diante da diversidade de sentido da escravidão antiga e moderna, diante dos rumos diametralmente opostos do processo histórico das sociedades em que uma e outra se constituíram, fica pelo menos indicada a dificuldade de se conceituar um *modo de produção* a partir da presença do escravo. Estas considerações conduzem, antes, a propor a escravidão simplesmente como instituição.

Com esta orientação, não terei como ponto de partida, neste trabalho, a representação de que, nas colônias modernas, a escravidão constitua o *princípio unificador* do sistema social, a determinação fundamental da forma de sua integração e de seu destino, preferindo colocá-la como instituição submetida a outras determinações que lhe imprimiram seu sentido. Desta sorte, o ponto de vista prevalecente neste estudo será o de compreender a situação histórica, seu objeto, mediante um procedimento que permita reconhecer a exploração do escravo como parte em que se pode encontrar, *nem mais nem menos* que em outra do sistema considerado, relações sociais em cujo curso se procede à unificação dos diferentes e contraditórios elementos nele presentes. Esta proposição leva a ver como, a partir dos séculos XV e XVI, quando a escravidão aparece suportando um estilo de produção vinculado ao sistema capitalista, o escravo surgiu redefinido como categoria puramente econômica, assim integrando-se às sociedades coloniais.

---

7 Fernandes, 1959, p.19-20.

Essa marca também esteve impressa no colonizador português: nele aparece a junção do guerreiro-funcionário com o comerciante-empresário, tipo humano constituído nas tropelias da conquista, na ambição da riqueza e na produção mercantil. Os povoadores deixados por Martim Afonso na região Vicentina enfeixavam esses atributos, combatendo o gentio e o estrangeiro, servindo na administração da colônia, comerciando com escravos, iniciando a indústria açucareira e negociando o financiamento de seus estabelecimentos na Europa. Nos Góis, Adornos, Pintos, Leitões e Cubas que aí aportaram, observam-se os traços do aventureiro típico de sua era, acrescidos de outro que apenas se delineava em seu tempo: eles ensaiaram produzir em grandes proporções.

Para os fins deste estudo, uma das mais importantes implicações da escravidão é que o sistema mercantil se expandiu condicionado a uma fonte externa de suprimento de trabalho, e isto não por razões de uma perene carência interna (efetiva de início) de uma população livre que poderia virtualmente ser transformada em mão de obra.

Esta situação deu origem a uma formação *sui generis* de homens livres e expropriados, que não foram integrados à produção mercantil. A constituição desse tipo humano prende-se à forma como se organizou a ocupação do solo, concedido em grandes extensões e visando culturas onerosas. Dada a amplitude das áreas apropriadas e os limites impostos à sua exploração pelo próprio custo das plantações, decorreu uma grande ociosidade das áreas incorporadas aos patrimônios privados, podendo, sem prejuízo econômico, ser cedidas para uso de outro. Esta situação – a propriedade de grandes extensões ocupadas parcialmente pela agricultura mercantil realizada por escravos – possibilitou e consolidou a existência de homens destituídos da propriedade dos meios de produção, mas não de sua posse, e que não foram plenamente submetidos às pressões econômicas decorrentes dessa condição, dado que o peso da produção, significativa para o sistema como um todo, não recaiu sobre seus ombros. Assim, numa sociedade em que há concentração dos meios de produção, onde vagarosa, mas progressivamente, aumentam os mercados, paralelamente forma-se um conjunto de homens livres e expropriados que não conheceram os rigores do trabalho forçado e não se proletarizaram. Formou-se, antes, uma "ralé" que cresceu e vagou ao longo de quatro séculos: homens a rigor dispensáveis, desvinculados dos processos essenciais à sociedade. A agricultura mercantil baseada na escravidão simultaneamente abria espaço para sua existência e os deixava sem razão de ser.

O objetivo para o qual esteve basicamente orientada a sociedade brasileira determinou, de ponta a ponta, sua organização. Embora os homens livres e pobres tenham permanecido apartados da produção para mercado, este setor localizou-os na estrutura social e definiu o seu destino.

Escolhendo o ponto de vista delineado nas páginas anteriores, estabeleci a "modernidade" da colonização portuguesa como ponto de partida.

O conceito inclusivo tomado por referência neste trabalho é o de capitalismo, por imprecisa que esteja, ainda, sua figura no sistema colonial.[8] Apesar disto, essa abordagem permite acentuar a peculiaridade das relações de dominação e de produção definidas no Brasil e afastar a ideia de que teria se implantado, aqui, um sistema tributário, essencialmente diferente do núcleo europeu, com a reatualização de formas pregressas de organização social.

Essa orientação põe em jogo a base conceitual que vem sustentando, em larga medida, as teorias sobre sociedades subdesenvolvidas, descritas como *tradicionais*. A fim de tomar posição face a essas teorias, alguns dos resultados das análises foram aproveitados na forma do método tipológico, em geral avocado nessas interpretações. Procurei usar os conceitos de relação comunitária, de autoridade tradicional e de sociedade estamental conforme os requisitos dos tipos ideais, para esclarecer sua inadequação à sociedade brasileira e, ao mesmo tempo, ressaltar a técnica defeituosa de generalização que tem levado à impropriedade no uso desses conceitos. De passagem, quero apenas advertir que essa objeção não se resolve com o argumento da distância entre situações empíricas e conceitos puros. A referida impropriedade vem de se esquecer que os tipos ideais, em que pese seu caráter formal, são construções teóricas que expõem o caráter singular dos fenômenos culturais. Nessa medida são históricos. São conceitos genéticos, cujo rigor supõe a observância dos nexos de sentido entre seus componentes, da configuração em que estão arranjados, com suas tendências essenciais e o princípio que as governa. A negligência desses requisitos transforma-os em conceitos classificató-

---

[8] Ao usar esta referência, não tenho em vista meramente endossar a clássica ligação das colônias com o "capitalismo comercial"; procuro chamar a atenção para as relações do capital com o próprio estilo de produção instalado nas colônias portuguesas do Ocidente. Nestas, todo um novo sistema produtivo foi montado, diferentemente do que aconteceu nas colônias orientais.

rios que meramente sumarizam os traços comuns a certos fenômenos empíricos.[9]

É esta a única questão teórica que aparece, aqui e ali, explícita no trabalho; ainda assim, seu tratamento permanece sempre referido às análises empíricas em curso. As outras questões ficam subentendidas; as soluções que encontrei não são novas e poderão facilmente ser identificadas e avaliadas pelos interessados. Um aviso porém é conveniente: nas relações entre mundo objetivo e subjetividade tomei por centro o conceito de *praxis*, que nos livra de velhos fantasmas como *indivíduo e sociedade*, *personalidade e cultura*, e estendi o conceito de ideologia para o nível das representações entranhadas em qualquer ação humana. Desse ângulo, por exemplo, tanto a moralidade implícita no ajustamento automaticamente violento do caipira; como o reconhecimento da "igualdade do outro", semiexplícito para o fazendeiro no processo de dominação pessoal; como as explicações "técnicas" do desenvolvimento e das crises do café, têm o mesmo estatuto como parte da realidade e com os mesmos procedimentos se indaga de sua gênese, de seus limites e de seu significado prático. É com esse mesmo sentido, como ideologia, que uso o conceito de *burocracia* no terceiro capítulo. À parte o significado científico que possa ter, o conceito formulado por Weber pode ser aproveitado como uma completa sistematização, como "modelo" das representações que suportaram a montagem do Estado moderno.[10] E esta foi a tarefa a que se propôs o homem público brasileiro no século XIX, cuja consciência e prática políticas estiveram muito orientadas para a administração. Nesse contexto, racionalidade é usada como um conceito referido à *eficiência*.

2 Objeto e plano do livro

A pesquisa refere-se à velha civilização do café que, no século XIX, floresceu nas áreas do Rio de Janeiro e de São Paulo pertencentes à região do Vale do Paraíba. Essas áreas incluem-se no território que, em sua

---

9 Cf. Weber, 1947, "Objectivity in the Social Sciences".

10 De certa maneira, o próprio Weber autoriza esse uso. Referindo-se ao conceito de Estado, escreve: "as ideias *práticas* que deveriam ser válidas ou que se acredita válidas e o tipo ideal construído para fins heurísticos aproximam-se muito e constantemente tendem a se confundir" (Weber, 1949, p.99).

classificação das lavouras de café da época, Van Delden Laërne chamou de Zona do Rio em oposição à Zona de Santos. A documentação coligida ora se refere a esses limites, ora diz respeito à sociedade brasileira como um todo, ora circunscreve-se à cidade de Guaratinguetá e vizinhanças, conforme o exijam as questões tratadas.

A escolha desse objeto prende-se à intenção de apanhar o momento em que atingia seu ponto alto a criatividade contida na organização agrária "colonial" e em que tiveram também livre curso as suas implicações destrutivas, transcorrendo, em curto espaço de tempo, todo um processo de desenvolvimento e regressão. A escolha de uma área mais pobre da região paulista para o estudo dos problemas de ordem local prende-se ao fato de que, nela, as transformações vindas com o café se fizeram sentir de maneira mais branda, conservando-se as características anteriores e, assim, ajudando a observação dos nexos de recorrência entre estabilidade e mudança social. Guaratinguetá aparece privilegiada por ser comarca e oferecer, por isto, talvez a única fonte para a reconstrução histórica das relações comunitárias: os processos-crimes.[11] Ao examinar essa documentação, de início pretendi apenas localizar os aspectos sociais que porventura estivessem registrados, desprezando as situações propriamente de tensão. Tal procedimento revelou-se impossível: ao passo que a pesquisa ia progredindo, a violência aparecia por toda parte, como um elemento constitutivo das relações mesmas que se visavam conhecer. Assim, não cabe a arguição de que a violência ressaltou porque esquadrinhei uma documentação especializada nela. O contrário é verdadeiro: foi a violência entranhada na realidade social que fez a documentação, nela especializada, expressiva e válida.

O primeiro capítulo trata do homem livre e pobre. Procurei apanhar o nexo entre as condições materiais de vida e sua própria pessoa, por intermédio da trama de relações sociais engendradas no interior dos pequenos grupos e referidas à sociedade inclusiva. Pretendi, assim, alcançar a concepção que fez de si próprio e a orientação dominante de sua conduta em relação a seu semelhante.

---

11 Por motivos óbvios, na apresentação do material eliminei ou troquei o nome das pessoas envolvidas. Desse modo a indicação das fontes ficou restrita à classificação usada no cartório. O último número, após o sinal de barra, corresponde à data, em geral, do início do processo.

No capítulo seguinte o objetivo foi encontrar a maneira como esse homem participou da sociedade mais ampla. A análise orientou-se para alcançar, mediante o estudo das situações vividas por determinadas categorias e grupos sociais, os princípios que presidiram à articulação da sociedade. Por intermédio do vendeiro e do tropeiro procurei distinguir como se determinavam os alvos de ascensão social e como se abriram as possibilidades de sua realização; em outras palavras, como se definia a abertura do sistema. Em seguida, através das condições de existência do sitiante, a intenção foi expor as forças que barravam o caminho a esses homens e, por essa via, revelar o princípio de dominação pessoal. Finalmente através do agregado, pretendi captar as possibilidades de negação dessa ordem social e, de novo, os obstáculos opostos.

O terceiro capítulo começa a compor as figuras que constituíram as forças ativas desse sistema de dominação, com as organizações a que estiveram ligadas. Nessa parte, privilegiei temas que têm chamado a atenção praticamente. Dispus a matriz onde se alinham as bases materiais da "corrupção" no serviço público, a ideologia que suporta o "tráfico de influências" nesse setor, e as condições existentes para o exercício personalizado e autoritário do poder.

O quarto capítulo completa as figuras dominantes, com o estudo da exploração do café. O tema geral é o da mobilização de componentes geralmente identificados como "atrasados" e o desenvolvimento de práticas "modernas". Com isto, não tive em mente apenas expor como traços "arcaicos" ou "irracionais" foram condições necessárias à integração bem-sucedida da produção brasileira aos mercados internacionais. Pretendi também esclarecer como no interior mesmo da sociedade brasileira os aspectos "tradicionais" sofreram uma redefinição de sentido ao dar-se o deslanche da produção mercantil, mantendo-se constante a sua forma. Nesses termos, o que se observa é uma continuidade do "velho" para o "novo", uma rapidez nas transformações, em lugar das "resistências à mudança" que em geral se aponta. Levando adiante essa linha de observação, procurei esclarecer como o *conjunto* de elementos que formalmente poderiam ser identificados como tradicionais apenas se torna inteligível quando referido à produção lucrativa.

Não foram poucas as dívidas que contraí na realização deste estudo. Meu primeiro reconhecimento se dirige a Florestan Fernandes. Juntamente com toda uma geração de cientistas sociais, favoreci-me de sua influência construtiva, de sua atuação inovadora e das perspectivas que abriu ao desenvolvimento da Sociologia no Brasil.

Este trabalho foi originalmente apresentado como tese de doutoramento na Faculdade de Filosofia, Ciências e Letras da Universidade de São Paulo, em novembro de 1964. Da banca examinadora, composta dos professores Florestan Fernandes, Sérgio Buarque de Holanda, Antonio Candido de Mello e Souza, Francisco Iglésias e Octávio Ianni, recebi observações que procurei atender na presente versão e pelas quais registro meus agradecimentos. A Antonio Candido reservo, nesta página de gratidão, como em minha amizade, um lugar especial. Das pessoas que me auxiliaram com informações valiosas, sou grata muito particularmente a Nilo Gomes Jardim e Olívio Moreira que me esclareceram sobre questões do passado que foi parte de suas vidas. Também a Paulo Moreira Rodrigues sou reconhecida por várias observações elucidativas.

De todos os meus, guardo a melhor lembrança da generosidade, do interesse e da paciência com que suportaram um doutoramento em família.

CAPÍTULO 1
O CÓDIGO DO SERTÃO

> "Só teme quem tem que perder;
> quem mais tem que perder mais teme;
> quem mais teme mais obedece."
>
> J. J. de Azeredo Coutinho,
> *Ensaio econômico sobre o comércio
> de Portugal e suas colônias.*

"Luísa Maria de Jesus, de cinquenta anos de idade mais ou menos, casada, natural do termo de Cunha e moradora deste termo, no Bairro de São José, onde vive em companhia de seu marido. Testemunha jurada aos Santos Evangelhos, em um livro deles, na forma devida. Testemunha que sendo inquirida sobre o conflito havido entre Manuel Antônio, conhecido por Manuel da Ponte, e José Francisco, conhecido por José Mineiro, respondeu debaixo do juramento prestado o seguinte: que no dia sábado dezoito do corrente mês, ao meio-dia mais ou menos, achando-se ela depoente no Bairro do Rio do Peixe, para onde ela e seu marido Francisco Mariano e filhos haviam ido tratar de colher sua roça de milho, estava ela depoente em casa de sua filha de nome Crescência, quando ali passou Manuel Antônio e convidou ao filho dela depoente, de nome Antônio, que ainda não tem doze anos, para irem caçar paca, achando-se Manuel da Ponte armado de espingarda e acompanhado de cães para a caçada, a cujo convite anuiu seu filho, e então dirigiram-se para o mato. Passado algum tempo, voltou o filho dela depoente e contou-lhe que Manuel da Ponte havia posto os cães no mato, mas que não tinham levantado paca, por isso que ia caçar em outro lugar, para o que de novo o convidou, mas que seu filho a este novo convite não anuiu e foi para a casa de Benedito Reis comer laranjas. Em seguida ela, depoente, tendo precisão de lavar roupas dirigiu-se para um córrego que ficava por baixo da casa de sua filha e aí ouviu o estampido de um tiro; então ela depoente lembrou-se que tinha necessidade de consertar uma camisa para também lavar e voltou para sua casa, quando ouviu uns cães acuarem; nesse tempo chegou seu filho Antônio e perguntou-lhe se Manuel da Ponte havia matado a paca. A esta pergunta respondeu-lhe ela que julgava que sim, porque tinha ouvido um tiro e acuarem os cães e à vista disso disse-lhe seu filho que decerto Manuel da Ponte havia matado a paca e que ia pedir-lhe um pedaço, ao que disse ela depoente que fosse. Passado algum tempo, voltou seu filho muito pálido e assustado e disse a ela depoente que fosse ver a Manuel da Ponte que estava na grota perto da ponte, em travessio entre a ponte e um capinzal, atirado. Então ela depoente para ali se dirigiu e com efeito encontrou Manuel da Ponte deitado no chão e perguntou-lhe como se tinha atirado, ao que respondeu Manuel da Ponte que não era tiro, mas sim uma facada que José Mineiro (que estava lavrando madeiras) lhe dera e que não culpassem a outros. Em seguida, pediu-lhe que o fizesse sentar e então ela depoente o ajudou e o fez sentar: em seguida perguntou-lhe se queria que recolhesse as suas tripas e bofes para dentro, ao que respondeu-lhe Manuel da Ponte que não queria, pois estava muito mal e morria necessariamente, mas que queria que lhe desse um pouco d'água porque estava com muita sede. Então ela depoente encheu as mãos d'água e pôs na boca de Manuel da Ponte, que bebeu, para o que foi ajudada por sua filha de nome Crescência, que encostou a cabeça de Manuel da Ponte, a qual havia acompanhado ela depoente. Disse mais, que vendo que Manuel Antônio morria, perguntou-lhe se queria que o ajudasse a bem morrer, ao que respondeu-lhe Manuel Antônio que sim; então começou ela a rezar com ele, em cujo ato chegaram Benedito Reis e Lourenço Pataca, João de Barros, os filhos de Manuel Antônio de nome Francisco e Maria, que tinham vindo a chamado dela depoente, para o que havia mandado seu filho Antônio; então o filho de Manuel Antônio deu-lhe louvado, ao qual Manuel Antônio ainda pôde responder e fazendo o mesmo sua filha, só pôde Manuel Antônio apertar-lhe a mão. Então

Benedito Reis riscou um fósforo e acendeu uma vela e pôs na mão de Manuel dos Santos e este logo morreu."[1]

Nesse depoimento objetivam-se comportamentos que refletem o modo típico de viver das populações rurais brasileiras. O próprio local em que se desenrola a cena – a mata – evoca o cenário onde preferentemente transcorria a vida do caipira antigo e a fonte de onde provinha a maioria dos recursos de sua sobrevivência. A atividade em que se entretinham os homens implicados no acontecimento – a exploração da floresta – exprime o estreito e direto vínculo entre homem e Natureza, e o caráter de suas ocupações – a caça e a extração – refletem o amálgama de trabalho e lazer característicos da modalidade de ajustamento e adaptação encontrados por esse grupo. O comportamento das pessoas que socorrem a vítima traduzem – pela ajuda mútua – o princípio de solidariedade que, nas comunidades pequenas, possibilita a complementaridade de seus membros, mediante relações de contraprestação que se estendem a todas as áreas da vida social. Retrata-se também a importância dos vínculos familiares, aqui efetivados por meio da relação básica do modelo patriarcal – poder paterno *versus* piedade filial –, objetivada numa situação – a bênção – que põe em evidência o seu caráter sagrado, e isto em condições tais que sua ritualização – o louvado – perde o caráter de um proceder formal e rotineiro para readquirir a qualidade original de evocação solene, que a gravidade da morte, neste entrecho, lhe devolve. Finalmente, revela-se a importância da religiosidade na cultura rural e a sua dimensão mágica, traduzida na correspondência analógica entre a chama da vela e as luzes divinas.

Todos os aspectos acima apontados referem-se a elementos integradores do sistema social, nos vários planos (ecológico, cultural, organizatório e de representações) que, quase invariavelmente, têm sido tomados por pontos de referência nas pesquisas sobre comunidades. De outra parte, esses mesmos aspectos, quando transpostos para o plano teórico, identificam-se com os elementos constitutivos do conceito de relações comunitárias. Entretanto, o componente essencial da situação acima exposta, que conferiu sentido a todo o conjunto de circunstâncias, que determinou o seu encadeamento e deu unidade ao contexto, pouca atenção recebeu dos que se ocupam de estudos de comunidades e é

---

1 G. 8. – 660/1881.

alheio, também, à classe de fenômenos compreendidos pelo conceito de relações comunitárias. Refiro-me à extrema violência que está no cerne do evento relatado.

A caracterização sociológica da relação comunitária se baseia na existência de um consenso, da recíproca determinação das vontades e da inclinação, em um mesmo sentido, das pessoas que dela participam. A assertiva fundamental dessa conceituação é que "a comunidade é, normalmente, por seu sentido, a contraposição radical de luta".[2] A análise de situações desse tipo, no contexto social aqui considerado, põe em evidência, vinculados a essas conexões gerais que têm sido acentuadas teoricamente, outros componentes cujo sentido é de ruptura e tensão. Esses elementos aí aparecem, não como fenômenos irrelevantes de oposição verificáveis nas situações concretas de existência, mas como *constitutivos* da relação comunitária. Desse ângulo vê-se que, ao contrário da acentuação conceptual acima deferida, a luta aparece como ingente na relação comunitária.

Nota-se, inicialmente, em grande parte dos ajustamentos observados, que a oposição entre as pessoas envolvidas, sua expressão em termos de luta e solução por meio da força, irrompe de relações cujo conteúdo de hostilidade e sentido de ruptura se organizam de momento, sem que um estado anterior de tensão tenha contribuído. A agressão ou defesa à mão armada, da qual resultam, não raro, ferimentos graves ou morte, aparecem com frequência entre pessoas que mantêm relações amistosas e irrompem no curso dessas relações. Não se surpreende a mulher que, "ao meio-dia pouco mais ou menos, de sua casa que é próxima a de Antônio dos Santos, viu João Rita sentado na porta de Santos a tocar viola e que, daí a pouco, ouviu a mulher de Antônio dos Santos gritar por Nossa Senhora d'Aparecida e, bem assim, ouviu o barulho de pancadas e viu a João Rita ensanguentado e a Antônio dos Santos com a foice com que havia ofendido a João Rita". Chamado a intervir, o marido da testemunha revela o corriqueiro do acontecido, ao responder "que não iria por não ter nada a ver com as dúvidas alheias".[3] Várias situações análogas ficaram registradas nesses velhos autos, em que as testemunhas relatam que "não havia inimizade alguma entre o ofensor

---

2 Weber, 1974, v.I, p.40-2; Tönnies, 1947, p.25-63; Freyer, 1944, p.272-86.
3 G. 37-2 804, 1886.

e ofendido, que pelo contrário eram compadres e amigos",[4] ou em que o próprio réu declara que "não tinha intenção de ofender (a vítima) de quem foi sempre amigo".[5]

Mesmo quando pessoas estranhas se medem numa situação que seria de molde a predispor para um ajuste tempestuoso, as soluções drásticas não surgem como resultado necessário das circunstâncias que fundamentalmente as provocaram. É, antes, no interior do próprio conjunto imediato de relações, ao longo da concretização das condutas, à medida que nelas vai sendo impressa a figura de seus autores, que as tensões se agravam progressivamente até culminarem em luta. Assim: "José Benedito, quando vinha de volta de seus serviços na Fazenda de José Fernandes, em companhia de sua mulher, ao chegar em sua casa, aí encontrou deitados em sua própria cama, o denunciado Marcelino e Leopoldina de Tal, mulher de má vida; e como não pudesse suportar por mais tempo esse desaforo, observou-lhes que saíssem o quanto antes da referida casa, que não lhes pertencia". Estabeleceu-se entre o dono da casa e o intruso, enquanto se opuseram um ao outro tendo por referência apenas a questão objetiva de violação e abuso de domicílio, uma tensão que poderia resolver-se sem conflito aberto. À ordem de "– Saiam de minha casa", respondeu o estranho com um conciliador "– Sei que estou no alheio, já saio", pedindo algum tempo para vestir-se. Neste momento, entretanto, acirrou-se a desavença, pois pareceu a José Benedito que Marcelino demorava-se nesse ato de maneira propositada e provocativa. Assim, repetiu sua ordem, desta vez com ameaças: "– Saiam de minha casa, pelo contrário todos apanham neste instante". Por resposta direta, Marcelino ajuntou um novo e displicente "– Já saio". Mas de esguelha e dirigindo-se à companheira, cantou o seu desafio: "– Isto ele não é capaz de fazer". Encaminhou-se então José Benedito para o adversário, "agarrou-o pelo braço para pô-lo fora de casa, quando este arrancou de uma faca e travou uma forte luta corporal, da qual saiu aquele mortalmente ferido com facadas no ventre, das quais veio a falecer no dia seguinte".[6] A violência, neste caso, surgiu a partir do momento em

---

4 Cf. G. 9-700, 1881.
5 Cf. G. 10-784, 1885; G. 31-2 381, 1872; G. 10-764, s.d.; G. 20-1 573, 1885; G 4-3 313, 1892 e G. 9-709, 1890.
6 G. 10-78s, 1883.

que os contendores passaram a medir-se pondo em dúvida a capacidade recíproca de se enfrentarem. Num processo de autoafirmação, os implicados se definiram como antagonistas e suas ações se exteriorizaram conforme um padrão que, segundo tentarei mostrar, é corrente no meio social em estudo.

De uma perspectiva racional, na quase totalidade dos casos examinados será inevitável constatar uma desproporção entre os motivos imediatos que configuraram um determinado contexto de relações e o seu curso violento. Homens matam-se em desavenças "cujas causas que houveram foi somente uma pequena dúvida que ambos tiveram por ter o assassino de propósito posto seus animais em plantações do assassinado".[7] Essas "malquerenças havidas por causa de animais e plantações" foram o ponto de partida de inúmeros delitos, ocorridos em circunstâncias que constituíam motivos frívolos, de acordo com a jurisprudência da época. Esse conceito aparece claro na denúncia de um promotor público ao juiz municipal, referente a crime ocorrido "depois de forte altercação sobre questões que pela sua nenhuma importância nem merecem honras de serem trazidas ao conhecimento de V. S.".[8]

Até para os membros desse meio social, participantes virtuais de situações análogas, tais motivos, quando chegam a ser alçados em nível de reflexão crítica, são tidos por desproporcionais aos conflitos que a eles se seguem. Uma testemunha, ao avaliar os móveis de desavença que resultou em golpes de foice e faca, declarara-se espantada "desse fato, visto não haver motivo para que um agredisse ao outro, por ter a conversação entre ambos sido de coisas simples".[9]

Os fatos acima expostos indicam que os ajustes violentos não são esporádicos, nem relacionados a situações cujo caráter excepcional ou ligação expressa a valores altamente prezados os sancione. Pelo contrário, eles aparecem associados a circunstâncias banais imersas na corrente do cotidiano. Como se verá a seguir, a violência que os permeia se repete como regularidade nos setores fundamentais da relação comunitária: nos fenômenos que derivam da "proximidade espacial" (vizinhança), nos que caracterizam uma "vida apoiada em condições comuns" (cooperação) e

---

[7] G. 4-246, 1852; G. 6-445, 1876; G. 41-3 109, 1892; G. 6-404, 1875.
[8] G. 13-996, 1888.
[9] G. 16-1 238, 1882; G. 9-700, 1881.

naqueles que exprimem o "ser comum" (parentesco).[10] Essa violência atravessa toda a organização social, surgindo nos setores menos regulamentados da vida, como as relações lúdicas, e projetando-se até a codificação dos valores fundamentais da cultura. Através da observação dessas áreas – vizinhança, cooperação no trabalho, relações lúdicas, parentesco e moralidade – procurarei apanhar as tensões geradas nos grupos cuja organização tendia para um padrão comunitário, cuidando de vê-las à luz das determinações que definiram o sentido das relações na sociedade mais ampla de que fizeram parte.

1 Vizinhança: a violência costumeira

A focalização dessa área de relações sociais, nos estudos sobre populações campesinas, tem sido de molde a enfatizar o seu significado altamente integrador. O próprio procedimento de identificação desse setor da estrutura de relações sociais pode ser encarado como um recurso metodológico projetado justamente para captar e ordenar alguns dos fatores mais importantes para a persistência das pequenas comunidades: a organização de um suprimento regular de bens e de serviços, através da obrigatoriedade tácita de contraprestação. Sem dúvida nenhuma, nesse nível de abstração, em que se procura explicar a realidade social mediante a descoberta das funções decisivas de determinados fenômenos em vista do sistema global, aquela conclusão é verdadeira. Mas não é de muita valia quando se tem em mira apanhar e compreender o sentido das próprias ações e relações que apresentam regularidade, tanto do ponto de vista de seu curso exterior, quanto da emergência dos seus motivos, em razão dessa condição de vizinhança. Levando a observação para apreender as relações de vizinhança nesse nível, o investigador estará aparelhado para perceber que o sentido dessas ações não é essencialmente positivo, nem conduz fundamentalmente a fenômenos associativos. Na verdade, a mesma condição objetiva que leva a uma complementaridade nas relações de vizinhança – isto é, uma cultura fundada em

---

10 Sobre a identificação dessas áreas da vida social como constitutivas das relações comunitárias, cf. Tönnies, 1944, p.39-40.

mínimos vitais –,[11] conduz também, necessariamente, a uma expansão das áreas de atrito e a um agravamento das pendências daí resultantes. A pobreza das técnicas de exploração da Natureza, os limites estreitos das possibilidades de aproveitamento do trabalho e a consequente escassez dos recursos de sobrevivência não podem deixar de conduzir a uma sobreposição das áreas de interesse. Instalam-se, assim, processos competitivos sem alternativas muito plásticas para se resolverem, dado o caráter simples e pouco flexível dos mecanismos de ajustamento inter-humano (isto é, a relativa indiferenciação da estrutura social e a fraca discriminação das linhas de poder, aliadas ao domínio uniforme da cultura e à comunhão em um sistema simples de valores claramente definidos). O que está em jogo são objetivos comuns e primários que, ao se transformarem em problemas práticos, são equacionados em termos também comuns e bastante rígidos: a manutenção das prerrogativas de uma das partes implica, simplesmente, eliminar as da adversária. Em resumo, se uma cultura pobre e um sistema social simples efetivamente tornam necessárias relações de recíproca suplementação por parte de seus membros, também aumentam a frequência das oportunidades de conflito e radicalizam as suas soluções.

É dessa perspectiva que devem ser interpretados os desenlaces drásticos de pequenos incidentes relativos à preservação de roçados, à utilização de animais ou de benfeitorias de uso coletivo, ao aproveitamento de recursos naturais ou de coleta. Quero insistir, porém, que os ajustes violentos não se verificam unicamente em situações que comprometem as probabilidades de sobrevivência. Ligam-se, em boa parte das vezes, a acontecimentos que são irrelevantes desse ponto de vista. É o que se percebe, por exemplo, do depoimento de uma mulher cuja família havia sido espancada por três tocaiados e que declara, ao aventar os motivos da agressão, "que seu marido tem tido pequenas desavenças no bairro em que mora, com alguns de seus vizinhos, e isto por causa das criações que estragam as plantas dela informante".[12] Esta observação reforça as demais, já feitas, e permite estendê-las: vê-se o quanto o uso da força é difundido, como a ela se recorre mesmo quando estão em jogo meios de vida inteiramente prescindíveis.

---

11 Para este conceito e sua referência à organização socioeconômica do caipira, cf. Antonio Candido, 1964.
12 G. 11, 1885.

O conflito à mão armada aparece também em torno da apropriação de produtos de pequeno valor econômico, mas que permitiam uma suplementação monetária. Essas oportunidades de pecúlio, por diminutas que fossem, assumem importância ao se considerar que a região em estudo passava por um processo intenso de integração a uma economia de mercado, e que a camada livre e sem posses não encontrava possibilidades de se socorrer de uma fonte regular de suprimento em dinheiro. A competição pelas raras oportunidades de obtê-lo também se desenvolve por meios violentos. Homens disputam à faca as sobras de café que, após a colheita, ficavam nos ramos ou pelo chão e que os fazendeiros permitiam a seus empregados e dependentes recolherem. O participante de uma dessas desavenças reclama de seu vizinho que reparta "o café que juntara no cafezal de seu patrão", perguntando "se não sabia que o café era para repartir e respondendo ele que sim". A cooperação, que classicamente se enxerga na relação de vizinhança e que poderia ser percebida na exigência de distribuir o café, vem, na verdade, apenas convencionalmente expressa no caso apresentado. Rápido a alternativa dos quinhões equivalentes cede lugar à disputa pela posse integral do objeto visado. A recusa em ceder o café tornou-se definitiva "enquanto não fosse ouvido Generoso que era, por ser o dono do cafezal, o único competente para dizer se o café devia ou não ser repartido".[13] Nesse ponto irrompe a luta, da qual saíram feridos ambos os contendores.

Esta situação revela um componente estranho e perturbador dos velhos padrões, isto é, apresenta ações até certo ponto ligadas a uma economia de mercado. A cena reproduzida acima realça a participação tangencial dos homens livres e pobres nas atividades desse tipo e torna evidentes os obstáculos para que aquele grupo viesse a ensaiar formas racionais de comportamento, seja internamente, seja em relação a outros estratos sociais. Toda a conduta dos personagens vem entrelaçada com a concessão de mercês, expondo a vigência do princípio de dominação pessoal, base pouco propícia para a orientação racional da ação. De outra parte, a disputa por gêneros destinados à venda, no caso considerado, constitui uma situação lateral com referência aos meios de vida da cultura caipira. Para os casos deste tipo inexistia uma modalidade específica de controle e eles também escapavam por completo às formas de regulamentação

---

13 G. 20, 1897.

da conduta vigentes numa economia de mercado. O que se observa, no curso das relações entre as pessoas envolvidas no acontecimento, é que a situação marginal tende a se resolver mediante fórmulas costumeiras. Isto fica bastante claro quando, uma vez estabelecida a desavença, se socorre de arbítrio superior e, pelo menos momentaneamente, a autoridade pessoal parece competente para resolvê-la. A despeito desse possível recurso, a luta irrompe em sequência. Vê-se, nessa continuidade, como o ajuste violento se integra nas modalidades "tradicionais" de agir.

Com essa discussão, fica evidenciado como, nas relações de vizinhança, a violência está incorporada como uma regularidade, eclodindo de circunstâncias que não comprometem as probabilidades de sobrevivência e apresentando um caráter costumeiro suficientemente arraigado para ser transferido a situações que apresentam pelo menos alguns sinais de mudança.

Pode-se prosseguir nessa linha de interpretação e propor, mesmo, que a violência seja uma forma rotinizada de ajustamento nas relações de vizinhança. Isto se confirma quando a troca de facadas e bordoadas resulta de contactos passageiros, aguçados sem que nenhum incidente de importância tenha ocorrido. Assim se observa numa disputa "por causa de uma porteira; por aí passando dois homens tocando uns cargueiros, Antônio e Joaquim que perto moram dessa porteira vendo que os dois primeiros a tinham deixado aberta, dirigiram-lhes algumas palavras injuriosas, as quais foram pelos dois últimos respondidas pela mesma maneira; porém depois voltando estes e tornando a deixar a porteira aberta, Antônio e Joaquim saíram ao encontro deles e daí resultou o conflito".[14] Aquela interpretação confirma-se também ao se registrar a violência ocorrendo em relações inteiramente fortuitas, bastando, por exemplo, uma briga entre crianças para provocar entre seus pais, vizinhos, uma altercação que tem por desfecho vários golpes de foice.[15]

2 Trabalho e lazer: a violência institucionalizada

Também as interpretações do *mutirão* têm sido orientadas para descobrir sua função integradora, sendo considerado como uma institui-

---

14 Cf. G. 33-2 546, 1861.
15 Cf. G. 22-1 727, 1859.

ção que, mediante obrigações tácitas de contraprestação, regenera os laços de solidariedade, imprescindíveis para a preservação de sociedades restritas. A própria ocasião de trabalho conjunto e a obrigatoriedade de retribuição festiva dos benefícios recebidos são entendidos como ensejos favoráveis para a reafirmação desses laços. Parece conveniente, entretanto, sair desse esquema e examinar mais de perto a natureza e o sentido das relações que têm efetivamente lugar nesse tipo de organização do trabalho.

O mutirão consiste em uma forma cooperativa de trabalho e, como se sabe, é convocado quando se trata da realização de benfeitorias de interesse coletivo (caminhos, capelas etc.), ou quando tarefas têm de ser realizadas com requisitos de celeridade que ultrapassam os limites do trabalho doméstico (plantio, colheita, derrubadas, construção de casa etc.). Trata-se, assim, de suplementar a mão de obra e diminuir o tempo de trabalho necessário para a realização de determinado serviço, onerando de modo mínimo e equitativo cada um de seus usufrutuários. O que se procura, portanto, é um aumento da produtividade do trabalho mediante sua transformação em força coletiva. Essa prática repousa necessariamente em algum tipo de incentivo e de coordenação, prescindíveis no trabalho isolado.

O mutirão difere fundamentalmente da cooperação que aparece nas formas modernas de organização do trabalho, as quais trazem implícitos o controle e a disciplina. Em sua forma pura, o mutirão é baseado na prestação voluntária e gratuita de serviços entre pares. Seus membros reúnem-se de modo espontâneo e independente de uma direção expressa e de uma estrutura formal. De acordo com as interpretações correntes, a fluidez das relações estritamente pessoais em que se baseia o trabalho de mão comum, e a ampla esfera de arbítrio que permitem, estaria corrigida por normas assentadas na tradição, que garantiriam a regularidade de sua ocorrência, sua obrigatoriedade e seu caráter restitutivo.

Na verdade, as condições de existência das camadas inferiores da população rural livre, no Brasil, não favoreceram essa forma de cristalização das relações de trabalho. Deve-se considerar que o povoamento do interior fez-se pela disseminação de pequenos grupos esparsos em um amplo território e que a grande disponibilidade de terras férteis e a riqueza das fontes naturais de suprimento, aliadas à pobreza das técnicas de produção, definiram um modo de vida seminômade, baseado numa agricultura itinerante cujos produtos eram suplementados pela caça, pesca e coleta. Pode-se dizer que, ao longo de sua história, esses grupos só tiveram reforçada essa grande instabilidade. Até o presente, observa-se que a mobilidade lhes aparece como o único recurso contra condições adversas de existência: problemas com o patrão, salário baixo, trabalho insalubre, desavenças, desgostos resolvem-se ainda hoje com transferência de domicílio.

É importante constatar que tal instabilidade não ocorre no plano do grupo como um todo. Não é um bairro caipira completo que se desloca em busca de melhores condições de subsistência. Pelo contrário, o bairro, como unidade territorial, apresenta uma não pequena duração,[16] enquanto se verifica intensa circulação de seus membros, no plano do indivíduo ou da família.[17] Isto pode facilmente ser compreendido se atentarmos para a uniformidade de etnia, de organização social e de cultura das populações caipiras: entre um grupo e outro não havia peculiaridades de estilo de vida suficientes para dotar os membros de cada um deles de uma incisiva consciência grupal, delimitando claramente as fronteiras do *in-group* e do *out-group*. Por toda parte a mesma cultura material, as mesmas crenças tornavam relativamente fáceis a incorporação e a acomodação de estranhos. Essa intensa movimentação dos componentes dos grupos impede que seja conferida continuidade às suas relações. Pelo contrário, o processo interativo se recompõe incessantemente, mediante contactos transitórios e sempre renovados entre pessoas cujos vínculos recíprocos facilmente se rompem para serem reatados nas mesmas bases, porém algures.

As atividades que dependem da cooperação entre pessoas assim frouxamente ligadas não encontram condições favoráveis para a cristalização de uniformidades de conduta prescritas e respeitadas de modo estrito. Entre essas pessoas não estão em jogo antigas e inquebrantáveis obrigações recíprocas, cuja transgressão equivaleria a violar um preceito sagrado e cuja observância conduziria ao reconhecimento de vínculos

---

16 Dos bairros que atualmente existem no município de Guaratinguetá, vários datam do século XVIII. Os levantamentos de 1776, 1779 e 1789 acusam os Bairros de São José, Pau Grande, Morro Cavado, Mato a Dentro, Motas, Pindaitiba, Fialhos, Putim, Piagui, Jararaca, Outro Lado do Rio, dos quais vários existem até hoje. Departamento do Arquivo do Estado (apud Herrmann, 1948, p.18).

17 Nos levantamentos de população (1776 a 1829) lê-se frequentemente "está arranchado de novo e do presente nada colheu" (apud Herrmann, op. cit., p.61).

sucessivamente transmitidos às gerações como um legado que deve ser mantido e respeitado. As condições acima apontadas indicam, antes, que, em larga medida, a organização do trabalho e o nível de produtividade no mutirão, em lugar de serem disciplinados por uma tradição, tendem a se definir no plano de ajustamentos pessoais, espontâneos, suscitados pela dinâmica das situações imediatas em que um grupo determinado se reúne.

Nesse mesmo sentido, importa considerar que os participantes do mutirão realizam conjuntamente tarefas semelhantes ou ligeiramente diversificadas, que todos dominam em grau muito aproximado de perícia. Com efeito, na prática do mutirão não se pode observar o exercício formal de uma autoridade que coordene e confira continuidade à ação das pessoas que dele participam. Isto se liga muito diretamente à estrutura social indiferenciada do grupo caipira como um todo. Historicamente, o estabelecimento de núcleos de povoação se fez na base de famílias independentes, de sitiantes, proprietários ou posseiros, mas todos com acesso à terra e em igualdade de posição social. As atividades de subsistência organizaram-se como uma economia fechada, no plano dos bairros, bastante isolados dos centros de população maiores e mais densos. As funções econômicas desempenhadas por cada família eram do mesmo tipo e a rede de relações supletivas que as ligava importava unicamente em um contraponto de serviços semelhantes e não numa interdependência de atividades diversificadas. Uma economia desse tipo, que não assenta em divisão do trabalho, não sustenta formas de especialização e de estratificação social. A pobreza da cultura reforça essa tendência: as tarefas simples e rotineiras podem ser completamente dominadas por todos os membros do grupo e o desempenho de todas elas com o mínimo de eficiência socialmente estabelecido é mesmo condição de sobrevivência.

Em certa medida, isto é, acentuando-se o isolamento e a autossuficiência dos bairros, as comunidades caipiras podem ser pensadas como uma realidade autônoma. Foi com essa referência que conduzi a argumentação até agora e procurei estabelecer a natureza das relações no mutirão, mostrando como condições internas àquelas comunidades, isto é, o alto grau de mobilidade e a estrutura social indiferenciada propiciam uma organização frouxa dos grupos de trabalho.

Entretanto, se realmente é possível distinguir um estilo de vida específico, uma integridade de cultura e de organização social nas comunidades caipiras, não é menos verdade que essas comunidades estiveram concretamente inseridas em um sistema social mais amplo. Na área aqui estudada, ao lado desses pequenos núcleos isolados houve, pelo menos desde o século XVIII, setores da sociedade que se organizaram para a produção mercantil.[18] Sendo estes que realmente fundaram o sentido dominante das atividades de produção e da vida social, os grupos caipiras ficaram relegados a uma intransponível marginalidade. Neste ponto, convém ter em vista que esse processo não se revestiu apenas de um significado restritivo, determinando que esses grupos ficassem excluídos da participação na sociedade mais ampla, de modo tal que acabassem elaborando, em seu isolamento, um estilo de vida próprio. É preciso realçar que essa marginalidade é *constitutiva* desse estilo de vida, tendo configurado positivamente, em larga medida, os seus componentes. Deste ângulo, acentua-se como a marginalização, ao mesmo tempo que definiu fronteiras separando caipira e "civilizado", constantemente tornou imprecisos esses limites. Com isto em mente, ganham relevo os traços dos grupos caipiras que refletem sua abertura para a sociedade mais ampla.

Na verdade, mesmo as características observadas ao se considerar a autonomia desses grupos têm suas raízes no mundo exterior. Assim, a alta mobilidade: foi a marginalização sofrida por esses homens que fez do trânsito o seu estado natural, conservando-os efetivamente como andarilhos. Sem vínculos, despojados, a nenhum lugar pertenceram e a toda parte se acomodaram. Foi também a mesma marginalização que preservou simples o sistema social, ordenando funções básicas para além dos confins do grupo. Basta lembrar que o soldado, o padre, a autoridade pública estiveram sempre referidos a instituições alheias ao mundo caipira. A espantosa pobreza da cultura provém da mesma fonte. É suficiente indicar como a produção "colonial" favoreceu o enorme

---

18 Nos inícios do século XVIII, sendo o Vale do Paraíba zona de passagem para o Interior, nele desenvolveu-se a criação, a cultura de gêneros alimentícios e a transformação doméstica desses produtos, tendo em vista o suprimento da região mineradora. Cresceu também o comércio da beira de estrada, na rota dos viajantes. No terceiro quartel do século XVIII, observam-se fazendas de criar e engenhos que se organizam já para a produção em larga escala, com bases na grande propriedade territorial e na utilização do escravo. Finalmente, nos inícios do século XIX, começa a exploração do café cf. Herrmann (1948).

desperdício de força de trabalho, característico desses grupos.[19] Foi nesse contexto que nasceu o "preguiçoso" caipira, que esteve colocado na feliz contingência de uma quase "desnecessidade de trabalhar", com a organização social e a cultura se amoldando no sentido de garantir-lhe uma larga margem de lazer, mas que sofreu, simultaneamente, a miserável situação de poder produzir apenas o estritamente necessário para garantir uma sobrevivência pautada em mínimos vitais.[20] Não resta dúvida que um tal ritmo de trabalho e uma tal organização da produção são o resultado, e ao mesmo tempo fatores determinantes, de todo um tipo de adaptação a condições naturais e de ajustamento inter-humano específico das populações caipiras. Entretanto, a baixa produtividade foi reforçada pela ausência de uma regulamentação das relações de trabalho, proveniente desses grupos terem estado sempre submetidos à influência das grandes propriedades agrícolas: parte achava-se diretamente a elas ligada; a outra, maior, vivia num mundo que lhes era paralelo, mas não de todo estranho.

De fato, os grupos caipiras não estiveram inapelavelmente restritos aos recursos internos. Em qualquer momento existiu sempre, pelo menos como possibilidade, a prestação de trabalho e a correspondente oportunidade de subsistência fora do grupo. Houve mesmo certa regularidade de aproveitamento do trabalho de brancos livres e sem posses nas fazendas. Cabia-lhes as tarefas arriscadas, como as derrubadas de florestas, ou aquelas usualmente não confiadas ao escravo (tropeiro, carreiro), ou, ainda, as ocupações ligadas à criação de gado. Assim sendo, ao se acentuar o alheamento desses homens e, simultaneamente, sua exposição constante a uma civilização orientada econômica e socialmente em sentido muito diverso da sua própria, a qual não oferecia possibilidades de sua integração, *mas os aproveitava residualmente*, compreende-se por que não ocorreu uma estereotipação dos comportamentos referentes às atividades de produção. Vê-se, por aí, no que diz respeito ao mutirão, que foi tomado como fulcro da análise que, embora exista realmente uma obrigatoriedade de contraprestação de serviços, a participação ou não nos

---

19 Avalia-se o que representou esse desperdício quando se tem presente que esses grupos constituíram uma parcela muito ponderável da população rural paulista nos séculos XVIII e XIX. Couty os calcula como constituindo cerca de 2/3 da população livre do país, e mais numerosos que os escravos existentes (Couty, 1844, p.314-5).
20 A esse respeito, ver Antonio Candido, 1964.

grupos de trabalho não implica uma correspondente alternativa de sobrevivência ou morte. Desse modo, quando se procura ver os grupos caipiras em suas conexões com a sociedade brasileira mais ampla, novamente se é levado a concluir que as condições de existência neles vigentes, embora induzissem à cooperação, não foram de molde a favorecer a coesão interna e a cristalização de tradições disciplinadoras do trabalho.

A observação de situações particulares em que o mutirão é convocado confirma esse ponto de vista. Em primeiro lugar, a técnica de incentivo ao trabalho e de controle da produtividade não traduz a vigência de normas que orientem as relações entre as pessoas no sentido de sua integração. Essa técnica também não indica que a cooperação esteja assegurada pela sua qualidade comunitária, de modo tal que uma identidade de atitudes e de sentimentos orientasse o comportamento dos participantes do grupo para a concórdia e a harmonia, mantendo-se com isto o desempenho regular e coordenado das tarefas. Muito pelo contrário, essa técnica é o *desafio* e está fortemente carregada de tensão. O componente de ruptura é o determinante fundamental do sentido das relações transcorridas nesses grupos de trabalho.

O depoimento de uma testemunha de morte, ocorrida durante um mutirão, revela que os homens nele presentes "começaram o serviço porfiando a ver quem acabaria primeiro o eito; antes de chegar ao fim deste, Arsênio mostrando uma enxada agarrada pelas duas mãos dizia '– Quem quer?', fazendo desta sorte um desafio aos que se tinham adiantado no serviço". A partir daí, desencadeou-se violentíssima luta, que envolveu todos os participantes do mutirão. Esta ligação direta entre a rixa e a própria situação de trabalho aparece explicitamente formulada por um dos contendores, ao declarar que "entre eles não havia dúvida velha e que o motivo do conflito apareceu nesse serviço, com a provocação de Arsênio". Para que se tenha ideia da agressividade engendrada e liberada nesse contexto, transcrevo o desenrolar da cena: "Antônio Francisco, excitado por aquele desafio, descarregou sua enxada sobre a testa de Arsênio, que caiu prostrado; vendo isto, Fortunato, que estava um pouco longe, corre sobre Antônio Francisco e lhe dá uma enxadada que este rebateu com o braço. À vista desse fato, ele depoente segura a Fortunato para que este não secundasse o golpe contra Antônio Francisco e nesta posição estava, quando Patrício Soares disparou um tiro de garrucha em Antônio Francisco. Ele, testemunha, ouvindo o tiro, correu a auxiliar o ofendido, deixando então Fortunato a quem até então estava segurando. Fortunato assim solto, e vendo Antônio Francisco chamar por um seu parente para socorrer, avança de novo contra ele, persuadido de que ainda estava forte. Nesta ocasião, Antônio César, para defender a seu parente, deu uma enxadada em Fortunato e este correu com uma faca sobre César, que fugia".[21]

Nesse relato observa-se que o conflito é inerente à própria dinâmica da situação de trabalho, estando subjacente a técnica de controle do comportamento posto em prática – o desafio. Vê-se, também, como essa técnica funda-se na qualidade pessoal das relações entre os participantes: trata-se de um repto aos contendores como homens em sua integridade, não atingindo apenas um segmento abstrato de personalidades fracionadas em múltiplos papéis sociais independentes. Vê-se, ainda, como as soluções violentas aparecem como um comportamento estandartizado, e isto se conclui do fato de não ficarem restritas àqueles sujeitos imediatamente envolvidos, mas se propagarem rapidamente, ocorrendo reações uniformes em todo o grupo.

Que esta regularidade esteja definida por um padrão de conduta, pode ser inferida da existência de uma rudimentar organização da luta, que aparece sobreposta à incipiente divisão do trabalho verificada nesses grupos: a contenda trava-se entre facções coincidentes com as turmas entre as quais foram repartidas as tarefas. O relato seguinte apanha essa sobreposição, ocorrida quando o desafio deixa de ser individual para aparecer como uma técnica que reflete a fugaz estruturação do grupo do trabalho: "Em um mutirão de Pedro Pais, estava ele depoente e Francisco Serafim, Manuel e Francisco Pombo trabalhando, embaixo de um morro; no meio do mesmo morro estavam igualmente trabalhando Benedito Soares, Francisco Luís e Cassiano. Francisco Pombo começou a gracejar com os que estavam trabalhando em cima, dizendo a Pedro Pais que não lhes desse aguardente porque estavam roçando no limpo, e estes, tomando o gracejo ao sério, desceram o morro para virem atacá-lo e aí travou-se um conflito em que todos tomaram parte igual". Nessa briga Francisco Luís matou a Francisco Pombo com uma facada no peito.[22]

---

21 G. 36-2 758, 1881.
22 G. 33-2 541, 1875.

A existência de tensões implícitas na situação de trabalho fica ainda mais evidente quando se observa que o mutirão é visto pelos próprios participantes como favorável à perpetração de crimes. Afirma um deles que "estava tudo preparado para matar-se a Mariano Rodrigues a mandado do Alferes Ernesto, e a ordem que levavam os empreiteiros eram terminantes e expressas, provocando a todos que se achavam presentes, entre os quais o morto Generoso, com o fim de chegarem até Rodrigues".[23] Assim também, cogitando sobre os motivos determinantes de outro crime, relatado parágrafos atrás, uma das testemunhas "disse que desconfiava que Fortunato, Patrício e seus companheiros tinham de propósito arranjado esse serviço para matar a Marcelino, mas que os fatos se precipitaram e a vítima foi Antônio Francisco. Disse mais que Arsênio foi quem provocou o conflito, Patrício foi quem deu o tiro e Fortunato foi quem predispôs as cousas sobre esse desfecho, dizendo entretanto que o resultado devia ser outro".[24]

Não é de somenos importância que, nesses casos premeditados, o objetivo da agressão se desvie da pessoa previamente visada. Os agressores perdem de vista os fins prefixados e acabam por completo enredados no processo que desencadearam: a sequência de provocações, de início proposta apenas como meio, ao se concretizar torna-se o fator determinante da ação efetiva das pessoas implicadas, que se orientam a partir desse ponto, pela referência à situação conflituosa definida no momento. Aí, a violência passa a valer por si. Nesse momento, esses homens vivem o mais exíguo presente, no plano de suas atividades conscientes. O compromisso com o passado, isto é, a empreitada do assassinato, desapareceu. Também não os tolhem as consequências futuras de seu comportamento, as represálias que poderão sofrer. Entretanto, nesse mesmo momento, esses homens vivem o que pode haver, em suas existências, de imemorial e arraigado: as respostas violentas irrompem de maneira quase reativa.

Em resumo, a análise da natureza e da ordenação das relações que se estabelecem em grupos cooperativos de trabalho, em um sistema social de tipo comunitário, revela a existência de um estado de tensão conjugado às formas mesmas de solidariedade que definem o sentido da

---

23 G. 9-700, 1881.
24 G. 36-2758, 1881.

ação de seus membros. Condições estruturais internas ao grupo em estudo são elementos importantes para se compreender o aparecimento regular de situações de pressão que se resolvem violentamente. A intensa mobilidade não favorece o estabelecimento de vínculos estáveis e duradouros, necessários à cristalização de modelos tradicionais. A ausência de uma estereotipação desse tipo põe em risco a própria possibilidade de cooperação contínua: o processo de produção é frequentemente interrompido e o grupo de trabalho dissolvido. De outro lado, a indiferenciação social e a simplicidade da cultura estabelecem um tipo de cooperação entre iguais, realizando conjuntamente tarefas semelhantes: a falta de uma discriminação de autoridade e a ausência de hierarquização de funções não são propícias à constituição de mecanismos disciplinadores das atividades de produção. Finalmente, o modo de inserção das populações caipiras na sociedade brasileira mais ampla, em que as primeiras são relegadas a uma posição de marginalidade, mas não deixam de ser aproveitadas residualmente, fez com que a participação nos núcleos originários não se revestisse de um caráter vital e definiu, entre seus membros, vínculos mais fracos do que aqueles que ocorreriam entre os participantes de grupos sociais realmente fechados.

A análise das relações sociais definidas no decorrer do mutirão confirma essa interpretação de que, na cooperação fundada em vínculos comunitários, a tensão e as forças de ruptura estão, de modo constitutivo, articuladas ao desempenho regular das atividades. O recurso à violência aparece institucionalizado, como padrão de comportamento.

Esses mesmos componentes de ruptura, que surgem no mutirão por condições diretamente ligadas ao trabalho, prolongam-se, por vezes, além da situação que os originou, e são revividos nas diversões seguintes às tarefas do dia.

Essas reuniões, se de um lado realmente promovem o estreitamento dos laços de solidariedade, de outro ensejam o reavivamento das porfias, funcionando assim também no sentido de atualizar e liberar tensões que, a cada passo, comprometem a estabilidade e continuidade das relações entre membros do grupo. Por vezes, são os conflitos de horas antes que ressurgem: "houve um potirão no bairro da Rocinha deste termo e quando estavam trabalhando, Teodoro Fonseca teve uma dúvida com Francisco José: à noite estavam todos reunidos em casa de Joaquim Pereira e aí de novo começaram a duvidar", brigando primeiro a enxadas, depois apenas com as mãos e finalmente o ofensor matou o outro a facadas.[25] Outras vezes, antigas contendas é que são reacendidas: "achavam-se presentes o falecido Inácio de Tal e João de Melo, em um potirão que seu cunhado havia feito nesse dia. Depois de terem largado do serviço vieram ao jantar, onde ficaram embriagados e aí travaram uma dúvida sobre um roçado que João de Melo havia feito e o falecido queimou e plantou por ter arrendado as referidas terras".[26]

O significado da festa, como contexto social que favorece as relações antagônicas, torna-se mais nítido quando se observa que ela é cenário conveniente às afirmações de supremacia e destemor: é oportunidade para a realização de façanhas perante audiência numerosa e que tem em alta conta o valor pessoal. Veja-se: "tendo ele Jerônimo feito um potirão de roçado ali veio ter Alexandre Pedroso que encontrando-se com Antônio Rodrigues que ali também se achava, começou a disputar com este e puxando de uma faca de ponta de que estava armado, correu sobre Antônio Rodrigues que, para evitar ser ofendido, fugira, retirando-se de seu adversário; porém, sendo por este alcançado, foi por ele ofendido com duas facadas e se não deu mais é porque acudiram várias pessoas que ali se achavam e o obstaram de continuar com as ofensas, fazendo tão pouco caso da ação que praticara, que ali se deixou ficar, e ainda dançou na função até alta noite". "– Como, tendo Antônio Pedroso cometido o delito e se deixado ficar no lugar e até folgado na função, não fora preso pelas pessoas que aí se achavam?", perguntou a autoridade a Jerônimo, que respondeu: "– Infelizmente assim aconteceu, porque Alexandre é ali tido e reconhecido por valentão e traz tudo avassalado de terror, porque de fato esse homem é temível e avisado a perpetrar delitos".[27]

Compreende-se que os ambientes de lazer sejam propícios para reacender antigas disputas ou deflagrar antagonismos, quando se descobre o vivo espírito de provocação que está na base dos divertimentos. O *desafio* faz sua reaparição em cena, agora como forma básica de expressão das relações lúdicas. A passagem do gracejo para a agressão é rápida e contínua: o espicaçamento zombador diretamente leva ao revide do

---

25 G. 9-743, 1881.
26 G. 2-059, 1856.
27 G. 17-1344, 1858.

sujeito atingido, cuja afirmação se faz já a sério e com animosidade. Em um leilão de prendas, festa de Sant'Ana no Bairro dos Pilões, um cidadão "enfeitou um fragmento de tábua, fazendo-a apregoar pelo leiloeiro para ser ofertada ao réu, tudo no intuito de tornar público que o réu *tinha tomado de tábua* sendo malsucedido na pretensão de um casamento. A provocação não poderia ser mais direta e agressiva, para produzir uma repulsa por parte do réu. Por prudência excessiva e por parecer de amigos do réu, mais velhos do que ele, deliberou pregar um susto no seu agressor, desmoralizando-o também em público para obrigá-lo a conter-se em seus descomedimentos e mesmo obrigá-lo a retirar-se do leilão. Assim, tomou de um revólver, tirou as balas e só deixando pólvora, começou a atirar para o chão; a vítima assustou-se e, em seus movimentos bruscos e inadvertidos, acabou por sofrer um tiro no baixo ventre". Assim consta da defesa; testemunhas visuais asseguram que os tiros foram para matar.[28]

Amigos metamorfoseiam-se em inimigos no curso de brincadeiras que, insensivelmente, derivam para desavenças, constituindo umas e outras quase que formas polares de expressão do mesmo tipo de relações: "tendo, ele depoente saído da venda de Pedro Pimenta em companhia de João Paulo e mais alguns, começaram a brincar de pegar um ao outro pela estrada e a formarem rolo. Nisto ele depoente viu formarem dois rolos, um adiante, outro atrás; os de diante davam com o cabo de relho em João Paulo e os de trás apenas se agarravam, jogando as forças; ele depoente correu a acudir o rolo de diante, porém não tendo nada na mão, achou-se sem ânimo de intervir para apartar a briga. Vendo que não podia acudir a João Paulo, correu de medo de apanhar também porque João Paulo, já estava no chão e os outros dois em cima dando sem parar. Disse mais que quando correu encontrou para trás outro rolo armado, mas que esse era só a mão".[29]

Nos grupos caipiras os divertimentos giravam em torno das oportunidades oferecidas pela convivência. Nas cidades, além do convívio nas casas de família, nas praças, boticas e armazéns, podia-se contar, parcimoniosamente, é verdade, com jornais e livros e com a aparição esporádica de teatros e circos. Na roça, contudo, eram mais escassas

---

28 G. 19-1 594, 1895.
29 G. 16-1 254, 1891.

as oportunidades de diversão independente; apenas a caça e a pesca podiam ser enumeradas nessa classe de atividade. Era assim inevitável que as pessoas se entretivessem fundamentalmente umas com as outras. Era nos centros de reuniões, como as vendas e armazéns, que transcorriam, quase exclusivamente, as atividades lúdicas regulares dessas populações.

Mais uma vez, nesses centros de sociabilidade, o desafio está presente, aparecendo novamente como o elo entre diversão e agressão. Segue-se cena de desordens ocorridas numa venda, tal como vista por uma das testemunhas: "chegou o denunciado, que se pôs a dizer que em negro o caboclo dava com rabo-de-tatu, provocando os pretos presentes e desafiando os circunstantes. Ele depoente, a quem o denunciado se dirigiu a princípio, não aceitou o desafio, mas Salvador que também é preto aceitou e foi brigar com o denunciado, que arrebentou-lhe a cabeça com um cacete". Este episódio brusco e contundente, quando narrado por outra testemunha presencial, aparece como parte de um contexto jocoso: "Benedito Gonçalves, depois de uma brincadeira de desafio com um dos presentes, saiu com Salvador para a estrada, vendo ele depoente nessa ocasião Benedito ofender fisicamente a Salvador com uma porção de cacetadas".[30] Do mesmo modo, outro réu de homicídio "que não gostara de umas graças que a vítima lhe dissera", deu-lhe uma cacetada e "deixou-o dormindo, não sabe se vivo ou se morto".[31]

Como se vê, o desafio ressurge nas atividades lúdicas, também aí vinculado ao feitio essencialmente pessoal das relações que nelas têm lugar. Novamente desvendam-se as características de tensão fixadas nas expressões de sociabilidade dos pequenos grupos constituídos na base de vínculos comunitários. Em uma cultura tão simples, em que a grande maioria dos problemas de adaptação ao ambiente são triviais e a criação intelectual se resume numa literatura oral pobre, é facilmente compreensível que os temas de recreação estejam primordialmente baseados no confronto de personalidades que se medem. Define-se com isto um processo competitivo, em que os participantes procuram afirmar-se uns em detrimento dos outros e em que a comunicação assume quase sempre a forma de zombarias e provocações.

---

30 G.15-1 211, 1890.
31 G. 2-61, 1884.

3 Parentesco: a violência necessária

Mesmo nas relações que são apontadas como o protótipo do modelo comunitário – as relações de família – observa-se a violência incorporada, com alguma regularidade, às formas de ajustamento. Também nesta área de relações sociais, a luta não resulta de motivos ou de circunstâncias que, por sua excepcional relevância, quebrem o consenso harmonioso e levem à oposição. Agressões sérias aparecem associadas à rotina doméstica. Assim, procedendo como inúmeras vezes antes, jantavam marido, mulher e sogro. Nessa ocasião, relata o primeiro, "que tendo ele uma dúvida com seu sogro por causa de um pão, a mulher dele respondente pegou a falar muito e ele então levantando-se da mesa dirigiu-se para a cozinha, a fim de dar um tapa em sua mulher e que nesta ocasião Antônio Gaspar levantou-se da mesa travando luta com ele respondente e dando-lhe uma facada nas costas".[32]

Coisa semelhante ocorre mesmo quando membros de uma família reúnem-se com intenção expressa de confraternização. Seguindo o costume de se frequentarem e improvisarem serões, Marciano Pinto e sua família "foram à casa de seu cunhado Firmino Ribeiro e depois de lá chegarem também chegou seu cunhado Manuel Francisco conjuntamente com sua mulher. Depois que escureceu resolveram divertir-se com uma viola, o que fizeram até alta noite. (Então apareceu) um menino, filho de Firmino, dizendo a este que Manoel Francisco estava espancando sua mulher e com a faca desembainhada na mão". Em seguida, Marciano e Firmino saíram para apaziguar o casal, mas dessa intenção mansa resultou um tropel de facadas e bordoadas em que se feriram todos, uns aos outros.[33]

A veemência de sentimentos e o ímpeto do ataque, possível de ocorrer nessas contendas, podem bem ser avaliados na ocasião em que um outro homem, que igualmente se colocara entre a irmã e o marido, tomou e recebeu as bordoadas de praxe, saindo em seguida: nesse caminhar, pregou-lhe o cunhado um tiro pelas costas.[34]

---

32 G. 32-2 490, 1892.
33 G. 33-2 526, 1885.
34 G. 15-1 181, 1885.

A grande maioria dos crimes cometidos entre membros da mesma família refere-se a pessoas aparentadas por afinidade e num grau muito próximo: cunhados, sogros e genros. Nas três centenas de processos examinados, nenhuma vez se registrou atentado contra filhos e irmãos; apenas um caso houve de matricídio, sendo porém a autora do crime mentalmente desequilibrada; também aparece apenas uma agressão contra pai que, bêbado, ameaçava o filho. Nem tampouco se verificaram referências a graus mais distantes de parentesco entre ofensores e ofendidos, como tios, sobrinhos, primos etc. Não me parece seja casual essa maior incidência de crimes entre parentes afins muito diretamente ligados. Sobre a raridade de crimes contra parentes consanguíneos, de correspondente grau de proximidade – pais, filhos e irmãos –, não há o que inquirir, visto como são universalmente proscritos. Mas é de se perguntar por que o círculo mais amplo de parentesco está excluído desses acontecimentos. A resposta é, possivelmente, muito fácil e se resume apenas ao fato de serem pouco frequentes os contactos entre essa parentela. As implicações subjacentes a essa suposição não são, entretanto, tão simples.

Consideremos o padrão de organização da família tradicional brasileira, vigente entre as camadas altas da sociedade, até os fins do século XIX. Durante esse período em que tendeu para um padrão patriarcal de organização, a família brasileira apresentou uma dupla estrutura: um núcleo legal, composto do casal e seus filhos legítimos, e a periferia, constituída por toda sorte de servidores e dependentes. O casamento, longe de ser deixado à discrição das partes diretamente interessadas, decidia-se conforme ponderações impessoais e de acordo com os interesses da família enquanto grupo. O processo de seleção dos cônjuges deixa bem claro o quanto as uniões estiveram fundadas em considerações racionais de interesses. Completa-se esse quadro ao se indicar que, mediante alianças intrafamiliares, estabelecia-se uma intrincada, ampla e solidária rede de parentesco, integrando-se assim grandes grupos que constituíram um poderoso sistema de dominação socioeconômica. A família moldou-se dominantemente para realizar essa função ordenadora das relações sociais antes que para resolver problemas de ordem emocional ou sexual.[35]

---

35 Antonio Candido, 1964.

A continuidade e o funcionamento regular das associações estabelecidas com esses alicerces foram garantidos por um princípio de dominação, expresso pela sujeição dos jovens aos mais velhos e pela observância de convenções que regulamentavam a conduta. De modo coerente com essas normas, em sua estrutura estavam claramente definidas as posições, os papéis e as linhas de autoridade, hierarquizadas as distâncias sociais e formalizadas as relações de seus membros. A integração de um grupo desse tipo depende pouco de sentimentos de identidade afetivamente alicerçados. Com maior nitidez vê-se o fundamento tradicional da fidelidade entre seus membros, conjugado a um poderoso vínculo definido pela situação de interesses. Ambos garantiram, articulados, a preservação e o equilíbrio do grupo familiar, a despeito das insatisfações geradas numa instituição em que os problemas pessoais foram de todo irrelevantes. Talvez se possa mesmo aventar que a enorme importância e solidez das relações familiais na antiga sociedade brasileira provenha do fato de proceder-se, em seu curso, à unificação dos controles sociais cuja legitimidade emanava de fontes diferentes, nas quais se refletiam as duas "facetas" da sociedade brasileira: o lar e a empresa, amálgama de que se fez a grande propriedade fundiária.

Na camada livre e sem posses, a família não se organizou para a realização das funções sociais apontadas para os estratos dominantes. A inexistência de propriedade econômica relevante, a impossibilidade de participação no poder político, isto é, a marginalização em face da sociedade global, excluem evidentemente essa suposição. Se os amplos sistemas de parentesco tiveram por fundamento, no Brasil, a manutenção do poder, não há sequer plausibilidade em presumir a existência de formações análogas nos grupos socialmente dominados. Não obstante, a organização familiar nessas camadas inferiores inclui vários caracteres do tipo patriarcal,[36] transferidos do modelo oferecido pelas camadas altas.

Não foram registrados sobre a família, com o mesmo grau de evidência alcançado no material referente ao trabalho cooperativo, dados que revelem os seus componentes de tensão. A análise do mutirão é particularmente favorável para desvendar esses elementos porque surgem totalmente isentos de uma disciplina específica da situação de trabalho:

---

36 Ibidem, p.184-209.

a própria técnica de controle dos comportamentos (o desafio) está essencialmente baseada em antagonismos. Quando se trata da família, entretanto, esses característicos não são tão perceptíveis, porque estão presentes os controles "tradicionais", peculiares às relações de parentesco, que favorecem a preservação do grupo e dissimulam as tensões neles existentes. Entre os homens pobres faltaram, porém, os controles fundados nas situações de interesses que, nas camadas dominantes, presidiram à formação e à continuidade das grandes unidades de parentesco. Por isto mesmo, entre os primeiros, o âmbito das formações familiais terá sido mais restrito e também muito menor a pressão metódica e organizadamente exercida sobre seus membros. O que se observa na configuração da família nessa camada da sociedade brasileira é sua integração em pequenos grupos, fundados em relações pessoais, categorizadas e reguladas apenas com base na "tradição".

Continuemos com o paralelo entre os grupos de trabalho e os grupos de parentesco. As reuniões cooperativas de homens livres constituem agregados específicos, absolutamente incomparáveis com os grupos organizados para a produção mercantil, baseados no trabalho escravo, não havendo possibilidade de ocorrer um intercâmbio significativo das formas de controle inerentes a uns e outros.[37] A coordenação das atividades nas associações de homens livres foi engendrada, com toda a pureza, a partir das condições de existência que lhes eram peculiares, refletindo plenamente a sua instabilidade e os seus frágeis liames. Muito ao contrário, na área das famílias pobres determinou-se a possibilidade da transferência de formas de controle elaboradas exteriormente, aparecendo elas, por isto mesmo, algo mais regulamentadas que o setor do trabalho. *Formalmente*, uma família pobre e uma família rica são instituições idênticas, com os mesmos personagens e os mesmos nexos a ligá-los. Assim, também se manteve constante a forma das relações estabelecidas dentro de uma e de outra, embora variasse completamente o sentido dessas relações em cada uma das estruturas. Por isto mesmo, entre pobres e ricos conservou-se aparentemente inalterada a regulamentação das relações de parentesco, diferindo muito, entretanto, a força

---

37 É certo que por vezes, especialmente em pequenas propriedades, o escravo trabalhou ao lado do homem livre, participando então das instituições próprias a este último, mas essas situações são irrelevantes para os fins desta discussão.

coercitiva que representaram num meio e no outro. Nas pequenas famílias, em que predominaram os vínculos pessoais dissociados de considerações de interesses, os controles "tradicionais" existentes foram rompidos com facilidade, pondo a descoberto uma contrapartida de antagonismo ao sentimento de identificação que está na base do laço comunitário.

Basta que entre em cena um componente mínimo de interesses econômicos para que mesmo as prescrições fundamentais de autoridade paterna *versus* piedade filial deixem de ser respeitadas. O seguinte exemplo mostra como surge a mais aguda oposição: um pequeno lavrador, Antônio José, recomendou a seus "camaradas que tomassem conta do serviço de café enquanto ele vinha à cidade". Seu genro, Júlio Amâncio, "não gostando de vê-lo assim falar aos camaradas e dar preferência a estes, salta e diz: '– Homem, você anda me provocando!'; em seguida, pegando em uma acha de lenha, deu-lhe umas cacetadas". Um dos presentes procurou conter Júlio Amâncio, dizendo-lhe "que não fazia bem maltratar assim sem razão seu velho sogro, mas nisto Antônio José encruzou os braços e disse: '– Meu genro mate, faça o que quiser de mim, na certeza de que você não é suficiente para tomar conta de meu serviço'". Ato contínuo, Júlio Amâncio "avança para seu sogro, puxa de uma faca que estava na cintura deste e vibra-lhe duas facadas em direção ao estômago, mas Antônio José desviando-se rapidamente, fica ferido apenas na mão. Interveio então outro camarada que aconselhou: 'Vá para casa, largue disso' e trançou o braço com Júlio Amâncio, saindo cada um para o seu lado".[38]

Nesse episódio, através do comportamento do sogro, nota-se como a defesa de interesses econômicos faz passarem para segundo plano a posição ocupada pelo genro na estrutura da família e as atribuições preferenciais que lhe estariam reservadas. Todavia, observa-se também que a conduta daqueles homens incluía, pelo menos convencionalmente, o apreço pelos valores "tradicionais". Isto é evidente nas manifestações uniformes dos expectadores da cena, feitas no sentido de moderar as ações de Júlio Amâncio e enquadrá-las nos padrões de reverência pelos mais velhos. Assim, levando em conta a vigência das formas "tradicionais" de hierarquização da família, vê-se que não foi sem razão que o

---

38 G. 19-1 560, 1892.

genro reagiu à violação de suas prerrogativas. Entretanto, nesse ato de rebeldia, em nome dos valores legitimados pela "tradição", ele próprio, por sua vez, transgrediu o mais sagrado de todos, faltando ao respeito filial. A ambiguidade das relações definidas nesse contexto torna claro o quanto eram superficiais e pouco resistentes os controles que formalmente promoviam a integração das famílias.

Fenômenos que, nas famílias grandes das camadas altas, foram importantes para o estreitamento e consolidação dos laços de solidariedade, como a troca de crianças entre parentes, a educação de afilhados, a custódia de filhos naturais, constituíram motivo de desavenças quando ocorreram em grupos familiares restritos e pobres. Inexistindo vantagens que compensem o ônus de incorporar dependentes adicionais ao círculo familial, é óbvio que estes não sejam bem-vindos, especialmente considerando-se a penúria dos meios de vida. Resumindo essas considerações, num pequeno drama de enjeitados, declara uma das mulheres desse mundo de pobreza que, "tendo seu pai deixado em sua casa uns filhos naturais, mostrou-se seu marido descontente por este fato, dizendo que seu sogro fazia muito mal deixando as crianças que ele não podia tratar e ausentando-se sem mais querer voltar". Explica assim ela por que, retornando afinal seu pai, sogro e genro "travaram-se de razões e brigaram".[39]

Um dos processos examinados revela que na família, tal como nas relações de vizinhança e nos grupos de trabalho, a solidariedade e a luta aparecem como anverso e reverso. Trata-se de um homem que assassinou seu cunhado. "Contou a mulher do mesmo matador que seu marido, quando matou ou fez a morte, chegando em casa disse a ela que fosse ver seu irmão (dela) que ele havia matado, e que fosse avisar a mulher do morto para ela vir buscá-lo pois estava na estrada e que ele matador estava com a faca na mão toda cheia de sangue."[40] Ainda com os sinais da vida que destruíra, o vencedor providencia para que os deveres para com o homem derrotado e sua família sejam cumpridos. Em todo esse contexto, o recurso à violência surge como necessário, ao desvendar-se a identidade dos conteúdos de oposição e concórdia presentes na relação comunitária.

---

39 G. 20-1 574, 1886.
40 G. 4-286, 1852.

Essa mesma implicação aparece no caráter transitório da quebra violenta de laços conjugais que, passada a crise, recompõem-se nos mesmos termos em que anteriormente existiram. Enfeixando todos os ingredientes de relações muito íntimas, da correlata gravidade das ofensas sofridas e consequente veemência das represálias tomadas, o tema é, agora, adultério. "Pela manhã, chegou a sua casa Manuel Cruz, estando marido dela informante a trabalhar próximo à casa, e como a convidasse dito Manuel Cruz a relações ilícitas, respondeu-lhe que não era possível, visto seu marido estar perto. Chegando depois seu marido, mandou ela informante que fosse ele buscar algumas folhas de caité para fazer pamonhas, e como saíra seu marido para tal fim, na volta surpreendeu em flagrante o dito Manuel Cruz e ela informante na cama; deu então seu marido umas facadas em Manuel Cruz, fugindo ela informante." É possível que a testemunha estivesse sob pressão, ao culpar-se de adultério, sendo este o ponto em que se apoiou o juiz ao apelar do veredicto absolutório do júri: "depois de praticado o crime, o réu procurou eximir-se da sanção penal com a alegação referida e sua mulher socorreu-o nessa emergência". Esta autoridade pôs em dúvida, ainda, a ocorrência efetiva do adultério, argumentando que "o fato de ter o réu continuado a conviver com sua mulher sem o mais leve reparo, como consta dos autos, encarrega-se de negá-lo. Sim, o marido ofendido no mais sagrado dos seus direitos, que para repelir a ofensa mata ao ofensor, jamais poderá conviver com a causadora imediata da sua desgraça". Todavia, a ambiguidade da situação real parece que se encarrega de invalidar a perfeita coerência desse raciocínio. De fato, a mulher em seu depoimento afirma: "depois de cometido o delito, fugiu seu marido para a casa de uma sua filha, onde foi ter também ela informante, voltando finalmente ambos para casa, onde têm convivido". Outra testemunha, que estava entre as pessoas que acudiram o ferido, reforça a suposição de adultério: chegando à casa do ofensor, verificou "que a cama deste se achava ensanguentada nos lençóis e travesseiros, donde o depoente conclui que a ofensa foi feita achando-se o ofendido na cama do ofensor". De algum modo a própria vítima confirma essa história toda, ao dizer a alguém que o socorria: "José Grosso foi quem me deu as facadas, mas Nhá Manuela é quem me mata".[41]

---

41 G. 8-659, 1885.

O já citado estudo de Antonio Candido sobre a família brasileira focaliza uma situação idêntica, em que se deu o reatamento das relações conjugais após seu rompimento por adultério. Nesse caso, foi a mulher que se vingou barbaramente da afronta recebida, torturando e matando a amante de seu marido, uma escrava. Processada e absolvida, voltou ao lar, continuando a vida em comum brevemente interrompida.[42] A recomposição dos laços conjugais neste contexto pode ser explicada a partir da importância política e econômica da família brasileira nas camadas socialmente dominantes.

Foge a essa interpretação o acontecimento atrás relatado, cujos personagens pertenciam aos estratos inferiores da sociedade, na qual os controles gerados para a preservação de interesses inexistiam e não tinham mesmo razão de ser. As condutas observadas neste caso também não encontram explicação no suposto de estarem orientadas por padrões transferidos das famílias das camadas superiores. Mediante esse contacto, antes que as atitudes de tolerância, que lá estavam mas eram cuidadosamente dissimuladas, seriam transmitidos a austeridade e o rigor convencionais que eram manifestamente afirmados.

As condutas aparentemente uniformes, observadas nos dois casos acima apresentados, na verdade estão ligadas a situações sociais diversas, e não podem ser entendidas a partir do mesmo sistema de referência. Quanto ao último deles, é indiscutível a interpretação da resistência da família com base em suas funções sociais. Entretanto, o primeiro caso só se torna inteligível quando referido à labilidade do conteúdo das relações pessoais definidas com base em vínculos íntimos e não submetidos a controles formalmente estatuídos.

Penso que toda a discussão até aqui realizada, e que compreendeu as mais importantes áreas organizadas da vida social em pequenas comunidades e que são classicamente incluídas no conceito de relações comunitárias – os grupos de vizinhança, as formas cooperativas de trabalho, a família e as atividades lúdicas – é mais do que suficiente para que se aceite o ponto de vista de que a qualidade essencialmente pessoal desse tipo de relações sociais, se realmente fundamenta uma identificação entre os que dela participam, ao mesmo tempo traz de modo inerente um caráter de antagonismo que é irredutível.

---

42 Cf. Antonio Candido, 1951, p.297.

4 Pobreza e individualização: a violência como moralidade

Nos dados apresentados, o que sobressai como padrão de comportamento é a violência, correspondendo, como se verá, a todo um sistema de valores centrados na coragem pessoal. De acordo com esse código, os riscos de assalto não são evitados, mas ousadamente enfrentados. As verbalizações das pessoas, no momento em que expostas a esses perigos, revelam a atitude sancionada pelo grupo em tais circunstâncias. Aqui vai a resposta de Clemente, quando alertado que "José Antunes estava muito danado com ele: '– Não tem nada; vou passar em sua casa já e carrego com ele no peito'". Nesse momento, "pegou em uma pequena trouxa, de roupa, em uma foice e saiu", tendo em caminho ajustado suas contas com o adversário e assim cumprido o prometido.[43]

Na verdade, o comportamento efetivo das pessoas envolvidas nessas pendências corresponde exatamente aos requisitos de bravura por elas propalados. Mesmo em se tratando de "um turbulento perigoso, que sempre anda armado e excita receios especialmente quando embriagado", os gestos do homem não desmentem o apreço de sua gente pela valentia. Atribuindo a Manuel de Castro a morte de seu cão, Joaquim Correia foi a sua casa, "bêbado a ponto de tropeçar e armado de uma espingarda, que só não disparou porque Castro dissera que ele só era homem porque estava armado; então, Joaquim dando a arma a seu filho, atirou-se sobre Castro".[44]

Postos em dúvida atributos pessoais, não há outro recurso socialmente aceito, senão o revide hábil para restabelecer a integridade do agravado. Este objetivo, nessa sociedade em que inexistem canais institucionalizados para o estabelecimento de compensações formais, determina-se regularmente mediante a tentativa de destruição do opositor. A violência se erige, assim, em uma conduta legítima.

O reconhecimento da obrigatoriedade da violência revela-se muito claramente na sequência de comportamentos de uma autoridade policial – o inspetor de quarteirão – que, embora fosse um "funcionário",

---

43 G. 44-3 313, 1892.
44 G. 6-402, 1875.

era também membro da comunidade. Enviando um preso à cidade, de início inculpou-o pesadamente: "estando Pinheiro no negócio de Vítor Riso, em estado de embriaguez foi por ele agredido a bofetadas e depois de o ter afugentado para o meio da estrada, caiu-lhe em cima a cacetadas, sendo que Pinheiro em lugar de agredir, pedia misericórdia". Nessas condições em que não houvera provocação nem a menor possibilidade de defesa por parte do ofendido, há crime e lugar para denúncia. Integrando-se uma à outra, nessa circunstância, a ordem legal foi invocada quando transgredida a ordem costumeira. Mas em depoimento posterior, essa mesma autoridade redefiniu a sua atitude inicial: na ocasião do crime, "tratou de sindicar os fatos e foi então informado como consta da parte que deu, mas passados alguns dias informou-se melhor e soube que Vítor Riso teve razão de praticar o que praticou, visto como o ofendido é homem que se embriaga e que neste estado é muito provocador e insultante e neste estado provocou e insultou o indiciado de tal forma que este não teve a paciência necessária para relevar os insultos e provocações fazendo no ofendido alguns ferimentos". Outra testemunha informa sobre os elementos que sancionaram a violência e a ela obrigaram: "palavras injuriosas que o ofendido dirigiu ao réu, podendo assegurar que entre elas foram proferidas algumas dessas expressões torpes com que a gente mal-educada insulta as mães daqueles contra quem manifestam as suas iras".[45] Injúria esta que se conta entre as mais pesadas de nossa cultura, mas que não comprometia fisicamente o réu e que, de acordo com o Código Criminal vigente, não permitia a configuração de legítima defesa. Não obstante, consensualmente, conferiu fundamento legítimo para a agressão.

A incorporação da violência como um modelo socialmente válido de conduta pode também ser captada através da maneira inequívoca com que é admitida em público. Veja-se o teor desta conversa reproduzida por um vendeiro: "Vicente, depois de lhe ter comprado uma botija de aguardente, lhe disse que fosse buscar a Pedro Pião, que se achava machucado, ao que ele depoente perguntou se tinha caído do animal. Respondeu-lhe Vicente que não, que tendo ido à sua casa para dar-lhe umas relhadas, depois de lhe ter dado duas, defendeu-se com uma faca, dando-lhe um golpe no peito. Então ele depoente perguntou a Vicente

---

[45] G. 11-837, 1884.

se tinha matado a Pedro Pião, ao que ele respondeu: 'Acho que ele morre'. Retirando-se Vicente para sua casa mandou um menino à casa dele depoente, chamando-o a que fosse conduzir o corpo da vítima, ao que negou-se ele depoente porque teme ingerir-se em negócios dessa ordem; que depois, pensando mais foi à casa de Vicente e achou-o chorando, arrependido do que fez dizendo que estava com vontade de vir e apresentar no que foi dissuadido por ele depoente, pelo dó que lhe inspirou a família do ofensor". Outra testemunha também declara "que sabe do fato por tê-lo ouvido do próprio Vicente e é sua opinião que este obrava com toda a razão, porquanto o ofendido foi provocá-lo injustamente em sua própria casa". Ainda mais uma testemunha afirma "que soube do fato no mesmo dia em que se deu o referido, pelo próprio Vicente, que lhe contou assim ter procedido por necessidade de defesa". Vários outros depoimentos, mais ou menos do mesmo teor, estribavam-se em uma única e insólita fonte de informação: a própria mulher do assassino, que narrou o acontecimento estando reunidas diversas pessoas.[46]

À atitude francamente aprovadora dessas testemunhas (uma delas vai, mesmo, a ponto de admitir responsabilidade pela decisão do réu de furtar-se às consequências legais do crime), acresce a inesperada divulgação do assassinato pelo próprio autor e sua mulher. Com efeito, não houve testemunhas visuais da morte: as que depuseram no processo apenas reproduziram o que lhes foi comunicado por aqueles dois personagens. O crime, desse modo, embora não presenciado, ficou absolutamente isento de mistério e jamais se procurou manter desconhecido o seu autor. Pelo contrário, foi o próprio agressor que se identificou como tal, ao providenciar socorro ao moribundo e, posteriormente, o transporte do corpo.

Nessa situação, em que as notícias sobre a violência cometida circulam livremente, fica evidente a sua completa incorporação às condutas socialmente sancionadas. O fato de circularem desimpedidas de juízos restritivos indica também que a violência é incorporada não apenas como um comportamento regular, mas positivamente valorado. Essa prática é perfeitamente consentânea com o tipo de relações definidas entre o agressor e sua vítima. Em ambas fica claro o vínculo pessoal traduzido simultaneamente no sentimento de solidariedade e na luta

---

46 G. 11-862, 1881.

irreconciliável: o comportamento do assassino para com a vítima e a discussão aberta de seu crime correspondem a objetivações, em planos diferentes, de um mesmo princípio ordenador das relações sociais. Assim como o comportamento se efetiva unificando os conteúdos de harmonia e de luta inerente às relações comunitárias, no nível de consciência das situações sociais desse tipo, ambos aqueles conteúdos são representados com uma conotação que os sanciona.

A incidência regular e a institucionalização das manifestações de violência correram simultâneas com a acentuação normativa dos conteúdos de ruptura e tensão. A constante necessidade de afirmar-se ou defender-se integralmente como pessoa, ou seja, a luta ingente na relação comunitária surge conjugada à constituição de um sistema de valores em que são altamente prezadas a bravura e a ousadia. Realmente, a ação violenta não é apenas legítima, ela é imperativa. De nenhum modo o preceito de oferecer a outra face encontra possibilidade de vigência no código que norteia a conduta do caipira.

O ultraje não pode ser tolerado pacificamente. Vejam-se as preliminares de um assassinato: "Domingo pela manhã, à porta de uma venda, Rufino perguntou a José Miguel se era capaz de pagar quatro vinténs de aguardente; José Miguel respondeu-lhe afirmativamente e mandou a ele depoente que desse a aguardente pedida e que Rufino virou de um só trago. Por sua vez, convidou então Rufino a José Miguel para beber, pois que ele pagaria e como respondesse José Miguel que não podia aceitar o oferecimento visto estar incomodado, Rufino replicou-lhe que também tinha dinheiro para pagar e se porventura não queria mesmo José Miguel aceitar bebida oferecida por ele. Pouco depois aí apareceu também João Gomes, seu vizinho de parede-meia e convidou José Miguel para almoçar; Rufino acompanhou-os e perguntou se o almoço de João Gomes não chegaria também para ele, fazendo essa pergunta com insultos e provocações. João respondeu que chegava e que também podia ir almoçar e que na ocasião do almoço continuou com as provocações e finalmente pediu de novo que José Miguel fosse buscar mais dois vinténs de aguardente".[47]

Nesse episódio, nenhum elemento relevante da cultura desses homens aparece ameaçado, salvo um, talvez o mais importante de todos: a autoconcepção de homens altivos. O entrecho inteiramente banal

---

47 G. 20-1 556, 1883.

das relações entre Rufino e José Miguel encerrava, todavia, o atentado contra caracteres que subjetivamente eram fundamentais. Conservar intangível a sua independência e não permitir que tripudiassem sobre ele, eis o ponto crítico que desencadeou a resposta violenta por parte de José Miguel: "Então, disse este, a Rufino, que ia buscar a aguardente, mas que não o apertasse muito no fim, pois que não sabia ele com quem lidava; que Rufino estava acostumado a fazer dessas coisas aos outros, mas que com ele não facilitasse". Em sequência, deu-se a morte. A necessidade de manter a dignidade e de enfrentar os riscos daí decorrentes já haviam armado José Miguel: "Logo pela manhã carregou uma espingarda e disse que aquela carga era para Rufino, se quisesse engarupar nele".

Virtude, destemor e violência não se excluem, mas se confundem numa variada gama de matizes, como se vê no conceito gozado pelos ofensores: "– É homem de gênio forte, incapaz de sofrer com resignação qualquer provocação que lhe seja dirigida, mas dá-se bem com aqueles que são seus amigos". "– É homem de bom coração, mas de honra e coragem".[48]

A importância desse conjunto de valores é revelada na preocupação em construir e conservar uma reputação de valentia. A existência de rivalidades daí decorrentes vem expressa nas razões aventadas para mortes e ferimentos: "– Miguel Rico tinha, anteriormente ao fato de que se trata, rixa com Bahiano, porque diziam que este era valente e por isto Miguel procurava a cada passo massacrá-lo". "– Não sabe se havia motivo particular entre eles que levasse à prática do crime, a não ser alguns ciúmes de valentia que reinava entre ambos".[49]

A violência, integrada à cultura no nível de regulamentação normativa da conduta, pode ser observada ainda na atitude de aceitação das situações antagônicas, como se fossem parte da ordem natural das coisas. Tanto isto ocorre que o comportamento dos espectadores de contendas é, na maior parte das vezes, no sentido de não interferir nelas. Assim se conduzem, mesmo em porfias de proporções grandes e consequências sérias: "Havia na porta da venda mais de cinquenta pessoas e no barulho

---

[48] Para as duas primeiras afirmações, cf. G. 9-751, 1892; para a terceira cf. G. 20-1 557, 1883.
[49] G. 34-2 573, 1880.

entraram umas quatro ou cinco", esclarece uma dessas testemunhas indiferentes.[50] Penso que essa reserva derive da admissão do direito incontestede lutar, como sugerem as seguintes declarações: "O depoente disse que tendo de fazer uma reza de Santa Cruz, para isto convidou alguns conhecidos e de fato teve essa reza lugar no sábado ao escurecer. Acabada a reza, sendo ele o festeiro, convidou todos para em sua casa comerem doces e brincarem e assim fizeram os assistentes. Formaram um batuque na sala, havendo logo barulho entre Anselmo Dionísio e Amaro de Tal, o qual ele depoente logo acalmou como dono da casa que era. Momentos depois nova dúvida surgiu entre Anselmo e Amaro, dizendo ele depoente que se queriam brigar que fossem lá para o terreiro ou estrada", saindo então os homens para o ermo e para a noite, com seus desafetos e suas facas.[51] Nota-se aí como a disputa é encarada como um assunto privado, cabendo aos adversários decidi-lo como melhor lhes aprouver. Nesse contexto, não foi a luta em si mesma que esteve em causa, mas tão somente o local em que ela poderia ocorrer apropriadamente. Assim, parece-me provável que aquele cuidado em guardar distância das paradas violentas esteja mais ligado a essa forma de concebê-las como "normais" que ao temor de envolver-se nelas. Afinal, todos, nessa sociedade, constituíam participantes passados e prospectivos de inúmeras situações análogas, e não hesitavam muito em criá-las e sofrê-las. Apenas abstinham-se de interferir naquelas que não lhes dizia respeito.

De fato, quando ocorrem intervenções, estas têm por resultado a propagação da luta. Assim, multiplicam-se os contendores e encadeiam-se as mortes: "Benedito Ferreira digiriu-se ao interior da casa e foi pedir a Chico Emboaba mil-réis para pagar a Francisco Estêvão igual quantia que ele devia e a entregou imediatamente a Francisco Estêvão, dando em seguida um murro no balcão. Francisco Estêvão, mostrando-se ofendido, pediu-lhe que não continuasse a bater no balcão, ao que este respondeu chamando-o para fora. Nessa ocasião achavam-se já no terreiro em frente do negócio João de Melo e Mariano de Melo, e tendo ele depoente ficado no negócio, do balcão para dentro, não viu o que mais se passou entre eles e apenas ouviu o estampido de uma arma de fogo que pareceu-lhe partir da frente da casa. Logo depois saindo para o terreiro viu ele

---

50 G. 20-1 571, 1891.
51 G. 16-1 253, 1896.

depoente os cadáveres de Francisco Estêvão e de João de Melo, e que então as pessoas presentes lhe referiram que este, tendo intervido na luta entre Benedito Ferreira e Francisco Estêvão, a favor do primeiro, fora morto por este último, com uma facada, e que Mariano de Melo vendo assassinado o seu irmão, desferira sobre o assassino um tiro de espingarda e que este imediatamente sucumbira".[52]

Mesmo quando a intervenção ocorre para evitar a luta, o foco da agressão com frequência se desloca para a pessoa do mediador. Então, com impacto igualou maior que o do primeiro choque, dá-se o encontro entre os dois novos inimigos: "Francisco Idalgo, havendo emprestado dinheiro a Joaquim Pereira, começou a recordar-lhe certas desavenças que antigamente tiveram, acabando por exigir o imediato pagamento da quantia que emprestara, o que não pôde ser satisfeito por haver Pereira já dispendido parte dela. A fim de tomar emprestada a quantia para o pagamento, dispunham-se os dois a sair, quando Joaquim de Tal aconselhou a Pereira que não saísse em companhia de Idalgo porque podiam brigar em caminho, o que ouvindo, Idalgo voltou e foi tomar satisfação a Joaquim, a quem disse que não fazia caso dele, nem do seu patrão, nem de quantos ali estavam, terminando por desafiá-lo: então Joaquim saiu e Idalgo disparou sobre ele um tiro de espingarda e imediatamente Joaquim agarrando-se a ele, cravou-lhe a faca".[53]

Tomou-se, nos parágrafos anteriores, a propagação da luta como um índice da regulamentação normativa das relações sociais em termos de violência. Reafirmando esse ponto de vista, podem ser indicadas aquelas situações em que a agressão se generaliza e em que todos os participantes se tornam indistintamente antagonistas. As pessoas envolvidas em rixas não raro são amigos, compadres e parentes, que mergulham no tumulto agredindo e sendo agredidos indiscriminadamente. Num desses ensejos e em meio à confusão, "Antônio Joaquim, caindo atordoado não só pelas pancadas assim como pela bebida, ao levantar-se deu uma facada pensando que era em seu agressor, quando esta acertou em seu amigo e compadre".[54] Com referência à rixa análoga, outra testemunha relata que o réu "não tinha intenção de ofender a Sebastião, de quem sempre foi

---

52 G. 6-493, 1871.
53 G. 26-2 060, 1858.
54 G. 44-3 324, 1898.

amigo", supondo que "a pancada acertou foi casualmente quando o denunciado estava esgrimindo com a acha de lenha".[55] Parece-me que, nessas situações, o padrão de violência pode ser observado em sua pureza, isto é, fica evidente que as pessoas agem de forma semiautomática, em função de normas socialmente estabelecidas.

A análise aqui realizada, na tentativa de evidenciar as tensões geradas na comunidade e mostrar a operação de um sistema de valores sancionando a sua expressão violenta, baseou-se na observação do comportamento efetivo, a partir do qual se procurou isolar os ideais e expectativas das pessoas envolvidas. Apenas dessa maneira se pode chegar a conhecer o sistema de normas que têm um significado real na concretização da conduta, a despeito de seus princípios não chegarem a ser afirmados conscientemente. Mesmo no caso aqui visto, de um grupo social tão decididamente orientado para a solução drástica dos conflitos, seria difícil encontrar uma defesa consciente das práticas violentas. Para que isto não fosse possível, bastaria a presença paralela de um código que pressionasse no sentido contrário e que se fizesse valer através da administração oficial da justiça. Embora a matriz desse código estivesse além das fronteiras da comunidade e a adesão real a ele fosse muito precária, o poder repressivo das agências que cuidavam de fazê-lo observado é óbvio. Apesar de tudo, a aprovação expressa das práticas violentas e a apreciação positiva de seus autores pôde ser apontada de maneira consistente.

Os pronunciamentos colhidos no sentido de repulsa à violência não são de molde a comprometer a validade das interpretações aqui propostas. Assim, nos relatos sobre apaziguadores, que se metamorfoseiam em atacantes, aparece valorado negativamente o rumo tomado por suas ações. Uma das testemunhas "não compreende como para se apartar a briga se lance mão de arma e se faça ferimentos"; declara outra "que o meio empregado para apartar a briga não foi o mais próprio por entender que de maneira nenhuma deveria o denunciado aumentar crime onde já existia"; uma outra, ainda, julga "que o ofensor deveria procurar apartar a briga por qualquer outro meio diferente do que empregou, visto ser mais regular e mais natural até, sendo certo que não se pode admitir que a filha pedisse ao ofensor para intervir, se pensasse sequer na

---

55 G. 10-784, 1885.

possibilidade de se dar o fato como se deu".[56] Entretanto, essas avaliações de repulsa à luta devem ser levadas à conta de uma adesão convencional a valores exógenos.

A atitude manifesta diante do delegado ou do promotor não poderia deixar de ser reprovadora, visto como esse agente define como criminosos aqueles atos que no comportamento do grupo caipira são retos e legítimos ou mesmo compulsórios e nobilitantes. Vale notar que a própria inquirição nos casos aqui considerados faz parte de uma ampla rede de normas e ações racionalmente estruturadas. Os preceitos desse direito – racionalmente impossíveis de serem negados –, quando propostos num processo que mobiliza os setores racionais da consciência, não poderiam deixar de ser reconhecidos. Nessas condições, a supressão da vida *in abstracto* não poderia ser manifestamente admitida, embora fosse concretamente legítima e natural a eliminação do adversário. É preciso não esquecer também que essas testemunhas se pronunciaram quando sujeitas à polícia e ao aparelho judiciário, que justamente visavam garantir a implantação dos preceitos racionais. Desse modo, embora o sistema de valores efetivamente vinculado à ação dessas pessoas implicasse a negação desses preceitos, a desconfiança e o constrangimento, quando não o medo, inevitáveis numa situação estranha à sua rotina de vida e cujo sentido era o de impor padrões contraditórios aos seus próprios, levavam-nas a se exteriorizarem pela adesão formal às regras propostas por aqueles sob cuja jurisdição se encontravam.

A efetividade do conjunto de valores delineado na página anterior e o seu significado de negação dos preceitos estabelecidos por um direito positivo revelam-se ainda na inobservância das disposições legais que visavam fazer cumprir esses preceitos jurídicos. Assim é que a perpetração de crimes não desencadeia, nas pessoas que os tenham presenciado, um movimento no sentido de promover a sujeição de seu autor à justiça. Pelo contrário, deixa-se aberta, ao culpado, a possibilidade de fuga sem obstáculo. Era frequente que a evasão de criminosos se desse nas circunstâncias a seguir descritas: "o depoente, acompanhado de seus camaradas Antônio Castro e Antônio Mineiro, foram a uma festa no bairro de São José, onde passaram a noite; pelas oito horas da manhã, quando já estavam em meio do caminho, Antônio Castro alterou-se com

---

56 G. 20-1 574, 1886.

Antônio Mineiro por vir falando asneiras perto da amásia dele e, enfurecendo-se, feriu Antônio Mineiro com uma facada na barriga. Antônio Castro, ao ver o ofendido caído na estrada, apertou o passo e evadiu-se".[57] De outras vezes, não era apenas por omissão dos espectadores que a fuga era facilitada, mas por uma ação determinada no sentido de favorecê-la. Em agressão presenciada por várias pessoas, uma destas deu "voz de prisão ao ofensor, mas não foi obedecida, mesmo porque o administrador da fazenda, inteirando-se da prisão do ofensor, auxiliou-o a fugir".[58] Igual significado deve ser atribuído ainda às declarações registradas em outros autos, em que se lê: "Há três anos pouco mais ou menos, ele depoente encontrou na estrada da Vargem Grande a Máximo, e Antônio, filhos de Mariano, que se dirigiam foragidos à fazenda de ... Nessa ocasião, perguntou-lhes onde iam, ao que nada responderam. Depois de alguma distância um deles voltou-se para ele depoente e disse: '– Se perguntarem por nós, não conte que nos viu'".[59] A possibilidade mesma de um tal diálogo já evidencia o consenso, entre os fugitivos e seu interlocutor, de que não haveria denúncia. Note-se que entre esse encontro e o depoimento mediou um período de três anos.

De toda a situação analisada surge uma moralidade que incorpora a violência como legítima e a coloca mesmo como um imperativo, tendo efetividade e orientando constantemente a conduta nos vários setores da vida social. A emergência desse código que sancionou a violência prende-se às próprias condições de constituição e desenvolvimento da sociedade de homens livres e pobres. Viu-se, primeiramente, através das relações de vizinhança, como os ajustes violentos se ligavam ao estado de penúria a que ficou relegado esse grupo: a escassez, se de um lado realmente favoreceu o estabelecimento dos laços de solidariedade necessários para garantir a distribuição regular dos recursos, de outro radicalizou a disputa em torno dos meios de vida. A definição do nível de subsistência em termos de mínimos vitais, a emergência de tensões em torno das probabilidades de subsistência e sua resolução através de conflitos irredutíveis têm uma mesma e única matriz: a forma de inserção dessas populações à estrutura da sociedade brasileira, que as tornou

---

57 G. 16-1 248, 1896.
58 G. 17-1 355, 1898.
59 G. 6-445, 1876.

marginais em relação ao sistema socioeconômico, numa terra farta e rica, e colocou-as, assim, a um só tempo, diante da quase impossibilidade e da quase desnecessidade de trabalhar. Ainda mais, essa inserção tangencial à estrutura socioeconômica mais ampla entravou o pleno desenvolvimento de formas próprias de regulamentação da vida social: de uma parte, o grupo não esteve orientado para situações de interesse de modo tal que por via desse condicionamento se definisse o equilíbrio e padronização das relações entre seus membros; de outra, a presença de um mundo paralelo em que o interesse econômico foi o elemento fundamental que impediu que se constituíssem e operassem formas estáveis e duradouras de controle social, baseadas na tradição.

Sociologicamente, o conceito de tradição seria de pouco interesse se tomado apenas no sentido impreciso de transmissão, mediante o contacto entre gerações, de elementos da vida social. O que diferencia a tradição do costume, do uso e do hábito, e faz com que possa se constituir como um princípio essencial de regulamentação do comportamento em certos tipos de organização social, é que implica um julgamento de valor sobre o elemento transmitido, na crença seu caráter sagrado e inquebrantável. Na esfera do tradicional, saímos daquilo que existe faticamente, que foi de há muito estabelecido e que é apenas reconhecido e praticado de modo geral, para articular a noção de antigo e consensual à de valor. Apenas nesses termos é que se pode reconhecer na tradição a força para cristalizar e fazer um código realmente uniformizador da conduta, pela firme adesão das consciências às suas prescrições.

A possibilidade de definir-se um *mundo caipira* regido por esse tipo de ordem não poderia chegar a concretizar-se. A referida marginalidade em relação ao sistema econômico, rebatida sobre a larga disponibilidade de recursos naturais, reforçou a grande mobilidade dos componentes dos pequenos grupos, impedindo que se estabelecessem entre eles relações dotadas da durabilidade necessária para a cristalização de obrigações tradicionalmente aceitas. Além disso, o simples contacto com a sociedade economicamente articulada, por via do aproveitamento residual, que fez do homem pobre e livre, operava decisivamente nesse sentido: havia sempre pelo menos a possibilidade de vida fora do grupo para aqueles que frustrassem as expectativas ou transgredissem os usos estabelecidos.

Viram-se os resultados dessa situação, muito claramente, através da instabilidade dos grupos de trabalho: sua organização, em vez de fundar-se em controles que continuamente orientassem a conduta de seus membros para a conformidade e a harmonia, baseou-se numa técnica carregada de tensões, o desafio. Focalizando-se este elemento, foi possível verificar como se institucionalizavam, na situação de trabalho, os componentes de ruptura e tensão, no sentido de dar-lhes livre curso e de serem conduzidos, em função da natureza das relações existentes entre os colaboradores, até os conflitos irredutíveis. Completando a observação dos grupos de trabalho, muito pouco disciplinados, foram focalizadas as relações de parentescos, apenas convencionalmente regidas pelas normas vigentes nas grandes famílias de posses, nas quais os laços de caráter pessoal articularam-se aos fortes controles determinados por interesses econômicos. Aí também, apesar da aparente estereotipação, as relações estiveram fracamente regulamentadas, comportando o livre curso de tensões que comprometiam a estabilidade dos grupos familiais. O vínculo forte e íntimo do parentesco, ao admitir a sua negação expressa, deixa a descoberto a identidade dos conteúdos de oposição e harmonia que encerram as relações comunitárias, não submetidas a controle formal.

Esses componentes aparecem unificados e encontram a sua expressão mais livre na esfera menos regulamentada dessa sociedade, a vida lúdica. Neste setor, ressalta o nexo entre o caráter eminentemente pessoal das relações sociais e as tensões de que se acham carregadas. Nestas existências inteiramente pobres, incipientes no domínio da natureza e rudimentares nos ajustamentos humanos, pouco se propõe ao entendimento do homem senão a sua própria pessoa. É ela que sobressai diretamente, solitária e despojada, por sobre a natureza; apenas ela constitui o sistema de referência através do qual o sujeito consegue perceber-se. Desde que, nas realizações objetivas de seu espírito, quase nulas, dificilmente lograria reconhecer-se, é aquilo que pode fazer de si próprio e de seu semelhante que abre a possibilidade de autoconsciência: sua dimensão de homem chega-lhe, assim, estritamente como subjetividade. Através dessa pura e direta apreensão de si mesmo como pessoa, vinda da irrealização de seus atributos humanos na criação de um mundo exterior, define-se o caráter irredutível das tensões geradas. A visão de si mesmo e do adversário como homens integrais impede que as desavenças sejam conduzidas para lutas parciais, mas faz com que tendam a transformar-se em lutas de extermínio. Em seu mundo vazio de coisas e falta de regulamentação, a capacidade de preservar a própria pessoa contra qualquer violação aparcce como a única maneira de ser: conservar intocada a independência e ter a coragem necessária para defendê-la são condições de que o caipira não pode abrir mão, sob pena de perder-se. A valentia constitui-se, pois, como o valor maior de suas vidas.[60]

---

60 Ao constatar-se a violência como legítima e imperativa, coloca-se o problema de uma regulamentação normativa da conduta que é alheia (e mesmo contraditória) ao Direito Positivo. Esse tema tem sido repetidamente enfrentado na Sociologia. De maior interesse para este estudo são as formulações de Gluckman expondo conflitos e rebeliões que constituem "não violações das normas, mas as próprias normas" (p.52). No caso aqui considerado é preciso acrescentar, porém, que as normas com conteúdos de ruptura, precisamente porque se inscrevem no padrão de equilíbrio do sistema, instauram nele uma força permanente de negação. Não obstante, como se verá, a própria forma de inserção das comunidades de homens livres e pobres na sociedade inclusiva, que gera essas tensões, também as neutraliza por meio das relações de dominação, impedindo mudanças estruturais. Para um estudo sobre *comunidade instável*, ver Leach (1964), especialmente cap.IV. Este autor vem criticando a *lógica da integração dos sistemas*, na Antropologia, no sentido de expor como as formações sociais não são compactas e sem fissuras. Pelo contrário, comportam ambiguidades, determinando-se no campo da prática importantes elementos de flexibilidade em vez da conformidade a regras formais extremamente rígidas. Sua análise sobre os Kachin revela hostilidades latentes que conduzem a mudanças no tipo estrutural. Para estudos concretos sobre movimentos sociais, "primitivos" no interior de um mundo que assume as características de "moderno", ver Hobsbawn 1959, especialmente o capítulo sobre a Máfia. São aí analisadas relações de dominação num contexto que abria possibilidades de oposição socialmente organizada, ao contrário das condições brasileiras, em que as reações à opressão ficaram confinadas ao âmbito pessoal.

CAPÍTULO 2

A DOMINAÇÃO PESSOAL

> "Se quereis ser onipotente,
> podei somente o justo lícito,
> e não queirais poder o ilícito e injusto."
>
> Antônio Vieira,
> *Sermão da Terceira Dominga Post Epiphaniam.*

Este capítulo visa projetar a figura do homem livre e pobre no sistema social. Como ponto de partida, lembro que foi na fímbria do sistema econômico organizado para a produção e comercialização do café que emergiram as atividades a ele relegadas. Foram esses serviços residuais, que na maior parte não podiam ser realizados por escravos e não interessavam aos homens com patrimônio, que ofereceram as oportunidades ao trabalhador livre.

1 Tropeiros e vendeiros: a abertura do sistema social

Das atividades acima referidas a mais importante foi a ligada ao transporte em lombo de burros, veículos para o escoamento das safras e para o abastecimento das fazendas. O traçado das estradas e a precariedade crônica de sua conservação tornaram a besta de carga o único meio possível de trânsito. Por volta de 1822, Saint-Hilaire, nas proximidades do Rio de Janeiro e num trecho bastante movimentado, comenta que "em certos pontos tem o caminho apenas a largura necessária para uma mula carregada, defeito muito comum a toda esta estrada.[1] Cerca de quinze anos depois, registra Kidder "que não só a estrada de ferro, mas ainda as diligências, bem como todos os meios de transporte de passageiros são inteiramente desconhecidos no país, devido, em grande parte, à inadaptabilidade das estradas".[2] Passados mais trinta anos, Zaluar atravessando a zona que estava em plena produção cafeeira, aponta a conveniência de viajar em boa companhia "para que não repare nas estivas quebradas, nas pontes rotas e nos grandes caldeirões que as águas têm de converter em vastos oceanos de lama".[3] As referências desse teor são uma constante no relato dos viajantes ao longo de todo o século XIX. Somente lá pelos seus fins, as condições do tráfego aparecem algo modificadas e é o casal Agassiz quem afirma: "as tropas de burros estão começando a desaparecer do litoral, desde que os progressos modernos em ferrovias e linhas de diligência tornaram os transportes mais fáceis. Até recentemente eram a única maneira de fazer escoar a produção do interior".[4]

A despeito dessa precaríssima base tecnológica, o movimento de mercadorias revela-se bastante intenso. Carregadas de produtos de exportação ou de gêneros de subsistência, as tropas de burros percorreram ativamente o país durante todo o século XIX e cortaram em todas as direções a região que aqui nos interessa, a do Rio Paraíba, transpondo as cordilheiras em direção ao interior ou ao mar, ou seguindo os vales rumo a São Paulo ou ao Rio de Janeiro. Na segunda metade do século, e referindo-se à região entre Barra Mansa e Resende, afirma Zaluar que "seria difícil calcular o número de tropas, as grandes boiadas e os passageiros que a toda hora transitam por esta importante via de comunicação; muitas vezes aglomeram-se a ponto que dificultam o trânsito, apesar da largueza das estradas".[5]

---

1 Saint-Hilaire, 1954, p.31.
2 Kidder, 1951, p.167.
3 Zaluar, 1953, p.28.
4 Agassiz, 1893, p.72.
5 Zaluar, op. cit., p.34. A intensidade do movimento comercial, nos inícios do século

Através desses flagrantes imagina-se, de modo direto e vivo, a importância relativa do movimento de mercadorias na época, em contraste com a pobreza da estrutura material existente para suportá-lo. A literatura de viagens, que neste passo adquire relevância como fonte que dá conta dessa precariedade por quem experimentou longamente as dificuldades dos caminhos, o desabrigo dos ranchos, a pobreza das vendas, à mercê da hospitalidade estranha, torna evidente um desnível grande entre os valores arriscados nesse tráfico e as condições mínimas de sua segurança. O desatendimento das estradas e o transporte moroso de bens, práticas compatíveis com a economia organizada para a subsistência ou para a produção exígua de excedentes, foram preservados na grande agricultura comercial.

É no ponto de articulação desses dois caracteres – tecnologia rudimentar e grande empreendimento mercantil – que se pode situar a figura do tropeiro no século XIX. Em verdade, o tropeiro aparece como a própria personificação dessas condições objetivas: sua atividade firmou-se por ser indispensável a um momento das operações comerciais, que dependiam, contudo, de um deslocamento no espaço com o equipamento tecnológico conservado da fase em que a produção tendia para o nível de subsistência.

São vários os tipos que podem ser enquadrados dentro da categoria do tropeiro. Um deles é o do negociante de animais, que dispunha de um patrimônio e que o fazia valer reunindo um certo número de cabeças nas zonas de preamento e criação, para vendê-las nas feiras e mercados urbanos, ou que se dirigia às regiões de cultura, realizando suas transações diretamente com proprietários de terras. É este homem quem vai inicialmente ser focalizado aqui: "as pessoas da fazenda viam-no chegar um dia, à frente de duzentos ou trezentos burros; vinha das extremidades longínquas do Império, havia feito quinhentas ou seiscentas léguas através de florestas inexploradas dormindo à luz das estrelas e não tendo por alimento cotidiano senão um punhado de farinha".[6] Era este um tipo que estava pouco ligado ao grande fazendeiro, porque ambos

---

XIX, para a parte mais setentrional da região aqui considerada, pode ser observada através do movimento do Porto D'Estrela (v. Rugendas, 1954, p.25-6 e Walsh, 1930, p.278-88, onde este arremata suas observações: "Não sei se jamais vi maior azáfama de comércio que neste lugar").
6 D'Assier, 1867, p.167.

entravam em contacto em termos de uma relação de mercado, sem a interferência de obrigações necessárias de ordem pessoal.

Em relações de mercado os homens enfrentam-se como portadores de uma liberdade que significa habilitação ao direito de propriedade e igualdade jurídica. Assim, esse conceito de liberdade só poderá ter seu conteúdo precisado à luz do regime de propriedade, apreendido não apenas através de sua expressão codificada, que prescreve direitos "formais", mas sobretudo através das condições que regulam a distribuição efetiva do poder, desvendando-se assim os limites dos direitos "vividos". Em resumo, o conceito genérico de liberdade implícito nas relações de mercado, que é firmado no princípio da propriedade privada, só poderá alcançar teor explicativo quando nuançado em função do sistema de dominação a que se conjuga. Levando em conta essas considerações, ficará claro como e por que as relações entre fazendeiro e negociante de tropas estiveram longe de se cumprir pelas vias racionais e "livres" que a natureza mercantil do contacto estabelecido entre eles poderia virtualmente engendrar.

Na fase de abertura das fazendas, o próprio fazendeiro esteve preso ao tropeiro, dependendo de suas decisões em fornecer-lhe os animais, dentro dos prazos e dos preços convenientes. Nesse período, os controles pessoais, ao que parece, foram eficientes para garantir ao fazendeiro a regularidade dos suprimentos e, ao tropeiro, a formação de sua clientela. Veja-se, na passagem seguinte, como o "bom nome" aparece em penhor das transações comerciais: "Joaquim Cardoso, quando passou por esta sua casa, me disse que V. Mcê lhe tinha encomendado um lote grande de boas mulas que ele deverá trazer de Sorocaba e que V. Mcê queria dispor de alguns animais ... Penso que ele vai voltar com uma grande mulada conforme me disse. Dos tropeiros que por esta banda andam, é o de mais confiança, sem comparação. E é por isto, muito estimado. Mas talvez não volte aqui nesta viagem, pois às vezes vende toda a tropa que traz, pelo caminho, em Bananal, onde pagam muito bem. Mas como é homem de palavra e disse a V. Mcê que lhe haveria de trazer os animais, é que com certeza há de mesmo desempenhar o prometido".[7]

Essa dependência tendia a pesar mais para o lado do tropeiro, à medida que se consolidavam as plantações e aumentava a diferenciação

---

7 Carta a Francisco Teixeira Leite da parte de seu primo (apud Taunay, 1839, v.IV, t.II, p.355).

de fortunas. Isto, em grande parte, porque não dispunha do equipamento material que o habilitasse a vender sua mercadoria por conta própria e chegar ao término de seus negócios como um homem desobrigado. A organização que lhe faltava, que consistiria apenas na propriedade de um pasto e de alojamentos sumários, não se apresentava nem como viável, nem como interessante. A abundância de terras e o uso de cedê-las gratuitamente impediram que fosse sentida uma tal necessidade. E assim, o tropeiro, seduzido pela hospitalidade e "pelas imensas pastagens que cercam a fazenda, pede ao fazendeiro para ceder a seus animais essas riquezas perdidas. Nessa ocasião, estabelece o seu quartel-general na fazenda, onde cria seus burros. De tempos em tempos, faz uma *tournée* pela vizinhança e vende os que estão preparados". Se esta prática aumenta-lhe o ganho, o preço que inconscientemente paga por isto não é pequeno, pois atinge sua própria pessoa, colocando-o na situação de retribuir com seus serviços os benefícios recebidos. "Em seus momentos ociosos (o tropeiro) torna-se útil na fazenda: ensina a laçar e a domar animais rebeldes, serve de escudeiro nas viagens e de sacristão ao padre".

Ata-se assim a tênue, mas forte, linha de dependência do tropeiro em relação ao proprietário. Pouco importa que essa ligação seja interrompida e que, vendido o seu estoque, o tropeiro readquira seu espaço aberto e sua autonomia: "quando todos os seus burros são vendidos, ele torna a partir seguindo os mesmos caminhos, faz novas compras, e reaparece no ano seguinte com uma nova tropa".[8] E aí renova as suas ligações com o fazendeiro, o seu débito e as suas obrigações. Embora transitório, o vínculo estabelecido entre eles é efetivamente necessário, visto como por outro meio não poderiam ser atingidos os alvos da atividade do tropeiro. É irrelevante que, enquanto indivíduos determinados, possam jamais vir a restabelecer essa ligação e que, em anos seguidos, o tropeiro se fixe em propriedades diferentes. O que importa ressaltar é o fato de que, para subsistir e alcançar os seus objetivos, o tropeiro supõe a existência do senhor de terras. Embora itinerante e submetido circunstancialmente a proprietários diferentes, haverá sempre *um senhor*, sob cuja égide se encontrará e de cuja mercê dependerá o êxito de seu trabalho.

---

8 Para as três citações acima, D'Assier, op. cit., p.167.

A outra figura vinculada a essas atividades é a do condutor de tropas, ocupado propriamente com o mister de transportar mercadorias.[9] O tropeiro parece ter-se desincumbido de seus encargos com regularidade, assegurando o trânsito normal de mercadorias e garantindo para si próprio uma qualificação profissional, em que pesem as condições precárias e aventurosas de suas viagens. "Um cavalheiro que por muitos anos se tinha servido exclusivamente de tropeiros para o transporte de suas mercadorias, informou-nos de que muito raramente, ou talvez nunca, tenha tido conhecimento de que determinada encomenda não tenha chegado a seu destino."[10] Aconselhando aqueles que desejassem viajar pelo Brasil, afirma Rugendas que o mais importante "é encontrar um tropeiro experimentado e honesto, capaz de tratar e guiar os animais durante a viagem. Qualquer economia nesse sentido seria contraproducente e acarretaria consequências desagradáveis. Seria loucura imaginar que qualquer escravo possa ser empregado nesse mister ... Aqui, muito mais ainda do que na Europa, as personagens principais são os quadrúpedes: depende-se por completo deles e, por conseguinte, do tropeiro. Importa, pois, enormemente que seja este, de todos os pontos de vista, honesto, experimentado e decidido".[11]

Nesse grupo de condutores de tropas é preciso distinguir aqueles que mantinham tropas de aluguel[12] daqueles que eram camaradas de fazenda. Os primeiros ficarão à margem da discussão seguinte, por estarem seus representantes mais ligados às cidades e vilas, centros onde entabulavam as locações e ajustes de empreitada. São os mais ligados às propriedades fundiárias que interessam a este trabalho.

Embora estivessem a maior parte do tempo pelas estradas, as condições de trabalho desses tropeiros, que faziam regularmente parte do pessoal da fazenda, eram largamente definidas pelos característicos desta última. A qualificação, a responsabilidade e os limites de autodeterminação atribuídos a ele dependiam das proporções do empreendimento, isto é, do volume de sua safra e do alcance de sua presença nas

---

9 Sobre a organização das tropas (dimensão, composição, pessoal, e suas atividades), as fontes são uniformes (ver, por exemplo, Ribeyrolles, 1941, v.I, p.180-1; Rugendas, 1954, p.26-7).
10 Kidder, 1951, p.168.
11 Rugendas, 1954, p.26-7. A atividade de tropeiro aparece regulamentada no Código Mercantil.
12 Kidder, 1951, p.10; Saint-Hilaire, 1954, p.104.

etapas de comercialização do produto. A parte desempenhada pelo fazendeiro no comércio de café variava desde a simples entrega do produto aos agentes intermediários nas vilas e cidades próximas (em geral pequenos proprietários), às negociações com as casas comissárias localizadas nos grandes centros (caso mais frequente), até os entendimentos diretos com firmas importadoras no estrangeiro (prática excepcional a que estavam capacitados apenas os fazendeiros maiores). Nas atribuições do condutor de tropas incluíam-se, assim, desde as curtas e simples viagens aos centros próximos até a condução de uma grande e complexa caravana por caminhos longos e difíceis. Neste último caso, as suas funções desdobravam-se na supervisão dos escravos, no cuidado dos animais, na vigilância da carga, terminando a sua tarefa com as transações que realizava com o consignatário. A importância, portanto, do encarregado desse transporte era em função do valor da carga a ele confiada e do período de tempo em que, através dos caminhos, ela ficava sob sua responsabilidade.

Com a entrega da mercadoria fechava-se o ciclo da atividade do tropeiro, bem cedo reiniciado com o retorno da caravana, desta vez a serviço do abastecimento da fazenda. Constantemente em trânsito, suas próprias funções seriam de molde a limitar os laços de dependência em relação ao fazendeiro. Mas, na realidade, não escapava de prestar também o seu tributo pessoal. A ele estava sujeito, até mais que os outros agregados e camaradas da fazenda, e isto em consequência de suas próprias qualificações: seu conhecimento dos caminhos e do interior, a sua habilidade de ganhar as serras e rapidamente desaparecer no sertão faziam dele o homem indicado para as empresas que melhor se realizam sem deixar vestígios. É verdade que nem mesmo as emboscadas de morte eram cercadas de muito sigilo. Entretanto, embora fosse uma prática sancionada pelos padrões morais do grupo, frente aos códigos legais trata-se de crime: se aberto processo e complicada a situação por influência dos lesados, o mais conveniente é que inexistissem provas e que testemunhas não pudessem ser produzidas. Isto facilitava ainda mais a passagem, já não muito difícil, para a impunidade. Nessa circunstância, a perícia do tropeiro experimentado no sertão – garantia de que dificilmente acabaria apanhado – era de grande utilidade, fazendo dele, muitas vezes, o de preferência mandado nessas aventuras de morte.[13]

---

13 Alguns processos-crimes permitem estabelecer a relação entre a ocupação de tropear e a profissionalização do capanga (cf., mais adiante, cap.3).

Documentos que permitiam apreender as relações do tropeiro com o pessoal a ele subordinado são raros. É possível apenas esboçá-las, indicando a existência de marcas de diferenciação social entre o chefe da caravana e sua gente. O arranjo dessas caravanas nos ranchos que lhes serviam de pouso fornece indícios nesse sentido. Descrevendo uma dessas paradas, Walsh nos diz que sob o abrigo empilhava-se a carga e preparava-se a comida e que, "ao lado disso, estava o tropeiro, ou chefe, em sua rede suspensa em estacas baixas e em torno dele estava sua companhia, estendida no chão".[14] Conta também Ribeyrolles que "depois de acesos os fogos da noite, o arreador janta à parte, sozinho. Depois, estende-se num couro, entre dois muros de fardos que lhe servem de alcova, ao passo que os negros se acomodavam daqui e dali no rancho, ou ao acaso, na relva".[15] Não obstante essa distância social, o tropeiro trouxe impresso sobre sua figura o mundo primitivo e violento do homem pobre e livre: "Todos eles trazem um grande facão de mato preso à cinta, do lado de trás ... Serve para cortar madeira, consertar arreios, cortar carne, e em caso de necessidade, para se defenderem ou mesmo assaltarem".[16]

Muito embora preso a esse mundo, o tropeiro foi um dos tipos humanos para o qual mais se abriram as possibilidades de integração ao outro lado da sociedade. Especialmente o comércio de burros constituiu um importante canal de ascensão socioeconômica. Bem-sucedido em seu lucrativo negócio, o tropeiro "algumas vezes deixa-se seduzir pelo orgulho de fazer de seu filho um doutor". Um destes tem o filho na Universidade de São Paulo e reclama do custo de seus estudos. Teria de desembolsar, na compra de livros, dois contos de réis. "Eram vinte e cinco mulas que precisava vender para cobrir essa soma e o bom tropeiro pensava que seu filho bem poderia instruir-se com menos gastos".[17] E comenta: "para tornar-se subdelegado da comarca, meu filho não tem necessidade de ser tão sábio".[18] Fixadas na educação do filho, surgem as intenções do tropeiro, homem já de algumas posses e que não aspira senão entrar definitivamente para os grupos mais favorecidos da sociedade em que vive.

---

14 Walsh, 1830, p.25.
15 Ribeyrolles, 1941, v.I, p.181.
16 Kidder, 1951, p.169.
17 D'Assier, 1867, p.169.
18 Ibidem.

O movimento de tropas foi, em larga medida, também responsável por outra ocupação proporcionada ao homem livre, ligada ao pouso e abastecimento das caravanas. As crônicas dos viajantes estão pontilhadas de referências a estabelecimentos destinados a esse serviço. Não é apenas nas áreas já mais exploradas que eles são frequentes, de modo que "não se vence um quarto de légua sem encontrar uma venda e um rancho".[19] O mesmo acontece nas zonas mais afastadas, onde também "apesar da solidão e do aspecto em geral inculto da região, em cada quarto de légua (se encontra) um grande rancho num vale, geralmente cheio de tropeiros e mulas". Multiplicam-se logo nas regiões pioneiras, onde "quase em cada milha de estrada se apresenta uma hospedaria brasileira, o rancho".[20]

Walsh especifica os quatro tipos de pousos encontrados nas estradas do Brasil: o rancho, a venda, a estalagem, a fazenda.[21] A estrutura dos ranchos era, por toda a parte, a mesma: barracão sustentado por pilares, aberto dos lados, simples teto para as mulas e seus condutores. Apresentavam apenas variações de solidez, tamanho e limpeza, e eram, de ordinário, dependentes das vendas.[22] Destes últimos estabelecimentos, a grande maioria estava habilitada a oferecer uma refeição de feijão, farinha e carne-seca ao viajante, e milho a seu animal.[23] Suas instalações podiam ser extremamente precárias: a loja suja e com as provisões espalhadas em confusão, a cozinha, e o dormitório que mais parecia quarto de despejo, construídos em pau a pique e barro, esburacados, varados pelo vento e pelo sol.[24] O tipo mais frequente apresentava melhores condições: paredes sólidas e caiadas, vidraças, cobertura de telhas, os interiores em ordem e com algum mobiliário.[25] As vendas maiores forneciam toda sorte de mercadorias: gêneros, fazendas, quinquilharias. Eram menos raras do que se poderia imaginar e não estavam circunscritas à vizinhança de vilas e cidades.[26]

---

19 Saint-Hilaire, 1954, p.122.
20 Walsh, op. cit., p.248 e 41, respectivamente.
21 Cf. também Rugendas, 1954, p.28.
22 Selys-Longchamps, 1875, p.70; Saint-Hilaire, 1954, p.28, 89, 116, 121, 124, 128.
23 Walsh, op. cit., p.63; Rugendas, op. cit., p.29; Zaluar, 1953, p.16. As vendas maiores dispunham de arroz, ovos, carne de porco e galinha.
24 Walsh, op. cit., p.22.
25 Selys-Longchamps, 1875, p.42.
26 Idem: "é uma particularidade curiosa deste país que por toda parte, longe de todo centro habitado, deparemos com esses armazéns, verdadeiros bazares, muito melhor

Nem sempre os ranchos estiveram associados às vendas, aparecendo também ligados às fazendas. Neste caso, seu uso "é gratuito e os proprietários os constroem e os franqueiam, seja por pura generosidade, seja para facilitar o acesso às suas terras".[27] Às vezes são as vendas que aparecem isoladas, e isto nas regiões afastadas da trajetória dos cargueiros, destinando-se ao abastecimento e recreação dos habitantes dos arredores. Tal como o rancho, achava-se de algum modo ligada à fazenda: em alguns casos, o próprio dono das terras as explorava; em outros, o proprietário alugava as instalações a negociantes ou apenas cedia a terra para que se estabelecessem.

Em outras situações, a fazenda, o ranchote e a venda aparecem ligados, compondo uma unidade de produção e comércio. Esses casos são raros, ocorrendo em geral em propriedades pequenas, dedicadas a culturas de subsistência.[28] Tais estabelecimentos combinam, de maneira imediata e em escala modesta, a exploração da terra e a colocação de seus produtos: a pequena fazenda fornece a mercadoria; o rancho mais a venda atraem seu provável comprador e possibilitam as transações. São assim, fazenda, rancho e venda, elementos cuja importância é equivalente no circuito completo da atividade da mesma pessoa, que enfeixa a posse de todos três.[29]

Ao tentar compreender as modalidades através das quais as casas de negócio estavam vinculadas às propriedades territoriais, não se pode deixar de considerar o complexo fazenda-rancho-venda acima especifi-

---

providos que todas as lojas juntas de algumas de nossas povoações", Walsh, 1830; p.16: "A venda parecia um grande armazém, vendendo de tudo como uma loja de aldeia na Inglaterra. Nada poderia ser mais segregado e solitário que esse retiro isolado".
27 Selys-Longchamps, op. cit., p.71.
28 Veja-se a descrição de um desses estabelecimentos: "De um lado estava a casa do fazendeiro, caiada, com um grande terreiro na frente; do outro lado, havia um grande rancho cheio de tropeiros, e no meio havia uma pequena casa contendo uma venda e uma pequena cela atrás, para alojar viajantes, onde o dono dispunha dos produtos de sua fazenda" (Walsh, op. cit., p.249).
29 Saint-Hilaire, op. cit., p.29: "A fazenda onde parei fica situada, exatamente, na raiz da serra e como as tropas que passam pela montanha ali fazem parada forçadamente, há grande movimento de mulas, segundo o costume da terra, o proprietário vale-se da necessidade que todos têm de recorrer a ele, e o milho se vende ... mais caro que em outro lugar".

cado. Esse conjunto tem interesse, porque reflete a fusão da economia de subsistência e de mercado que ainda marcou a velha civilização do café. De um lado, ele expõe a forma rudimentar de comercialização de excedentes, realizada por um sujeito que produz os seus próprios meios de vida; mas evidencia, também, que isto se desenvolveu em função do tráfego gerado pela presença, nessa sociedade, de um setor especializado na produção de mercadorias. A posição, na estrutura social, do sujeito que enfeixa em suas mãos os três elementos daquele conjunto, define-se pela sua condição de pequeno proprietário, e suas relações com os estratos superiores configuram-se através de uma dependência que é menor que a existente entre um simples vendeiro e o proprietário de terras. A forma específica das relações entre pequenos e grandes proprietários será tratada mais adiante.

A posição do simples vendeiro é, em certa medida, oscilante: ora se observam relações de recíproco comprometimento e dependência entre ele e os estratos superiores, ora, pelo contrário, ocorre como que o seu nivelamento com as camadas mais pobres.

A aproximação entre vendeiro e proprietário de terras pode ser amplamente observada numa série de três autos cujos personagens são um caixeiro e duas famílias de fazendeiros. O elo entre esses três processos é a figura do vendeiro. Diretamente, no que concerne aos crimes, não havia ligação alguma entre os dois fazendeiros.

Em um desses documentos encontramos evidência de que os proprietários de terras, pelo menos excepcionalmente, colocavam-se na dependência de vendeiros. Em suas páginas lê-se que "chegou o Comendador onde se achavam Rodrigues e Antônio, seus agregados, no caminho, em frente à casa dele testemunha. Como Rodrigues lhe pedisse dinheiro, o Comendador disse-lhe que não dava, porque sua conta já estava alta, mas que fosse na venda para ver se podiam dar-lhe alguma quantia para remediá-lo e dirigiram-se ambos para lá". Depois de entender-se com o vendeiro, Tertuliano, recusou-se novamente o Comendador a pagar seu empregado, dizendo-lhe: "o que você quer, aqui não tem, só lá na cidade", completando porém "que aquilo que precisasse que pedisse na venda".[30] Assim, pois, em dinheiro ou em espécie, o vendeiro era quem poderia resolver a situação para o fazendeiro.

---

30 G. 8-665, 1893.

Em outro dos referidos processos, lê-se que José Francisco, filho de um Coronel, provocara Tertuliano em sua casa de negócios e fora por este severamente espancado. É surpreendente o desembaraço dessa agressão, feita por um joão-ninguém, "a um moço ligado a uma das mais distintas famílias da localidade".[31] É certo que a violência contra o agressor mais poderoso, considerada em si mesma, pouco diz sobre uma possível redução da distância entre pessoas de posição social diferente. Basta lembrar o assassinato do senhor ou do feitor pelo escravo para tornar pueril qualquer tentativa nesse sentido. Entretanto, neste último caso, a morte era decididamente tachada como crime. Se, por vezes, seu autor escapava às penalidades era exatamente pela sua condição de mercadoria: mais compensava vendê-lo para longe e sem marcas de castigos severos que denunciassem seu passado perigoso, que ver o valor que representava comprometido por prolongadas reclusões ou suprimido pela morte. Muito ao contrário, no caso da agressão feita pelo vendeiro, foi seu ato justificado pela comunidade e, ainda mais, respondendo a júri, foi absolvido.

Não se pode compreender a ocorrência de uma situação desse tipo, em que pessoa dos estratos inferiores atinge abertamente membros da camada dominante, salvo numa única hipótese, que nos leva à suposição de que a sociedade "senhorial", na área aqui considerada, longe de estar bem organizada em estratos definidos, apresentava uma considerável fluidez. Esse estado de coisas manifestava-se, no nível mais aparente da realidade, por equidade no trato e um nivelamento, pela rusticidade do estilo de vida, entre seus membros. Isto não significa, entretanto, ausência de hierarquização social. Como se verá adiante, o tratamento "igualitário" entre superiores e inferiores, na sociedade aqui considerada, fez parte de um forte sistema de dominação, encobrindo as distâncias sociais efetivamente existentes.

Retomemos os processos que se referem ao assassinato de Rodrigues, agregado daquele mesmo Comendador que nos parágrafos acima andou em busca de dinheiro. Vale a pena transcrever todo o testemunho que melhor revela as circunstâncias em que se deu o crime. Após a cena, já relatada, ocorrida na venda entre o agregado e o Comendador, este "montou a cavalo e seguiu para a sua fazenda; logo após, começou

---

31 G. 9-751, 1892.

Rodrigues a dizer que seu patrão não queria dar-lhe dinheiro e logo começou a insultar a todos que estavam na porta da venda, dizendo Rodrigues que ia alcançar no caminho o Comendador. Saindo a cavalo, ele depoente também resolveu ir para sua casa, sendo acompanhado por Aurélio. Saindo pelo mesmo caminho que seguiu Rodrigues, a 150 braças, mais ou menos, alcançaram-no e voltando-se para ele depoente e Aurélio perguntou se eram capangas do Comendador, e então começou a insultá-los". Travou-se a luta e no decorrer dela "chegou Tertuliano e deu voz de prisão a Rodrigues; Aurélio, montando a cavalo foi embora; daí a instantes foi que Tertuliano viu que saía sangue da camisa de Rodrigues, vendo então que ele estava ofendido a facadas".[32]

Por essa morte foram responsabilizados o homem que se evadira, a testemunha acima e o vendeiro Tertuliano. As ligações deste último com o Comendador ficam evidentes em seu próprio depoimento: "vendo que o Comendador tinha seguido para sua fazenda e que Rodrigues tinha também seguido atrás, ficou ele depoente impressionado que o Comendador sofresse alguma ofensa de Rodrigues, que estava disposto a tudo, conforme disse", e saíra no encalço deles.[33] De seu lado, no processo instaurado contra o caixeiro como coautor do crime, o Comendador depôs favoravelmente a ele, apoiando sua versão de que fora por engano que havia detido a vítima, que estava por terra, deixando ir-se o agressor: "acudindo Tertuliano pelos gritos, e encontrando-os agarrados, deu voz de prisão a Rodrigues".[34]

Assim configura-se a contraprestação de serviços: de uma parte, a identificação do submetido com os interesses do mais poderoso, indo até ao assassinato; de outra, o cumprimento do dever de proteção pelo beneficiário. Entrelaçada a esses compromissos, aparece a forma da dominação pessoal: ambos os personagens estão ligados por favores recíprocos, e isto faz de Tertuliano o instrumento de objetivos que lhe são estranhos.

Voltemos à situação de antagonismo em que o vendeiro atinge abertamente um filho de Coronel. Num esquema unilateral de poder, as consequências de uma tal ação seriam muito de temer. E com efeito,

---

32 G. 16-1 245, 1898.
33 G. 16-1 245, 1898.
34 G. 8-665, 1893.

elas não se fizeram esperar: o pai do jovem espancado, aproveitando-se do novo processo aberto contra o vendeiro, não poupou esforços para incriminá-lo. Contudo, a proteção do Comendador aparece desacreditando o Coronel. Assim, declarou "que o dito Coronel era inimigo do indiciado e que influiu para o comparecimento das testemunhas em juízo, sendo quem as indicou e bem assim influiu nos seus depoimentos e tanto interesse mostrou na causa, que acompanhou pessoalmente a inquirição das testemunhas".[35] Para o Comendador, amparar seu protegido implicava livrá-lo da lei e da perseguição de um inimigo e, para tanto, o caminho necessário era desmoralizar a este último. A obrigatoriedade de sua conduta contra seu igual, e isto em favor de um dependente, revela como as próprias relações de dominação traziam implícitos os limites de sua arbitrariedade. As considerações feitas sobre a forma e os limites da dominação apenas introduzem matéria que será tratada mais adiante.

O vendeiro tanto se ligava às camadas dominantes, como se aproximava dos estratos inferiores. Esses movimentos em direção aos dois polos da escala social podem ser observados conjuntamente nos autos referentes ao assassinato de um fazendeiro a mandado de outro.[36]

Através da passagem seguinte ver-se-á como o vendeiro procurava impor a aproximação com o fazendeiro, ao mesmo tempo que este último obstava essas pretensões. Pelo próprio vendeiro sabe-se que ele se encarregara de entregar uma carta ao fazendeiro implicado como mandante do crime, a pedido do advogado deste. Conta que após seu depoimento, "trocou de animal em sua casa e dirigiu-se incontinenti à fazenda (do destinatário), entregando-lhe pessoalmente a carta, dizendo-lhe que naturalmente era de parabéns por ter sido desviada dele a imputação e que (outro) havia sido preso como mandante do assassinato; que ao receber a notícia da prisão, lastimou-a, dizendo-se amigo (do preso) e guardou tranquilamente no bolso a carta que lhe dirigiu (o advogado); que durante o tempo que esteve em casa (do fazendeiro) no desempenho de sua comissão, não mostrou ele comoção, e depois de guardar a carta no bolso, pôs-se a conversar sobre negócios indiferentes, sobre a lavoura e sobre o tempo. Que ao voltar ele depoente para sua casa, portou em

---

35 G. 8-665, 1893.
36 G. 20-1 552, 1879.

casa (de um conhecido) e contou-lhe que tinha sido portador de uma carta (ao fazendeiro), naturalmente sobre o assassinato, e quando pensava que havia de recebê-la com alvoroço e lê-la incontinenti, ou mandar lê-la por ele depoente, visto estar quase cego, tinha sofrido a decepção de vê-lo guardar a carta no bolso com sossego e calado".

Embora as suposições de intimidade do vendeiro fossem frustradas e o seu interlocutor tenha marcado a desigualdade de posições, o fato é que ele se permitiu falar abertamente ao fazendeiro sobre matéria comprometedora e que este tolerou essa intrusão. Por aí se percebe como a distância efetivamente existente entre as camadas de homens livres aparece enevoada e indefinida. Nada de semelhante, nenhuma indulgência se observa numa área do sistema em que *status* e distância social eram precisamente marcadas. Por indiscrição bem menor que a do negociante, um escravo sofreu, de imediato, a sanção correspondente. Havia ele estranhado a presença de um animal arreado e amarrado à beira do cafezal, animal que estaria preparado para a fuga do assassino, e como "falasse a esse respeito, mandou a senhora castigá-lo, porque, dizia ela, não estava em tempos de falar cousas desta ordem à toa; e que depois foi o mesmo escravo remetido para a Fazenda da Barra, onde morreu".

Aquele mesmo vendeiro, que se impunha à intimidade do fazendeiro, não hesitava em entreter-se com um escravo. Ainda de seu depoimento, lê-se: "dias depois da prisão (de um dos acusados) apareceu em casa dele depoente, que então tinha negócio (o escravo do fazendeiro denunciado), querendo comprar não se lembra o que dele depoente, e perguntando-lhe ele depoente por que razão não aparecia há tempo, respondeu-lhe (o escravo) que depois do assassinato seu senhor trazia os escravos vigiados e não os deixava sair, e como dissesse ele depoente que nada mais havia a recear ... respondeu-lhe que era escravo e tinha medo, do contrário contaria muita coisa que sabia; e como insistisse ele depoente para que contasse, pois que não tinha ele depoente interesse na causa e nada revelaria a ninguém, passou então o escravo (a contar-lhe vários eventos relacionados com o assassinato e que incriminavam a seus senhores)".

Em suas relações com o fazendeiro ou com o escravo, o vendeiro se revela o mesmo novidadeiro pouco digno de confiança, com a diferença porém que este último não resistiu às suas investidas, satisfazendo-lhe a curiosidade. Transcrevemos um pouco longamente esses depoimentos porque através deles se começa a formar a figura do vendeiro: a bisbilhotice imprudente, a insistência enganosa com que procura se inteirar de informações arriscadas para quem as dá, a indiscrição com que depois as passa adiante, são algumas das qualidades que o converteram em certa medida num marginal, visto pelos outros membros da sociedade como indigno de confiança. A sua posição indefinida, a aproximação que busca com senhores e se permite com escravos, certamente não o deixam bem. A familiaridade com os últimos engendra desprezo e reprovação por parte dos primeiros.

Assim, contestando informações prejudiciais a seu cliente relatadas pelo vendeiro, que as ouvira do escravo, diz o advogado do acusado: "... que nada pode resultar do presente depoimento, que exclusivamente se refere ao dito de um escravo, só tendo o mérito de mostrar que a testemunha tem relações de intimidade com o escravo, a quem recebe às dez horas da noite em sua casa, sem ciência de seu senhor, por cuja saúde se interessa e a quem estranha não ser assíduo em sua casa e de quem recebe confidências íntimas, como aquelas relatadas pela testemunha. Que o fato (de se resumir) o depoimento aos ditos únicos dos escravos do denunciado mostram as armas com que pretendem feri-lo, e constitui-se uma ameaça para fazendeiros e proprietários de escravos, contra as quais será de hoje em diante bem fácil qualquer procedimento criminal desde que tenham os escravos quem os recebam e os oiçam. Que em virtude destas observações que parecem de irrecusável procedência, o presente depoimento, manifestamente imprestável, está por si contestado".

A posição oscilante e o comportamento dúbio do vendeiro representam mecanismos que garantem seu próprio equilíbrio na sociedade. A malandragem, a esperteza, o expediente consistem, para ele, na forma possível de acomodação a uma ordem social em que sua atividade é marginal e *quase* dispensável. Este *quase* que falta para que ela inexista, não é suficiente, por outro lado, para dotar aquele que a exerce de uma situação definida no mercado e uma correspondente posição social estável.

Para que se compreenda a real posição do vendeiro na sociedade "senhorial" brasileira, é necessário enfatizar a sua condição de único agente (embora a maior parte das vezes de modo muito rudimentar) ocupado em atividades comerciais e ao mesmo tempo inserido na vida comunitária. Convém ter presente que o mercado de café, no qual se integrava o grande proprietário, estava completamente dissociado da vida local, transcorrendo as suas operações nos centros urbanos. Mesmo a aquisição de gêneros e artigos não produzidos na fazenda era feita de preferência nas cidades maiores. Também é preciso lembrar que à parte o café, a produção estava ainda em boa medida organizada como uma economia de subsistência, especialmente quanto a sitiantes e jornaleiros da roça. Estes pouco vendiam e apenas através de um trabalho esporádico obtinham as pequenas quantias suficientes para suprir as suas reduzidas necessidades. Isto faz do pequeno comerciante do bairro ou da beira da estrada o único, dentro do âmbito da população rural, a manipular dinheiro de maneira mais ou menos constante e a depender vitalmente desse fluxo.

A dependência vital desse fluxo de dinheiro, numa sociedade em que ele é necessariamente intermitente, leva o vendeiro a equilibrar por vias menos lícitas a falta de regularidade no rendimento de seu negócio. Participando de uma sociedade cuja economia se organiza num duplo plano, um deles comercial e desintegrado do sistema local e outro de subsistência, e tendo-se apropriado de uma atividade que se insere a meio caminho entre esses dois planos (depende do *comércio* com a população do *setor de subsistência*), não lhe sobra muita escolha senão explorar vorazmente todas as oportunidades de lucro que lhe apareçam e que sejam capazes de compensar a rotina pobre do abastecimento supérfluo de uma população sem recursos e sem necessidades.

Com esses elementos compreende-se bem as reclamações vivas e frequentes dos viajantes sobre os abusos de seus hospedeiros de beira de estrada.[37] Compreende-se também que o vendeiro seja figura malvista na comunidade em que vive, correndo "que esses homens se mantêm é pelo ganho auferido nos furtos comprados aos escravos".[38] A organização do furto centralizada na venda aparece completa num processo-crime. Descoberto um grupo de ladrões, sobre eles depõe um fazendeiro, "que não pode afirmar, a não ser por ouvir dizer, que (o vendeiro) tenha sido a pessoa que comprou os furtos feitos pelos denunciados; que sabe que (um destes) mora na mesma casa em que mora o vendeiro, que não sabe se pago e sustentado por ele; mas que observou que o dito (denunciado) nunca aparecia de dia, parecendo esperar a noite para seduzir os escravos da vizinhança, de quem naturalmente comprava objetos furtados; que (outro dos denunciados) é homem também muito desocupado, morando

---

37 Zaluar, 1953, p.16; Von Tschudi, 1830, p.25; Ribeyrolles, 1941, p.184.
38 Saint-Hilaire, 1954, p.95, 136-7.

muito perto (do vendeiro) de quem é compadre e muito amigo. Disse mais a testemunha que presume, por simples presunção, que o caixeiro (do dono da venda) comprando produtos da lavoura furtados, provavelmente o fora por ordem de seu patrão, porque essas vendas de bairros e à beira de estrada alimentam-se de furto".[39]

Nesse relato revemos o padrão de relações atrás indicado, repetido num outro plano da estratificação social: de novo o favor e a proteção (traduzidos em moradia e sustento) aparecem como contrapartida dos serviços prestados (o fornecimento de artigos furtados). O mesmo processo de dominação e dependência se revela, agora, na organização "subterrânea" do vendeiro. Já vimos que, em sua vida, a velhacaria e o expediente tomaram o lugar das práticas comerciais que permitem lucro legítimo, conforme o conceito de honestidade socialmente estabelecido. Mas para que essa substituição se torne operante é necessário que se constituam técnicas de controle capazes de preservar a relação de dependência.

Essas técnicas têm alcance maior e assumem formas mais sutis que a organização direta do roubo. Esquemas sólidos e eficazes de dominação, através do endividamento dos dependentes, com a subsequente apropriação do produto de seu trabalho, não são desconhecidos para o vendeiro. Sobre um deles informa Saint-Hilaire que "adquire café para o revender no Rio de Janeiro e a venda oferece-lhe meios de comprá-lo mais barato. Particulares de poucos recursos, negros, mulatos, abastecem-se de gêneros na sua venda, não o pagam e exoneram-se dando-lhe na época da colheita café por muito bom preço". Desse modo, o custeio da clientela o amarra num débito sempre renovado e nunca saldado. Por vezes, as funções de vendeiro e feitor se acumulam. Nesse caso, aquele que as exerce dispõe de uma arma extra e diretamente coercitiva sobre boa parte de seus fregueses, usando-a para apropriar-se de suas muambas. Com tais expedientes e mais outros que lhe acrescentam os lucros, "ele consegue rapidamente um pecúlio suficientemente gordo, e um belo dia vem trazer ao senhor sua demissão de feitor. Na manhã seguinte ele parte à procura de escravos e de terras, comprando-os quando encontra o que lhe convém e se torna fazendeiro por sua vez. Algumas vezes chega à dignidade de comendador".[40]

---

39 G. 34-2 611, 1886.
40 D'Assier, 1867, p.142. Esse texto inclui uma cena de "comércio" entre vendeiro e escravo com o relato dos meios de pressão utilizados.

Por aí se avalia o rendimento de técnicas de controle usadas pelo vendeiro e se percebe que importante instrumento de ascensão social elas representavam. Por aí se observa também como o comportamento do vendeiro se orientava por um objetivo exatamente igual ao do tropeiro: enriquecer. O mundo do paulista pobre esteve impregnado dessa ambição e o pequeno comércio abriu-se como um caminho para realizá-la.[41] Dessa perspectiva, o vendeiro foi um produto do setor mercantil da sociedade em que viveu. Sua figura se completa quando o vemos integrado à vida comunitária e tão violento quanto sua freguesia. Assim: "achando-se Quintiliano em sua casa de negócio e por aí passando João Raimundo, puseram-se a conversar sobre ajustes de contas havidas entre si, e com isto foram altercando vozes de parte a parte, e seguiu-se então o dito Quintiliano bater-se com uma faca nua na mão, e antes de ele ferir dito Raimundo com a faca, este lhe dera com uma cavadeira de ferro encabada em um pau".[42]

Em resumo, a posição do vendeiro, incerta e oscilante, se localizava nos intervalos dos grupos componentes do sistema social. Sua atividade transcorria na intersecção dos planos em que se desdobrava a economia – o mercantil e o de subsistência. Seu comportamento reúne característicos tanto dos estratos superiores, com a exploração hábil dos esquemas de dominação, quanto das camadas pobres, participando de sua moralidade. Estas condições de sua existência foram sintetizadas na técnica competitiva que foi sua, por excelência: a astúcia e a malícia para criar e exaurir as oportunidades de formar pecúlio num meio em que o dinheiro era escasso.

O trecho acima, sobre ajuste de contas entre vendeiro e freguês, sugere que a técnica de dominar pelo endividamento pode encontrar, nos padrões de violência, um obstáculo à sua efetivação. Com isto se começa a perceber como a violência se insere na estrutura social. Viu--se, no capítulo anterior, como a violência era inerente à própria relação comunitária; o conhecimento já obtido, neste capítulo, sobre a posição

---

41 "Quase todas as vezes que parei nestas vendas para indagar o nome do lugar onde estava, ou angariar qualquer outra informação, perguntaram-me se não queria comprar alguma coisa ... Aqui arvoram nas casas um pedaço de galho espinhoso da figueira do inferno para avisar os que não têm dinheiro que serão mal recebidos" (Saint-Hilaire, 1954, p.97).
42 G. 12-925, 1853.

do homem livre e pobre na sociedade mais ampla, foi suficiente para indicar que sob uma aparência de indiferenciação social se define um forte princípio de dominação pessoal. À medida que se configurava esse princípio hierarquizador da sociedade foram também aparecendo as resistências a ele. A agressão do proprietário de terras pelo vendeiro e o ataque a este por seu freguês evidenciam como as respostas violentas se opõem ao exercício da dominação. Ambos os processos – tanto a dominação como a luta – transcorrem num nível que é eminentemente *pessoal*. Neste ponto já se pode afirmar que a violência, cristalizada como moralidade, aparece gerada pela ordem social e como força negadora dessa mesma ordem. Mais adiante será possível explicitar a natureza das tensões que suportam a estrutura social e apreender por que essas tensões são canalizadas para uma expressão violenta.

2 Sitiantes: os fundamentos da dominação pessoal

Também com o sitiante, manteve o grande proprietário relações que aparentemente os nivelava. O ponto de partida para a discussão seguinte será uma entrevista com um membro de abastada família de fazendeiros de café em Resende, nascido na década de 1870. De acordo com suas palavras, "não havia desigualdade entre fazendeiros e sitiantes; havia mesmo amizade. Se um deles chegava à nossa porta, vinha para a mesa almoçar conosco".[43] Como prova dessa amizade, lembra que sitiantes e fazendeiros "frequentemente eram compadres".

O compadrio é uma instituição que permite essa aparente quebra das barreiras sociais entre as pessoas por ela ligadas.[44] "Os vínculos estabelecidos entre padrinho e afilhado eram tão ou mais fortes que os da consanguinidade: não apenas o padrinho era obrigado a tomar o lugar do pai, sempre que necessário, mas tinha que ajudar seu afilhado em

---

43 Essa afirmação parece incluir-se no padrão de hospitalidade generalizadamente respeitado. Há indicações de que mesmo nas casas abastadas a mesa, usualmente posta com talheres adicionais, acolhia hóspedes de extração social bastante diferente (cf. D'Assier, 1867, p.131).
44 Cf. Stein, 1957, p.147.

várias ocasiões ...; o afilhado, por sua vez, ajudava o padrinho em tudo o que este necessitava, e frequentemente tomava o nome da família".[45] Essa caracterização mostra, também, que a associação padrinho-afilhado encerra possibilidades de transformar-se numa peça do processo de dominação. Na entrevista acima referida esse significado surgiu quando o informante indicou que "as mocinhas da casa eram as madrinhas, de preferência". Isto exprime uma relação de dependência: é proteção que o menos favorecido procura fixar através do batismo. Mesmo no interior de famílias grandes, que compreendiam pessoas com posição social e fortuna algo diversificadas, o compadrio já se apresenta como um patrocínio do superior e uma decorrente submissão do inferior. Quando os ricos e influentes tomam sobre si as obrigações decorrentes do batismo de parentes pobres, as promessas religiosas são interpretadas no sentido de encaminhar a criança na vida. "Como naturalmente o padrinho deseja cumprir sua promessa com a menor despesa possível, o que de melhor pode fazer senão prover o jovem, tão logo tenha idade adequada, com um emprego público? E se o governo não tem o suficiente número de cargos à sua disposição, como poderia a influência do Duque, Marquês, Barão, Comendador, ser mantida mais facilmente que criando novos cargos e novos funcionários?"[46] Para que se tenha presente o quanto esse recurso foi explorado, basta lembrar o significado que "apadrinhar" adquiriu na vida pública e o suporte político representado pelos "afilhados". Ampliando-se as trocas do compadrio para situações sociais, compreende-se como deriva dele toda uma intrincada rede de dívidas e obrigações, infindáveis porque sempre renovadas em cada uma de suas amortizações, num processo que se regenera em cada um dos momentos em que se consome.

Ao lado do componente de dominação existente nos laços entre padrinho e afilhado, é importante não ignorar também a outra faceta dessa ligação, isto é, o fundamento de equivalência sobre o qual ela se ergue.

Identificar, apenas como traços destituídos de significação real, a consciência e afirmação do "nivelamento" social do fazendeiro e do sitiante e o trato "igualitário" manifesto entre eles, seria empobrecer o conhecimento de suas relações. O compadrio é estratégico para se

---

45 Antonio Candido, 1951, p.289.
46 Codman, 1870, p.52.

penetrar essa "ideologia". Nas suas origens, o batismo estabelece ritualmente um parentesco divino e isto entre seres que se reconhecem, também originalmente, como da mesma ordem natural, como *pessoas*. Reproduz as obrigações entre pais e filhos, essa ambivalente relação de poder e sujeição estabelecida entre indivíduos que não se veem como essencialmente diferentes, mas como potencialmente iguais. É certo que os compromissos entre padrinho e afilhado eram nuançados na medida em que também se matizavam as diferenças de posição social: no mesmo nível, a observância dos deveres tendia a ser mais rigorosa. No entanto, o respeito pelas promessas trocadas, em que pese a diversidade de posições sociais, era requisito mínimo de sua própria eficácia como técnica de dominação.

As análises do tropeiro e do vendeiro evidenciaram uma relativa fluidez na categorização dos homens livres, bem como a vigência da dominação pessoal baseada na troca de favores e serviços. O exame do compadrio permite que se tente um descortínio mais integrado dessas características do sistema social, expondo-se o elo de necessidade entre uma e outra. De fato, o compadrio, instituição que implica o reconhecimento recíproco daqueles que une como portadores dos mesmos atributos de humanidade, só poderia ser transposto para o esquema de dominação e assim integrado à ordem estabelecida se a hierarquização social, por sua vez, não implicasse distinções precisas quanto à concepção honorífica e ao destino dos homens livres. Dominação entre semelhantes, o compadrio supõe um certo grau de indeterminação na forma da estratificação social. Este estado de coisas traduziu-se, como se verá adiante, na ausência de marcas exteriores nítidas de diferenciação social, submersas na simplicidade dos costumes, mantidos mesmo quando a antiga pobreza foi substituída pela prosperidade trazida com o café.

Admitida a afirmação consciente de "igualdade" e seu fundamento objetivo, nunca será demais insistir no outro termo da síntese, isto é, o princípio de dominação. Este será agora visto à luz da assistência econômica prestada pelo fazendeiro ao sitiante e da retribuição deste com filiação política. Nas palavras do fazendeiro entrevistado: "se os sitiantes da redondeza estavam em dificuldades ou queriam comprar um pedaço de terra, emprestavam dinheiro de meu pai; em compensação, esta gente sempre o acompanhava, eram seus eleitores ou seus cabos, pois ele era o chefe conservador da zona". E acrescenta: "Não havia compra de voto. Não havia concorrência entre os chefes políticos: não adiantava, quem era conservador era conservador e quem era liberal era liberal". Aí está a extensão da influência do fazendeiro sobre seus sitiantes: a dependência em que estes se encontravam tornava inelutável a fidelidade correspondente. Sua adesão em troca dos benefícios recebidos é tão automática que nem sequer são tomadas medidas que assegurem seu voto; tampouco se cogita de providências para atrair eleitores cuja fidelidade está definida para com o lado contrário. Umas seriam desnecessárias e outras inúteis.

Por esse motivo mesmo, as técnicas institucionalizadas para a tomada e a manutenção do poder político não se constituíram para a manipulação do eleitorado ou o aliciamento de prosélitos, mas se organizaram para a interferência no processamento e no resultado das eleições. Na dificuldade de influir sobre o eleitor, cuja adesão partidária era coisa estabelecida, o controle orientou-se para os conluios e burlas na montagem dos dispositivos necessários às eleições (composição de mesas, de juntas de qualificação ou de apuração etc.). A fraude em eleições, decididas a "bico de pena" ou por meios mais violentos, foi fenômeno frequente e é sobejamente conhecida.[47] Havia, sem dúvida, recursos diretos de pressão sobre o eleitor, especialmente através da polícia e das corporações militares.[48] Contudo, embora a importância desses recursos não possa ser menosprezada, sua eficácia encontrava um obstáculo não menos ponderável no poder exercido pelo chefe político sobre seus correligionários. Por isso, a forma mais explorada pelo aparelho governamental, através de seus mecanismos coercitivos, foi a da manobra e distorção direta do processamento eleitoral.

Retornando ao problema da adesão política do sitiante ao fazendeiro, na definição desse processo importou muito o fato de que os vínculos

---

47 "Senhor Presidente: está verificado que o arquivo desta câmara foi arrombado, ou aliás a porta aberta por artifício, por um grupo de pessoas a titulo de escolha mandado pelo doutor Juiz ... Conquanto me seja dificil acreditar que uma autoridade tal apresentasse semelhante procedimento escandaloso em face do público e das leis, todavia, senhor presidente, o certo é que o arquivo foi arrombado e desapareceu a urna que serviu na eleição próxima passada" (*Atas da Câmara de Guaratinguetá*, 22.11.1856).

48 "foi ponderado à Câmara, pelo Sr. Presidente, que se devia levar ao conhecimento do Exmo. Governo os meios de que estavam lançando mão as autoridades oficiais e oficiais da Guarda Nacional para coagirem o voto livre ... as autoridades com toda sorte de ameaças, e os oficiais da Guarda Nacional com revistas e notificações por frívolos pretextos" (*Atas da Câmara de Guaratinguetá*, 8.10.1856).

existentes entre eles estiveram dotados de uma certa durabilidade. Tanto fazendeiro como sitiante foram donos de terras, com os seus interesses estabelecidos em torno dessa propriedade e nela vivendo, o que conferiu às suas relações permanência e continuidade. Essa situação alcançou os seus plenos efeitos nos momentos históricos em que já se encontrava ultimada a constituição da grande propriedade e em que a distribuição de terras estava assegurada e legitimada por instrumentos legais, minimizando as probabilidades de espoliação e consequente afastamento daqueles que detinham pequenas parcelas de terrenos. Essa persistência de um existir paralelo do grande e do pequeno proprietário fundamentou, para o desenrolar de suas relações, um sistema de referência em que o tempo constituiu um fator de grande importância: o presente e o passado estiveram encadeados numa sucessão de graças recebidas e de serviços prestados, projetando-se num futuro firmemente confinado pelas lealdades assim fixadas. Desse modo, com precisão e através de um mecanismo poderoso, orientou-se a ação no sentido da fidelidade.

Nessa ordem de coisas, o voto não encontrava condições para se transformar em mercadoria nem podia ser o resultado de uma autodeterminação enraizada na consciência de interesses autônomos. Neste ponto conviria indagar com mais vagar o porquê da falta de consciência política e os processos que garantiram sua ausência nas camadas socialmente dominadas. Ouso o trato desse problema apenas na urgência de isolar e pôr à mostra algumas de suas dimensões que são imprescindíveis para este trabalho.

A explicação mais imediata é a de que o espaço em que ocorriam os fenômenos políticos exorbitava o universo do homem pobre, estava por demais distanciado do cotidiano das populações do interior e arredado de seus interesses. Isto não deixa de ser um ponto de partida. As observações de Saint-Hilaire, que por ocasião das revoluções que antecederam à Independência, achava-se nas proximidades de Jacareí e Mogi das Cruzes, evidenciam como esses acontecimentos não atingiram nem provocaram reações entre os moradores da região. Com revolução ou sem ela, a vida desses homens não se modificaria de modo perceptível para eles. Mas mesmo a parte da população afetada por essas transformações lograva delas apenas uma visão muito restrita: "As revoluções que se operam em Portugal e no Rio de Janeiro não tiveram a menor influência sobre os habitantes desta zona paulista...; a mudança de governo não lhes fez mal nem bem, por conseguinte não sentem o menor entusiasmo. A única cousa que compreendem é que o restabelecimento do sistema colonial lhes causaria dano porque se os portugueses fossem os únicos compradores de seu açúcar não venderiam suas mercadorias tão caro quanto agora o fazem".[49] As agitações políticas que antecederam à Independência de fato se prendiam a interesses comerciais e só por esse ângulo foram percebidas. O significado político mais amplo, que o desvencilhamento do caráter de colônia implicava, escapava-lhes por completo. "Professam como outrora o mesmo respeito pela autoridade, falam sempre do rei como árbitro supremo de suas existências e da de seus filhos. É sempre ao rei que pertencem os impostos, a passagem dos rios etc."[50] Nesse último trecho está a pista para que se comece a compreender por que as implicações políticas dos acontecimentos de 1822 não afloram à consciência dessas populações. Basicamente, a noção de soberania de Estado supõe a possibilidade de pensar esta categoria como um aparelho despersonificado e uma entidade coletiva. Mas, muito pelo contrário, Estado na consciência desses homens se confundia com a pessoa do príncipe e governo se identificava com seus atos e decisões ou com as de seus representantes. As mudanças de governo, que resultariam da autonomia da colônia, simplesmente não caíam na esfera de consciência desses homens como mudança de instituições, mas como substituição de pessoas. "Perguntei a um lavrador que não me parecia dos mais pobres, se os povos estavam contentes com o novo governo da capitania. – Dizem que é melhor que o antigo, respondeu-me. O que há de certo é que quando se apresenta alguma petição, não se obtém resposta tão rápida quanto quando nosso general tudo por si decidia e isto é muito desagradável para os que não têm tempo a perder."[51]

Aparecem aí, em sua plenitude, os efeitos da dominação pessoal e é nela que deve ser procurada a explicação para a asfixia da consciência política. A submissão a esse poder molda a consciência para uma percepção muito parcelada da realidade social e só permite que ela seja apreendida com significados sempre redutíveis aos atributos de um sujeito dado. Não só ficam visíveis apenas os segmentos iluminados pela vontade dominadora, *mas sobretudo esses fragmentos consubstanciam-se de imediato*

---

49 Saint-Hilaire, 1954, p.100.
50 Idem.
51 Ibidem, p.101.

na atividade dessa vontade. As propriedades e as qualidades da "autoridade", os seus atos e as consequências resultantes são identificados com o mundo social objetivo, que só pode ser percebido, portanto, através de uma mediação que anula qualquer possibilidade de sua apreensão num nível institucional. E este estilo de pensar está inextrincavelmente ligado ao descortínio da organização e da dinâmica da vida política no Estado moderno. Parece-me que esses comentários pelo menos indicam a constelação de fatores responsáveis pela incapacidade das camadas dominadas de se integrarem aos mecanismos de participação na vida política.

É bem verdade que muito longe se estava no Brasil do século XIX de qualquer forma de governo democrático e que o sufrágio indireto e os esquemas de representação nos órgãos legislativos e nas esferas executivas excluíam o homem pobre de modo quase completo, como também o excluíam as propostas de reforma com eleições diretas. As restrições dos códigos eleitorais e as prescrições de elegibilidade representam uma formalização legal de condições efetivas de convivência social, ligadas à sua consolidação e preservação. Na verdade, essas peculiaridades organizatórias do aparelho político revelam-se como recursos para a garantia de um mínimo de estereotipação em relações que se definiam por dominação pessoal. Numa sociedade em que o poder assentava sobre uma trama de fidelidades e lealdades pessoais, é imediato compreender por que deveriam ficar excluídos dos processos que decidiam sobre sua atribuição aqueles homens sem posses, que estavam sujeitos a uma grande instabilidade e apresentavam uma intensa mobilidade espacial e em relação aos quais, portanto, muito dificilmente poderiam ser estabelecidos liames duradouros.

A área da política é também aquela em que especialmente se pode observar a dependência dos grandes proprietários em relação aos seus vizinhos menores. Estes representavam importante parcela do eleitorado, de um eleitorado que era certo e seguro, mas desde que mantidas as condições que garantiam sua adesão. Nessa medida, o chefe político, para manter sua influência nesse setor, precisava continuamente preservar a boa vontade de seus seguidores. Assim, é nessa área que se percebe alguma limitação do poder exercido pelo fazendeiro. Nos estritos quadros da vida econômica nada restringia sua arbitrariedade: explorou o trabalho escravo, e a eventual privação de outras fontes de mão de obra em nada afetava seus interesses centrais. Daí resulta que entre homens livres não chegou a se constituir uma relação patrimonial típica.[52] Nesta, o amplo e exclusivo aproveitamento da força de trabalho do dependente, que é insubstituível, torna inelutável preservar sua disposição e capacidade de bem servir, o que gera uma certa sujeição para o senhor, definindo obrigações de sua parte. No Brasil, é apenas ao se penetrar na vida política que se observa uma reciprocidade desse tipo: nela, os serviços do "cliente" eram vitais para os grupos dominantes e se conjugaram aos deveres que estes assumiram e cumpriram. Nesse caso, em que estavam em jogo objetivos básicos como apoio político *versus* auxílio econômico, consolidava-se a interdependência. Na falta de um fundamento desse tipo, os compromissos do fazendeiro revestiam-se de uma fragilidade muito grande. Rompiam-se a qualquer momento, quando estabelecidos em áreas menos cruciais do sistema social, muito embora também nestas ocorresse uma transferência difusa dessa contraprestação de serviços e benefícios, como adiante se verá.

É possível constatar, de uma dupla perspectiva, a visão e o proceder real do fazendeiro em face do sitiante, uma vez conhecida a forma de ajustamento entre ambos e em especial as suas relações no plano político.

Socialmente, o reconhecimento do sitiante era o de *pessoa* e, com efeito, no seu ajustamento ao fazendeiro mobilizava-se fundamentalmente sua humanidade. O tratamento "igualitário" supõe isto, por certo. Mas não é apenas nesse plano do comportamento expresso que a admissão de humanidade é observável; ela se projetava inclusive no nível da consciência do fazendeiro. Na entrevista que está sendo utilizada neste trabalho, tentei cuidadosamente fazer com que o informante traísse menosprezo pelos sitiantes. Uma das perguntas feitas foi se havia concubinato institucionalizado com mulheres desse grupo, à semelhança do que ocorria com escravas. As respostas foram sempre negativas: "Casos desses eram raros; havia muito respeito entre as famílias; o sitiante era considerado um vizinho, não era uma classe desprezada".[53] Não apenas a sedução da filha ou da mulher do sitiante era irregular, mas esta avaliação aparece diretamente ligada ao apreço que lhe era devido

---

52 Sobre a natureza da relação patrimonial, cf. Weber, 1950, v.IV, p.136.
53 Para que se observe a maneira como se processava o ajustamento do fazendeiro amasiado com mulheres do círculo de dependentes ao grupo de convivência desta, ver adiante.

como vizinho, como "igual". As exteriorizações feitas nesse sentido representam um conhecimento que adere a uma realidade efetiva. São pronunciamentos que apreendem e elaboram, no nível das representações, a comunidade de destino em que a antiga pobreza fechara as populações dessa região. Vê-se, aí, o mundo simples e unitário dos primeiros tempos, projetando-se nas formas de tratamento, mesmo depois que as rápidas mudanças produzidas pela prosperidade do café acentuaram os marcos de diferenciação socioeconômica. É nessa qualidade – de consciência das situações sociais vividas pelo fazendeiro – que elas devem ser interpretadas, compondo uma dimensão da realidade social. É sobretudo importante pôr em relevo essa consciência, pois é a partir dela que se pode compreender o sentido da ação da camada dominante quando referida à do dependente. Ao tratar do problema das ligações políticas, procurei evidenciar como eram estratégicas para se perceber a dependência do mais forte para com o mais fraco. A adesão do sitiante supunha a orientação contínua da ação do fazendeiro para a observância de seus próprios deveres e obrigações, requisito fundamental para a preservação de seu poder, erguido sobre o reconhecimento do homem a ele submetido como um ser semelhante. É desse reconhecimento, portanto, e do vaticínio do que representaria a interrupção da cadeia de compromissos que deriva a ação do fazendeiro no sentido de cumpri-los e renová-los. Em resumo, a consciência da "indiferenciação" está geneticamente vinculada a uma ação conservadora consequente e eficaz, sendo constitutiva da própria técnica de dominação social.

 É tempo de esclarecer que essa "consciência de indiferenciação" da camada dominante, salientada neste trabalho como uma das dimensões da sociedade estudada, não se manifesta empiricamente, no pensamento de indivíduos concretos, como ideais de igualdade efetiva entre os homens nem de equivalência de seus direitos. Muito pelo contrário, a formulação ideológica dessa dimensão da realidade social postula a desigualdade inata entre os seres humanos, mistificando as diversidades das situações de existência, que condicionam as probabilidades de destino, com o simulacro de diferenças individuais de ordem psicológica, intelectual ou biológica, apontadas como os fatores decisivos para a definição do curso da vida de cada sujeito. O mesmo fazendeiro entrevistado, que reconhece no sitiante um "vizinho, uma classe que não era desprezada", declara-se incapaz de admitir que os homens sejam iguais: "pois há diferenças inegáveis; os que são espertos, diligentes, perseverantes e econômicos sempre encontram um jeito de se arrumar bem". Há que reconhecer, contudo, um nexo entre esses dois níveis de consciência, entre aquele que está referido ao *senhor* como categoria social, cujo conteúdo é dado pela indiferenciação social e cujo movimento se concretiza numa *praxis* conservadora, e aquele que se manifesta empiricamente num pensamento que postula diferenças individuais e numa ação efetiva que se veste de um caráter protetor e benevolente. Com efeito, é necessária a premissa de uma sociedade na qual todos são potencialmente iguais, que oferece condições análogas para todos, e também o corolário da afirmação de diversidades na aptidão e capacidade para empreender a sua conquista, a fim de explicar e justificar os desequilíbrios de privilégios, de fortuna e de sorte dos seres humanos, impossíveis de serem ignorados ou disfarçados.

De toda essa discussão ressalta, portanto, que não só no tratamento costumeiro, como na representação consciente do fazendeiro, o sitiante era *pessoa*. O reconhecimento dessa qualidade se reforça quando se faz ver que o tipo de ajustamento elaborado entre eles, mediante a dominação pessoal, mobilizava basicamente os atributos indispensáveis para participar de uma associação moral. Em princípio, a afirmação de fidelidade encerra o discernimento entre o bem e o mal, entre o certo e o errado: implica a capacidade de aprovar ou rejeitar a conduta do outro, necessária para a organização da conduta do próprio sujeito no sentido de conceber e alentar a sua devoção. A lealdade inclui o reconhecimento do benefício recebido, o sentimento de gratidão por ele e o imperativo de sua retribuição equivalente. Do ponto de vista jurídico também o reconhecimento do sitiante como pessoa era completo. A condição de homem livre tornava-se integral com a prática do direito de propriedade e com o exercício de direitos políticos. Essas considerações mostram como a integração do sitiante à vida social se fazia mediante a exigência dos atributos específicos de sua humanidade: a consciência moral e faculdade da razão.

Contraditoriamente, entretanto, o mesmo complexo que encerrava o reconhecimento, pelo senhor, da humanidade de seus dependentes trazia inerente a negação dessa mesma humanidade. O mesmo homem que, no cotidiano, recebia um tratamento nivelador, cujo ajustamento social se processava mediante a ativação de seus predicados morais, era efetivamente compelido a comportamentos automáticos, de onde o critério, o arbítrio e o juízo estavam completamente excluídos. Essa anulação ficou evidente quando se expôs a perenidade da filiação política do sitiante ao grande proprietário, a sua adesão total e indiscutida, inalterável porque firmada sobre um encadeamento estável e contínuo de penhores e compromissos. Em outras palavras, era produzida por uma *praxis* consequente no sentido da dominação.

Assim, a visão e o proceder do senhor, em face de seu dependente, presumiam constantemente a condição humana deste último e fundavam as técnicas de dominação social. Por causa desse sentido que lhe era essencial, a prática do fazendeiro, em seu extremo, conduzia à destruição daqueles mesmos predicados que organizavam a imagem social do submetido com a categoria de pessoa. Desse modo, o fabricar de lealdades e fidelidades por meio de um processo cumulativo de recíprocos encargos e favores promovia, sucessivamente, a eliminação completa da possibilidade de um existir autônomo. Os efeitos desse processo não param no nível da orientação da conduta, cancelando a racionalidade mínima que implica a representação subjetiva de motivos e de fins, eles atingem até a própria consciência do mundo social, impossível de ser concebido senão mediante o prisma formado pela encarnação do poder: este transfigura a realidade social, convertendo-a nas formas objetivadas da existência daquele que é ideado como superior, e plasma as categorias através das quais ela é conhecida, confinando-as a imagens que não podem transcender essa mesma situação vital particular, personificada e alheia. Nesta análise, isto foi evidenciado através do comportamento político mecanizado do dependente e mediante a sua incapacidade para apreender a organização e a dinâmica da política em nível institucional.

Esquematizando o processo que acabamos de reconstruir, a admissão do dependente como pessoa é essencial para sua integração a uma ordem social que aniquila seus predicados de ser humano. Vê-se, por aí, a brutalidade da alienação a que está exposto. Essa dominação implantada por meio da lealdade, do respeito e da veneração estiola no dependente até mesmo a consciência de suas condições mais imediatas de existência social, visto que suas relações com o senhor apresentam-se como um consenso e uma complementaridade, em que a proteção natural do mais forte tem como retribuição honrosa o serviço, e resulta na aceitação voluntária de uma autoridade que, consensualmente, é exercida para o bem. Em suma as relações entre senhor e dependente *aparecem* como inclinação de vontades no mesmo sentido, como harmonia, e não como imposição da vontade do mais forte sobre a do mais fraco, como luta. Em consequência, as tensões inerentes a essas relações estão profundamente ocultas, havendo escassas possibilidades de emergirem à consciência dos dominados.

Essas considerações mostram o quanto esse tipo de dominação pode exterminar a vontade do homem a ele submetido e reduzi-lo à inércia. Na propriedade servil, embora o escravo seja transformado em *coisa* e a extinção de sua consciência vá ao limite da autonegação como pessoa, existem marcas violentas que denunciam a opressão que sobre ele pesa e nessa medida possibilitam pelo menos um "vago desejo de liberdade", "uma mera necessidade subjetiva de afirmação que não encontra condições de realizar-se concretamente".[54] Liberdade impossível mas pelo menos desejada, o que devolve ao escravo, embora apenas como projeção individual, um sentido de humanidade. Para aquele que se encontra submetido ao domínio pessoal, inexistem marcas objetivadas do sistema de constrições a que sua existência está confinada: seu mundo é formalmente livre. Não é possível a descoberta de que sua vontade está presa à do superior, pois o processo de sujeição tem lugar como se fosse natural e espontâneo. Anulam-se as possibilidades de autoconsciência, visto como se dissolvem na vida social todas as referências a partir das quais ela poderia se constituir. Plenamente desenvolvida, a dominação pessoal transforma aquele que a sofre numa *criatura domesticada*: proteção e benevolência lhe são concedidas em troca de fidelidade e serviços reflexos. Assim, para aquele que está preso ao poder pessoal se define um destino imóvel, que se fecha insensivelmente no conformismo.

Nas fontes do século XIX quase não há referências a conflitos entre grandes e pequenos proprietários. É preciso combinar-se um conjunto muito especial de fatores para que as tensões emerjam e venha a romper-se o equilíbrio mantido por um sistema de controle tão forte como o acima descrito. No cerne dessa constelação de fatores está, sem dúvida, a disputa pela posse da terra. Muito dificilmente poderá surgir um estado de crise entre pequenos e grandes lavradores, uma vez estabilizada a distribuição da propriedade fundiária e desenvolvida entre eles a acomodação acima caracterizada. De outro lado, a crise também é cancelada pela simples desigualdade das forças em jogo no processo de expropriação da terra: em regra esta ocorreu sem que os detentores de

---

54 Cardoso, 1962, cap.III.

pequenas parcelas de terreno, donos ou posseiros, pudessem chegar à afirmação da inalienabilidade de seus direitos ou tivessem condições para a defesa deles. Quando donos, em geral não opunham resistência à venda, como é ainda hoje frequente; se posseiros, simplesmente não podiam fazer frente aos direitos legais e ao ataque armado que os expulsavam. Em qualquer caso, solitário e indefeso, o resultado era seu afastamento para áreas ainda não atingidas pela agricultura comercial.

A seguir, apresento uma situação que enfeixa todas as condições para se observar o modo como pequenos e grandes proprietários chegam a se enfrentar em conflito. Trata-se de um litígio que se estendeu por mais de meio século, iniciando-se em época anterior à consolidação da grande propriedade privada da terra e de sua exploração sistemática. As relações entre as partes contrárias definiram-se com sentido de antagonismo antes que uma forma de dominação tivesse se estabelecido entre elas. O mais antigo documento localizado data de 1836,[55] época em que se iniciou a demarcação de terras entre proprietários limítrofes, requerida por fazendeiro que reclamava área ocupada por um grupo de sitiantes. Em uma das sentenças do processo lê-se que originalmente eram "possuídas todas aquelas terras, aderentes umas às outras, pelos antecessores de ambas as partes, parentes, amigos, cada qual à medida do seu desejo plantava e cultivava onde queria porque constituíam todos como uma mesma família".[56] Nessas linhas está configurado o estado inicial de indiferenciação socioeconômica entre as partes. Outro fator, que as equiparava e propiciava condições para que medissem forças, era que ambas tinham títulos das terras questionadas. Sobre o grupo de sitiantes, um "morador antigo do município afirma que os mesmos têm a posse mansa e pacífica e nunca interrompida das terras referidas há mais de cem anos por si e seus antepassados, aos quais foram legados em testamento pelo Padre...".

Embora a situação original tenha sido comunitária, em 1836 está clara a ascensão socioeconômica de uma das partes. A demarcação das terras foi nesse ano requerida por um capitão-mor que já contava com um representante da justiça em sua área de influência. Um dos demandantes dá o juiz municipal como suspeito, "alegando que V. S. é amigo

---

55 G. 4-290, 1836.
56 G. 4-288, 1897.

do dito capitão-mor e que dele, segundo consta, recebeu assistência quando em São Paulo estudava". O próprio juiz confirma essas relações, embora não se rendendo à suspeição: "o fato de ele contribuir com uma limitada quantia para minha subsistência em São Paulo, sem condição de lhe recair, é verdadeiramente um simples empréstimo". Nas décadas seguintes ocorreu maior concentração da propriedade e maior enriquecimento dessa parte. O fazendeiro que a representa em 1897 tem agregados e camaradas depondo em juízo a seu favor. Enquanto isto, a situação dos outros litigantes permaneceu estável, continuando eles a trabalhar suas terras como um bloco de famílias inter-relacionadas. As testemunhas que apresentaram foram consideradas suspeitas por serem seus "parentes e compadres", eram simples moradores em terras alheias e lavradores pobres.[57]

A essa época, a disputa se configurava claramente entre pequenos e grandes proprietários. Contudo, suas relações tinham raízes num estado de indiferenciação social, quando partilhavam inclusive o uso da terra. Esse passado foi mantido vivo no desenvolvimento dos contactos posteriores, orientados para a luta e não para a submissão dos sitiantes. Sua história conferiu autonomia a seu proceder, ativando sua consciência dos direitos sobre a terra e conduzindo-os à firme decisão de defendê-la. Ademais, a ameaça de expropriação não atingia apenas um indivíduo isolado, mas todo um grupo solidário. Quando afinal foi dada a sentença favorável às pretensões do grande proprietário, a parte vencida resistiu à mão armada à execução do mandato judicial.

Iniciados os trabalhos, apresentou-se um dos sitiantes e declarou "que estavam resolvidos, ele e os outros interessados, a não deixarem que se fincassem os outros marcos, alegando que semelhantes terrenos pertenciam a ele e aos demais moradores do bairro". E com efeito, "o pessoal do juízo voltou do último marco dizendo que os querelados reunidos opuseram-se à força, porque estavam armados de facas e paus, a que se fincasse aquele marco. Levado esse fato ao conhecimento do juiz, este nem ao lugar quis ir então, porque declarou que em vista da repulsa e oposição dos querelados, ele não tinha força para manter o prestígio de sua autoridade, mandou lavrar o auto de desobediência coletiva e suspendeu os trabalhos".

---

57 G. 4-288, 1897.

A situação apresentada diverge das formas regulares de integração social entre grandes e pequenos proprietários, permitindo a emergência e a expressão violenta das tensões subjacentes a seu convívio. Ela nos encaminha para a interrogação das inconsistências do sistema de dominação caracterizado nas páginas anteriores.

3 Agregados e camaradas: necessidade e contingência da dominação pessoal

De modo geral, no Brasil, as facilidades de acesso à terra possibilitaram o ajustamento social do homem pobre pela sua incorporação a grupos rurais relativamente autossuficientes. Na região paulista, cujo povoamento foi bastante disperso e que por longo período teve reduzida importância no processo de formação da sociedade brasileira, persistiram esses pequenos núcleos de população – os bairros –, onde a adaptação ecológica, a vida econômica, a cultura e a organização social integraram-se em termos de mínimos vitais, mas de modo a permitir seu funcionamento eunômico. Esse equilíbrio foi rompido e o correspondente estilo de vida perdeu-se como possibilidade regular de ajustamento social, com o desenvolvimento da exploração lucrativa da terra.[58] Nesse passo, desaparece o pequeno lavrador independente e em seu lugar ou subsiste o sitiante proprietário, ou surge um outro tipo, o morador em terra alheia. A constituição deste agregado como categoria social se completa quando também se conclui a ocupação da terra na forma de grande propriedade privada e se expande a agricultura comercial baseada no trabalho escravo.

Os momentos desse processo aparecem acima reconstruídos de maneira típica. Efetivamente, durante todo o século XIX persistiram as economias de mercado e de subsistência, com as correlatas formações sociais. Houve sincronicamente grandes e pequenos proprietários, lavradores em terras devolutas ou não exploradas, moradores e agregados. Contudo, como *tipos históricos* eles ordenaram-se conforme a série acima especificada. Fica fora dessa série aquele que se transforma em camarada

---

[58] Sobre o estilo de vida tradicional do caipira paulista e sua desorganização, ver Antonio Candido, 1964.

do grande ou, especialmente, do pequeno proprietário, porque ele não reflete a continuidade do antigo mundo caipira recriado sob condições novas e adversas de existência. O camarada representa apenas a viabilidade de absorção do caipira ao setor da sociedade que está articulado economicamente, num processo que em larga medida é de perda dos atributos do tipo social anterior. O agregado ou morador, ao contrário, reelabora o antigo estilo de vida, embora carente de suas próprias bases: a livre disposição da terra e a participação em pequenos grupos sociais coesos.

A constituição do agregado como categoria social seguiu, no Vale do Paraíba, as linhas gerais já indicadas na introdução deste trabalho. A concessão de sesmarias ou, mais tarde, o artifício de solicitar datas em nome de vários membros dependentes da mesma família, levou a uma considerável concentração da propriedade fundiária. Isto foi imprescindível para a agricultura colonial. Contudo, pelo menos na área aqui considerada, as dimensões das propriedades assim formadas ultrapassaram as necessidades da produção e, o que é ainda mais importante, excediam também às possibilidades de sua expansão. Nos estabelecimentos canavieiros, depois de separadas as reservas florestais, as áreas destinadas à plantação propriamente dita e aos gêneros de subsistência, "ainda sobra quase sempre uma vasta extensão de terras sem nenhuma cultura, pois, quando as fazendas são grandes, poucos colonos há que possuam número suficiente de escravos ou sejam bastante ricos para explorá-las por inteiro".[59] As fazendas de café, embora mais sistematicamente organizadas, tiveram de enfrentar a limitação séria de um dos fatores da produção colonial: especialmente na zona paulista elas se desenvolveram depois de cessar o tráfico de escravos. Esta restrição ao aproveitamento exaustivo das propriedades se reforça pela própria natureza da cultura cafeeira: cara, demorada, exigindo trabalhadores numerosos. Portanto, as próprias condições nas quais se organizou a exploração mercantil, isto é, grandes propriedades destinadas a uma cultura onerosa, desenvolvidas numa época de dificuldades de mão de obra, possibilitaram a sobrevivência do caipira independente: as terras improdutivas podiam, sem prejuízo para o proprietário, ser cedidas de favor. E eis aí estabelecido o morador em terra alheia, nela vivendo por sua

---

59 Rugendas, 1954, p.139.

própria conta e risco. De outra parte, essas condições mesmas, isto é, a possibilidade de sobrevivência através de uma reelaboração do antigo estilo de vida, em larga medida obstaram o aproveitamento regular do caipira nos serviços da grande lavoura, mesmo quando a falta de braços se tornou premente. Assim, as condições básicas em que a cultura do café se desenvolveu – grande propriedade cuja exploração era necessariamente limitada – permitiram a sobrevivência do caipira tradicional e o preservaram da transformação em "trabalhador livre".

O ajustamento entre proprietário e morador baseou-se em uma afirmada cordialidade. Esta era condição para que o agregado fosse acolhido: "se ia agradando, dava um jeitinho de ficar na terra. O fazendeiro também ia gostando dele, ia-lhe fazendo as vontades e ele acabava encostando na fazenda. Era amigo, por isso estava lá; se não fosse, ia embora".[60] Este padrão é coerente com o caráter pessoal das relações entre eles e com o correlato esquema de dependência, que atingia as áreas mais íntimas da vida. São funções de substituição ao pai, que reconhecemos nas declarações ele um fazendeiro sobre seu agregado: "notou que ele não tem bom procedimento, pois que tendo feito com que o depoente tratasse de um casamento do denunciado, não tratou de o efetuar, fugindo com a noiva".[61]

As considerações acima feitas sobre a posição do agregado não implicam que ele estivesse sem contactos com o setor mercantil. O importante é que sua incorporação a ele ocorria descontinuamente e não gerava nenhum vínculo ocupacional necessário. Era eventualmente que trabalhava para o fazendeiro em cujas terras se instalara, assim como também o fazia para outros, pelas redondezas. Esse desvinculamento ia ao ponto de poder servir a "inimigo rancoroso" de seu patrono. Num processo de assassinato lê-se que "ele depoente mora em terras do (mandante do crime), mas trabalha onde acha serviço; assim, ultimamente trabalhava em casa da vítima".[62] As terras em abundância, e a oferta

---

60 Entrevista.
61 G. 36-2 750, 1890.
62 G. 20-1 552, 1881. Entre o acusado e a vítima havia "uma questão renhida em razão de uma água que serve nas respectivas fazendas e da qual ambos se disputam a posse". Na ocasião em que "se deu a primeira questão entre eles a propósito da referida água, (o acusado) invadiu as terras (da vítima) acompanhado de grande número de capangas armados, dando assim lugar a que houvesse um conflito

de emprego escassa e incerta, deram a esse homem a liberdade de tornar-se servidor de dois amos. Todavia, apesar de não haver imposição de trabalho para o morador, subsistiam os encargos pessoais que o proprietário entendesse lhe confiar. Prossegue o depoimento acima: "é verdade ter (o fazendeiro) mandado chamá-lo com o fim de trazer ele os escravos que tinham de depor perante a delegacia, dispensando-o afinal dessa incumbência porque um sobrinho dele achava-se desocupado e encarregara-se dessa comissão".

De outro lado, as obrigações pessoais aparecem igualmente associadas aos ajustes de trabalho, cumprindo-as também o fazendeiro: "Rodrigues era seu agregado e encarregado do tratamento e colheita de um dos seus cafezais; era homem trabalhador e por isto o considerava e o supria de dinheiro e de tudo mais que ele precisava para o tratamento da lavoura, visto não ter ele recursos próprios". O texto acima é parte de autos já citados neste trabalho, referentes ao assassinato de um agregado por capangas do fazendeiro. Prossegue este seu depoimento relatando que, avisado do crime, fora ver Rodrigues ferido e "como não o achasse bom, disse que o mandassem levar junto da família e que se ele morresse durante a noite, como lhe parecia, o mandassem trazer a esta cidade, oficiando circunstanciadamente ao delegado". Do depoimento de outra testemunha fica-se sabendo também que o fazendeiro "foi à sua casa que ficava próxima do caminho, pois a esse tempo era seu agregado, e disse-lhe que fosse à casa de Rodrigues passar a noite com ele que estava esfaqueado".[63]

É uma qualidade eminentemente pessoal que toda a documentação já apresentada revela no trato entre fazendeiro e seus dependentes. Mas é neste último caso, num assassinato, que o conteúdo dessas relações se precisa. Embora comprometido no crime, as medidas tomadas pelo fazendeiro ultrapassaram as necessárias para dirimir-se legalmente. Isto significa que a sua conduta não está referida apenas à *transgressão* de um código abstrato que proíbe a supressão da vida, mas ela está orientada tendo em vista o ofendido enquanto pessoa, isto é, a *observância* de uma ética que pressupõe a sua humanidade. O fazendeiro, em vez de

---

sangrento". Houve mais de uma demanda entre os dois fazendeiros, "de cada vez recrudescendo os velhos ódios".
63 G. 8-665, 1893. Ver as circunstâncias desse crime, 87-9.

abandonar a vítima (sua vítima) à própria sorte, providencia para que o moribundo seja velado. Novamente se observa, neste contexto, como, através da própria extinção do contendor, se revigora um conjunto de obrigações que a ele sobrevive. Passada a crise, faltar aos deveres de solidariedade seria frontalmente transgredir a um imperativo social.

A ação do agregado, bem como a do camarada, revela esse mesmo caráter de retribuição obrigatória: os processos-crimes favorecem o exame do arranjo de domínio em que essa retribuição se insere, visto como o depoimento em juízo é das raras situações em que se pode perceber uma reciprocidade de dependência entre proprietário e homem sem posses. Quando incorporado à esfera da Justiça, regulada por normas *gerais*, o homem pobre é despido de sua condição objetiva de dominado, de *pessoalmente* submisso a um senhor, para revestir-se plenamente de suas prerrogativas de homem livre. Perante a Lei torna-se equiparado a qualquer de seus superiores; como qualquer deles, é "testemunha jurada aos Santos Evangelhos", capaz de discernimento e digno de crédito, essencialmente diverso do escravo, apenas informante não juramentado. As condições formalmente igualitárias em que o rico e o pobre são colocados, quando sujeitos ambos a uma situação regulada abstratamente, permitem que se observe como o valor social de ambos é de todo diverso e como a conduta de *ambos* está orientada para a negação daquele nivelamento.

As demandas de terras registraram o quanto os dependentes eram utilizados como peças para que os propósitos do fazendeiro fossem alcançados em juízo.[64] Num desses casos, o administrador de uma das partes foi acusado de tentativa de homicídio e, por sua vez, moveu ação de perjúrio contra o seu denunciante. Sendo esse último pronunciado réu, apelou do despacho, alegando, entre outras razões, que as testemunhas do queixoso "eram pretos ex-escravos, seus agregados e camaradas ... membros de uma só família, que vive às suas custas em casa por ele cedida e cujos depoimentos obedeciam necessariamente às imposições de sua vontade. Intimamente ligados ao queixoso, devendo-lhe quantias, recebendo dele os meios de subsistência e proteção, o que tudo confessaram em juízo, são essas testemunhas parciais, suspeitas, inadmissíveis, que não podem absolutamente merecer fé". Essas testemunhas, ao depor,

---

64 G. 36-2 749, 1890.

procuraram afirmar apenas uma relação do tipo salário-contra-trabalho; contudo, a submissão pessoal ressalta de suas próprias palavras. Uma delas, por exemplo, declara que "não deve dinheiro nem favores ao Autor e ganha oitocentos réis por dia", mas afinal consente que ele e a família "eram protegidos do queixoso". Outra "disse que quando precisa de alguma coisa, recorre ao Autor que o serve por conta de seu salário e que não lhe deve outro serviço". Sua afirmação de independência exprime, na verdade, seu estado de sujeição: o adiantamento de salário, o mais das vezes, transforma o credor da força de trabalho em devedor de seus meios de subsistência. Com isto, já estamos entrando na área das relações com camaradas, para onde também se transferiu o mesmo padrão de dependência já descrito.

Agregado ou camarada, a anulação de sua vontade se revela na simples incapacidade de tomar uma decisão autônoma. Em processo relativo ao rapto de uma jovem, uma das testemunhas relata que o réu "lhe fora pedir para ter guardada em sua casa a menor e ele lhe respondera que não o podia fazer sem o consentimento de seu patrão, porque era agregado".[65] Sua recusa tem a ver menos com o risco de transgredir a lei que de incorrer na desaprovação do fazendeiro. A fidelidade a este podia relegar para segundo plano a própria família, como se vê no seguinte episódio: "Disse que o denunciado Zeferino Osório era camarada dele depoente e retirara-se havia tempo ficando um débito de 200$000, pelo que ele depoente dissera a Elias, padrasto da mulher do mesmo Zeferino, que quando este viesse buscar a mulher que havia ficado em companhia do mesmo Elias, este não a deixasse ir sem que ele depoente se entendesse com o mesmo Zeferino. Aconteceu que Zeferino veio buscar sua mulher e como o referido Elias se opusesse à sua saída, Zeferino travando-se de razões com ele feriu-o com uma facada". Completa uma das testemunhas "que a origem dos ferimentos de Elias foi tentar se opor a que Zeferino levasse sua própria mulher antes de entender-se com (o patrão) segundo ordens deste dadas ao mesmo Elias".[66]

Essa dissolução de motivos e objetivos próprios em interesses alheios, pelo dependente, tem por corolário a atitude do superior, que

---

65 G. 33-2 545, 1871.
66 G. 10-808, 1898.

afirma sua condição sub-humana. Num crime de agressão em que estiveram implicados um camarada e dois escravos, relataram estes os fatos como se apenas o homem livre fosse culpado. Seu senhor os corrobora: ele próprio interrogara "Antônio, que há pouco tempo havia ido para sua casa como camarada, e este tratou em começo de negar o fato, mas depois lhe disse que havia espancado o dito José e que isto fez porque José disse que ia arrancar-lhe a 'barba'". No entanto, declara o inspetor de quarteirão que encontrando-se com Antônio, este lhe contara que todos os três haviam cometido a agressão, mas que "indo ele em seguida para os campos, (o fazendeiro) lhe mandara dizer que sustentasse ser ele o único autor do crime".[67] Parece claro que para inocentar seus escravos, que têm valor como mercadoria e não convém paralisar com uma condenação, o fazendeiro faz recair a culpa sobre o homem livre, que nenhuma relevância tem para os seus interesses.

Essa completa ausência do reconhecimento social do homem pobre vai mesmo à afirmação de sua insuficiência para o exercício dos mais elementares direitos do cidadão, como o recurso à Justiça. Escreve um advogado: "o órgão da justiça é réu confesso de pouca reflexão e circunspecção no exercício de seu nobre e delicadíssimo dever de denunciar. Dos autos consta que foram colonos subservientes que denunciaram o fato. Pois bem, sua senhoria assim procedendo abriu um precedente horroroso, porque nem o meritíssimo julgador, nem o abaixo-assinado, estão livres de amanhã serem intimados para defenderem-se de uma denúncia de homicídio dada por um caboclo qualquer, agregado ou colono de um desafeto e que se diz paciente do delito... O órgão da justiça, pressuroso, acolheu a denúncia de um caboclo, sem responsabilidade moral, menos ainda social, um trabalhador boçal de enxada, que não tem nome, nem posição, e nem reputação a zelar... E hoje o órgão da justiça, ao ver que as próprias testemunhas da acusação defendem o acusado ... há de trazer a sua consciência bem acabrunhada e exprobrar-se amargamente a facilidade com que prestou fé a caboclos".[68] Sem disfarces, este arrazoado baseia-se na desqualificação social desses indivíduos e, *ipso facto*, em sua desqualificação moral.

Como fecho da reconstituição da imagem do homem sem posses, segue-se um documento em que ressalta até mesmo a possibilidade

---

67 G. 11-864, 1885.
68 G. 36-2 749, 1890.

de sujeitá-lo à servidão, legalmente sancionada. Procurando resolver o crônico problema de construção e conservação de estradas, um dos vereadores da Câmara de Guaratinguetá, em 1897,[69] apresenta uma indicação para regular a matéria, onde se lê:

"Art. 3º - Todas as estradas municipais e vicinais serão feitas de mão comum pelos moradores do bairro e pelos vizinhos que dela se utilizarem;

"Art. 6º - Para o serviço das estradas municipais será avisado e obrigado a comparecer todo indivíduo que trabalhe por suas mãos em serviços de roça, quer seja agregado, jornaleiro, meeiro, colono nacional ou estrangeiro residente no respectivo bairro.

"§ único - os fazendeiros concorrerão com a quarta parte dos seus trabalhadores não domiciliados no bairro.

"Art. 12 - O inspetor, quando não puder pessoalmente fazer os avisos para os trabalhos anuais ou extraordinários, poderá encarregar duas pessoas para conjuntamente o fazerem. Essas duas pessoas ficam dispensadas de trabalhar na reunião para que convidarem.

"Art. 13 - Concluídos os serviços e obras da estrada, o respectivo inspetor comunicará ao fiscal, remetendo uma relação dos trabalhadores que concorreram para os trabalhos e outra dos que deixaram de concorrer. Servirá de prova de notificação, a declaração, sob palavra de honra, dos dois encarregados da intimação, ou o ofício do inspetor, quando houver intimado pessoalmente."

Com força e nitidez este documento projeta a visão do homem pobre na consciência da camada dominante. Ela o aproxima do escravo e estabelece uma desigualdade, às escancaras, entre o proprietário e o homem sem posses, distinguindo a natureza dos encargos a que estariam legalmente sujeitos. Entretanto, essa mesma visão compreende a solicitação desse homem pobre para ações que pressupõem o reconhecimento de seus atributos humanos em sua expressão máxima: aceita-se, para efeitos legais, a sua palavra de honra. Note-se também como um padrão tradicional - o trabalho coletivo - é reelaborado, transformando-se a participação nos grupos de ajuda mútua em canal para a dominação e

---

69 *Atas da Câmara Municipal de Guaratinguetá* (daqui por diante citadas como *Atas da Câmara*), 15.2.1897. O projeto recebe parecer contrário por afastar-se "dos mais sãos princípios da ciência econômica" e por ser inconstitucional, estabelecendo "uma odiosa exceção e desigualdade, contrária aos princípios livres que nos regem e leis que nos regulam".

convertendo-a em lei. O cruzar de novos e velhos padrões, reforçando o processo de dominação, também se observa nos artigos (não transcritos acima) que preveem multas e cadeia para as transgressões e que obrigam o servidor a autoprover-se com sustento e ferramentas. Assim, o projeto cria impostos que se traduzem por serviços pessoais do cidadão, com a pena restritiva de sua liberdade quando não puder remir-se a dinheiro, e também o supõe possuidor de meios de subsistência e de instrumentos de trabalho. Ei-lo, pois, como contribuinte do Estado, sujeito a um emaranhado de tributos que atingem tanto sua pessoa como sua propriedade, refletindo a posição de servo temporário que lhe é atribuível, combinada com sua velha condição de produtor independente.

Nos dois últimos documentos apresentados, a contradição contida na dominação pessoal aparece em sua plenitude: os grupos privilegiados utilizam seus dependentes como meios para atingir os próprios objetivos, com o mais completo desconhecimento de sua humanidade, claramente identificando desclassificação social como incapacidade moral. Não obstante, esse mesmo dependente é compelido à atividade em que estão implícitos predicados humanos dos mais altamente prezados na civilização ocidental.

Da reconstituição do homem livre e sem posses como uma categoria social concluiu-se que nos ajustamentos entre grupos dominantes e dominados se entrelaçam as duas "faces" constitutivas da sociedade: de um lado, a área que tendia a ordenar-se conforme ligações de interesses, de outro, os setores articulados por via de associações morais. A presença desses princípios opostos de organização das relações sociais permitiu que fosse levada ao extremo a assimetria do poder, nada limitando a arbitrariedade do mais forte e reforçando a submissão do mais fraco.

Todavia, essas condições mesmas de existência do homem pobre conduzem, no limite, à possibilidade de sua afirmação como pessoa. A raiz dessa possibilidade se encontra na referida constelação de associações morais e ligações de interesses. Destas duas formas de relações sociais, as baseadas em interesse prevaleceram nos grupos dominantes, pois delas dependia a preservação mesma da ordem estabelecida. Fatalmente as promessas implícitas nas relações pessoais entre fazendeiros e seus agregados ou camaradas seriam quebradas pelos primeiros, que se achavam presos, de maneira irrevogável, a um mundo que excluía os segundos e onde as regras do jogo – perseguir e defender racionalmente interesses – eram incompatíveis com a observância de preceitos "tradicionais". Assim orientada, a ação dos grupos dominantes frustrava as expectativas de seus dependentes. Sempre que colocado em situação crucial para seus negócios, o proprietário de terras deu prioridade a estes, embora com isto lesasse seus moradores e assim interrompesse a cadeia de compromissos sobre a qual assentava, em larga medida, o seu poder. Diante da necessidade de expandir seu empreendimento, nunca hesitou em expulsá-los de suas terras.[70]

Para todas as áreas do trato entre fazendeiro e seus agregados ou camaradas se transferiu a *forma* das relações pessoais, como base institucional mínima a suportar seus contactos instáveis, feitos e desfeitos sem grandes abalos para quaisquer das partes. Na falta de um fundamento objetivo (como era a fixação à terra no caso do sitiante), capaz de conferir sentido e continuidade às trocas entre proprietários e não proprietários, a frágil base institucional rui sob o "desinteresse" do primeiro. Um advogado, também lavrador, nos dá a conhecer como a velha dependência e o total desvalimento fazem o pobre dirigir-se ao rico em busca de uma ajuda que nem sempre vem: "dois ou três meses depois do delito, o réu presente apareceu-lhe um dia em sua fazenda, talvez porque outrora ele depoente fora patrão do pai do mesmo réu, e pediu-lhe sua proteção e o favor de defendê-lo no júri, confessando ter matado a vítima por necessidade e em justa defesa, convite esse não aceito pelo depoente, por estar completamente arredado do foro, aconselhando-o que fosse trabalhar e juntar algum dinheiro para poder pagar advogado que o defendesse".[71]

Essa frustração das expectativas expõe o caráter precário e transitório das relações de dependência e permite a consciência, pelo dominado, de transgressões virtuais aos costumes. Essa noção substitui a passiva imagem da imutabilidade sagrada dos compromissos, rompidos que foram justamente pelo lado respeitado como superior. Em suma, dois princípios opostos de ordenação das relações sociais estavam sintetizados nas práticas dos grupos dominantes e fizeram sentir o peso de sua contradição: a orientação racional, necessária para a preservação de seus privilégios, solapava as formas institucionalizadas para a dominação, baseada em associações morais, e punha em risco os canais estabelecidos para seu exercício.

---

70 Cf. Saint-Hilaire, 1954, p.23, 24 e Von Tschudi, 1953, p.48.
71 G. 27-2 1691/1899.

Esse fato precisa ser pensado em conexão com outra das dimensões da sociedade "senhorial", isto é, com a "consciência de indiferenciação" social. Isto porque, se aquela contradição expõe, para o sujeito dominado, a fragilidade dos compromissos pessoais, a "consciência niveladora" abre a possibilidade de uma libertação real e define a forma de sua expressão. A oposição de dominados contra "senhores", em consequência da perda de suas esperanças, chega a manifestar-se porque as mesmas condições responsáveis por um estado real de sujeição também o são, em seu reverso, por um estado real de autonomia. Postos à margem do arranjo estrutural e dos processos essenciais à vida social e econômica, agregados e camaradas foram os mais desvalidos dos homens livres e os mais qualificados para enfrentar a ordem estabelecida. Quero frisar, contudo, que essa autonomia só se concretiza porque entre fazendeiros e seus dependentes subsistiu o padrão de relações baseado no reconhecimento do *outro* como semelhante, como pessoa. Compreende-se afinal como, numa sociedade economicamente diferenciada e autocrática, que postula e ao mesmo tempo nega ao homem pobre o reconhecimento de sua condição humana, abrem-se veredas para o seu desvencilhamento e por que este processo se radicaliza. Torna-se, desse modo, inteligível que camaradas enfrentem ousadamente a fazendeiros. Um destes últimos, por exemplo, relata que um réu de homicídio "fez uma ranchação em suas terras mandando desafiar a ele depoente e dizendo até que tinha a garrucha com que matou Antônio Francisco". As próprias circunstâncias em que ocorreu este crime, durante um mutirão, são elucidativas de como seu autor participava regularmente da vida comunitária.[72]

Um dos processos sobre assassinato põe em foco todo esse complexo que integra diferenciação socioeconômica e comportamento nivelador em associações que pressupõem e negam a humanidade do dependente, tendo por resultado uma reação violenta de sua parte.[73] Ao se reconstituir as relações entre o réu – Antônio – e o ofendido – Zeferino –, fica-se sabendo que eram bastante próximas: "Zeferino sempre frequentava a casa de Mariana, mãe de Antônio, por ser amante de sua filha Ignês, com a qual já tinha um filho". No entanto, a vítima era sobrinho de um

---

72 G. 36-2 758, 1881. O assassinato deu-se em 1871. As últimas testemunhas, inclusive o fazendeiro acima, foram ouvidas em 1874. Nessa ocasião o acusado estava refugiado em suas terras há cerca de um ano.
73 G. 16-1 231, 1888. Stein, 1957, p.59, indica a revolta de agregados em Vassouras.

fazendeiro – Teodoro –, possuidor de escravos e com um feitor a seu serviço, em cujas lavouras trabalhava a família do réu. Apesar da diferença de nível social, a ligação entre homem e mulher amasiados não ocorreu mediante uma degradação desta, como no esquema de relações sexuais entre senhor e escrava, mas, antes, pela inserção regular do homem no círculo familiar da mulher. As várias partes do processo nos desenham um cotidiano cordial e rotineiro entre eles. Assim, por exemplo, no dia do crime, conforme consta da apelação do juiz, "chegou pela manhã o ofendido em casa do acusado e aí esteve parte do dia, assistindo e tomando parte no jantar da família". Mariana relata que, nesse dia, Zeferino, ao retirar-se, "despediu-se dela informante dizendo que ia procurar sua cachorra no sertão e que no dia seguinte voltaria com tempo de tomar café em casa dela informante". A própria vítima, antes de morrer, à pergunta de "quem o tinha ofendido, respondeu simplesmente que tinham sido seus amigos".

Essa relação "niveladora" se conjugava à prestação de auxílio aos dependentes: Zeferino, "gozando de alguns, embora poucos, bens de fortuna, auxiliava a família de sua amásia". Depõe um vendeiro "que Zeferino pediu-lhe uma vez dinheiro para dar à dita Ignês e bem assim pagou-lhe uma conta de Mariana". Esse ajutório, ligado às relações de dominação, vem confirmado nas declarações do réu ao admitir que "os mantimentos mandados para sua casa, da casa do ofendido, eram, ou comprados a dinheiro, ou em pagamento de seus jornais, para quem trabalhavam". A certa altura dessas relações, contudo, as expectativas de ajuda começaram a ser frustradas: "Zeferino viveu em perfeita harmonia com os irmãos de sua amásia um certo tempo, porém um mês antes de morrer, mais ou menos, restringiu um tanto suas liberalidades para com a família e começaram a aparecer dúvidas passageiras entre ele e os irmãos de sua amásia".

Ao mesmo tempo, Zeferino assumiu uma atitude humilhante para com a família de Ignês. Isto aparece resumido nas circunstâncias imediatamente anteriores à morte, relatadas por Mariana. "Informou que no dia do crime apareceu em casa dela, informante, Zeferino e dirigiu a ela e sua família provocações, prometendo espancar os filhos dela informante, procurando ela apaziguar o dito Zeferino, pedindo-lhe pelo amor de Deus que não ofendesse a seus filhos. Disse mais que Zeferino, depois das repetidas súplicas dela informante, fingiu aquietar-se e pediu a ela água e sendo-lhe servida por três ou quatro vezes, ele a atirava fora

... Zeferino, logo que saiu de sua casa, tendo avistado os filhos dela informante, que se vinham recolhendo dos seus trabalhos, voltou para a casa e munido de um relho começou a espancar Inácio, um dos filhos dela informante de menor idade, e acudindo Antônio, réu presente, em auxílio de seu irmão menor, contra ele voltou-se Zeferino dando-lhe relhadas; Antônio, achando-se com uma faca com a qual descascava cana, travou com Zeferino uma luta da qual resultou cair Zeferino ferido junto à porta da cozinha."

Por mais que se possa considerar suspeito esse depoimento, a atitude injuriosa de Zeferino é confirmada por outras testemunhas e aparece também na apelação pelo juiz da sentença absolutória do júri, fundada em legítima defesa. Escreve essa autoridade: "sem que se saiba o motivo, trava-se disputa entre o ofendido e um irmão do acusado e aquele lhe dá uma vergalhada ... Do exposto se evidencia que o fim do ofendido, de acordo com sua promessa anterior, era desfeitear o acusado e seus irmãos, aos quais ele atribuía (o afastamento de Ignês). Que outra não era a intenção do ofendido sabiam-no o acusado e seus irmãos, que todos conheciam que o ofendido não trazia consigo alguma outra arma que o pequeno chicote de que se servia quando andava a cavalo. Ora, admitir, em semelhante hipótese, a legítima defesa, é admitir que ela se pode dar nos crimes de injúria ou de agressão injuriosa, pois outra não foi a praticada pelo ofendido". O veredicto que absolveu o réu, contrário ao Direito Positivo – que não configura legítima defesa nos casos como o acima exposto – estava perfeitamente legitimado pela ética que sanciona a resposta radical e violenta às ofensas recebidas.

Observam-se registrados nesse processo os componentes da ordem social que abrem a possibilidade de autoafirmação dos dependentes através da violência. Melancolicamente, contudo, observa-se também a autonegação de sua independência, determinada pelo desvalimento e pela necessidade de auxílio. A própria mãe do réu dirigiu-se à "casa de Teodoro, para lhe pedir proteção, pois que seu filho tinha cometido o crime sem premeditação e por um arrebatamento inesperado do momento".

Em resumo, o destino do homem pobre definiu-se num mundo regido por dois princípios divergentes de ordenação das relações sociais – associações morais e ligações de interesses – que se articularam e tiveram efeitos deletérios recíprocos.

A presença expressa da aquisição econômica como objetivo fundamental, a ausência de privilégios juridicamente estabelecidos, a falta de uma tradição a tornar firmemente estereotipadas as relações sociais satisfaziam os requisitos básicos para a constituição de uma sociedade em que a situação econômica se ligava imediatamente à posição social, em que as vias para o enriquecimento não estavam estritamente monopolizadas. Estas condições colocaram frente ao homem pobre a possibilidade de integrar-se aos grupos dominantes. Nessa ordem de coisas, o vendeiro, o tropeiro, ou o pequeno proprietário não escapavam às amarras da dominação, mas elas podiam ser superadas numa dimensão pessoal: diante deles estavam dados os meios para enriquecer e ascender socialmente numa formação socioeconômica em que progressivamente se determinavam e se cristalizavam as diferenças de fortuna e de destino.

O outro caminho trilhado pelo homem pobre teve seu ponto de partida no caráter prescindível desse sujeito na estrutura socioeconômica. Essa existência dispensável levou-o, em última instância, a conceber sua própria situação como imutável e fechada, na medida em que as suas necessidades mais elementares dependeram sempre das dádivas de seus superiores. Assim, em sua vida de favor, a dominação foi experimentada como uma graça e ele próprio reafirmou, ininterruptamente, a cadeia de lealdades que o prendia aos mais poderosos. Desprovida de marcas exteriores, sua sujeição foi suportada como benefício recebido com gratidão e como autoridade voluntariamente aceita, fechando-se a possibilidade de ele nem sequer perceber o contexto de domínio a que esteve circunscrito.

Não obstante, as condições de sua existência – a mesma dispensabilidade que a marcou – traziam implícitos os germes que poderiam solapar a *necessidade* das relações mantidas entre grupos dominantes e submetidos. O fato destes últimos não serem essenciais nem à estrutura de poder, nem à estrutura econômica, punha em xeque a inviolabilidade das relações entre ambos. Num horizonte em que prevaleciam os interesses econômicos, e sob a pressão destes, o sujeito pertencente aos grupos dominantes transgredia impune suas próprias obrigações e nessa medida expunha o caráter contingente dos laços que o uniam a seus dependentes. Reforçava esse efeito a presença, na organização social, da ideologia que constituiu o suporte da própria dominação pessoal: o reconhecimento da identidade entre os seres humanos e a "consciência da indiferenciação" social. Assim, vendo a si mesmo e a seu superior como potencialmente iguais, e tendo diante de si negada *praticamente* a perenidade da contraprestação de favores e serviços, o agregado poderia chegar à compreensão da fragilidade dos laços que o prendiam ao fazendeiro. Isto, contudo, não poderia chegar a ser formulado de maneira consequente com o propósito de livrar-se dessa sujeição. Fechando esse caminho, está, novamente, a existência dispensável vivida pelo homem pobre do século XIX. As condições de sua sujeição advieram justamente por ser quase nada na sociedade e exatamente esse vazio não poderia fornecer-lhe uma referência a partir da qual se organizasse para romper as travas que o prendiam e para constituir um mundo seu. Apenas episodicamente, como nos movimentos messiânicos,[74] abriu-se para ele a

---

74 Ver, por exemplo, em Queiroz, 1965, o movimento de Antônio Conselheiro e seu Império do Belo Monte. Para compreendê-lo é preciso ter presente que nos grupos rurais brasileiros não se observam linhas de organização (fortes laços de sangue, fixação espacial, hierarquia social rígida, tabus) que poderiam compartimentalizar as relações sociais e impedir o estabelecimento de vínculos comunitários criados livremente e que constituam o suporte para o desenvolvimento de uma religiosidade congregacional. O caráter pouco tradicional dos grupos rurais brasileiros fica bem claro quando vemos quanto ele permite a formação de agrupamentos religiosos espontâneos. De modo coerente com essas condições gerais, observamos Antônio Conselheiro iniciar sua carreira como vagabundo itinerante, seguido por fiéis da mais variada procedência e qualificação social: os criadores ricos "se irmanavam a sitiantes e simples vaqueiros, a escravos fugidos" (p.208). Mas é preciso lembrar também que ao lado dessa esfera rural existe outra, a "civilizada", com uma sociedade estratificada, com agrupamentos urbanos e um sistema político-administrativo, com artesanato e comércio. Como a tomar por modelo e a suprir a carência desses elementos no mundo rural, o grupo de Antônio Conselheiro cessa suas andanças e se estabelece. O arraial do Belo Monte cresce como centro comercial, artesanal e agrícola. Define-se uma hierarquia política interna ao grupo e determina-se uma estratificação baseada na riqueza e no prestígio. Desenvolvem-se controles sociais com raízes religiosas, mas com a função de fortalecer a vida familiar e política. Essas indicações são suficientes para mostrar o quanto esse movimento messiânico correspondia praticamente às necessidades da existência. Pode-se afirmar que em Canudos as práticas religiosas de negação do mundo, conscientemente observadas pelos fiéis como meio de salvação, tiveram na verdade a função de introduzir, em suas existências, uma incipiente "racionalidade". O "comunismo" de Canudos consistiu numa técnica para regularizar o provimento de meios de vida no povoado: todos "deviam entregar ao Conselheiro um terço do produto de seu trabalho para o sustento comum, e todos, sem exceção, estavam sujeitos a essa regra" (p.212). Reflete-se, nesse despojamento, uma contribuição ativa para eliminar os problemas de carência, o que introduz, na conduta religiosa, um elemento de cálculo e a aproxima de uma "atuação racional com relação a fins".
Se a linha de interpretação sugerida nesta nota se sustenta, esse movimento religioso, longe de poder ser interpretado como "regressão" e "fanatismo", expressa, antes,

possibilidade de desvendar o mundo do ponto de vista das mudanças que nele pretenderia realizar. Quando a consolidação da grande propriedade fundiária o privou dos alicerces de seu antigo estilo de vida, não foi para um esforço de organização do futuro que se canalizaram as energias do caipira: estas se sublimaram em representações nostálgicas que valorizam um passado farto e seguro para o qual gostariam de poder voltar.

Por tudo isto, a visão crítica da sociedade em que ele não tinha razão de ser – embora estivesse dada como possibilidade – perdeu-se na impossibilidade de querer socialmente alguma coisa. Em tais condições, o caminho do homem pobre foi, o mais das vezes, o de reafirmar sua submissão. Sua inexistência como ser social permitiu uma única escapatória nos momentos em que as forças constritivas se faziam sentir mais duramente: a revolta de cada indivíduo, solitário em seu desafio à ordem estabelecida, entregue às suas próprias forças para afirmar-se. No máximo, a negação da ordem social e sua resistência apareciam personificadas nele próprio e em seu opositor circunstancial. Neste ponto, reaparece o sujeito de um mundo tosco, onde as relações entre homens e coisas são parcas e onde a pessoa emerge como o ponto de referência fundamental para pensar e agir: nesse mundo, o movimento reflexivo sobre si e o movimento em direção ao semelhante condicionaram a consciência que esse sujeito podia ter do mundo em que viveu e definiram os meios e limites da transcendência possível, para ele, das situações adversas que experimentou. A mudança intentada circunscrevia-se à imediatez do momento vivido e se realizava através dos predicados pessoais e da capacidade de organizá-los agressivamente: a coragem e a violência reaparecem, com seu significado pleno, na vida do caipira.

---

a organização transitória da população rural justamente com base no modelo oferecido pela "civilização" que sempre existiu paralelamente a ela. Nessa linha torna-se também inteligível a intenção de preservar o Paraíso Terrestre e de defendê-lo das ameaças exteriores. As virtudes ordenadas pelo Messias e praticadas pelos fiéis assumem um caráter coletivo, correspondendo à necessidade de exaltação de todos e encobrindo a necessidade de redenção material. Compreende-se assim a agressividade de Canudos, a guerra contra a sociedade mais ampla, que lhe era adversa.

CAPÍTULO 3

O HOMEM COMUM, A ADMINISTRAÇÃO E O ESTADO

> "Ora, a grande questão que no Brasil se agita, resume-se na eterna luta da liberdade contra a força, do indivíduo contra o Estado."
>
> Tavares Bastos, A *Província*.

1 A herança de pobreza

Da quase indigência em que se encontrava a região paulista do Vale do Paraíba, nos inícios do século XIX, ficou a notícia no relato dos viajantes. Das descrições de Spix & Martius emergem casas "de efêmera construção e material pobre", com os interiores correspondendo a essa precariedade: "alguns bancos e cadeiras de pau, uma mesa, uma grande arca, uma cama com tabuado assentado sobre quatro paus (jiraus) coberta com esteira ou couro de boi", resumiam todo o mobiliário. Nessas condições estava "a grande maioria das vilas do interior do país, sendo rara uma casa de família bem construída".[1] As narrativas de Saint-Hilaire, alguns anos depois, não apresentam muita alteração e podem ser

---

[1] Spix, Martius, s. d., p.133-4, 124.

resumidas na seguinte observação: "Não se vê uma casa que denuncie bem-estar".²

Além dessa imagem de carência geral, era mínima a diferenciação das condições materiais de vida, nessa região, em que pesem as desigualdades de fortuna e de categoria social de seus habitantes. Quanto à morada dos proprietários de terrenos, "muitas vezes tem o viajante dificuldade de distingui-las das de seus agregados", homens "que nada absolutamente possuem" e que ocupam "as casinholas que se veem à beira da estrada".³ As qualidades pessoais desses lavradores não eram menos destituídas de refinamento. "Os homens mais abastados desta região revelam não somente extrema ignorância, como ainda limitada inteligência e pouco critério. É impossível com eles ter-se conversa."⁴ Não traziam visíveis, nem em suas atitudes, nem sobre si, quaisquer selos da posição desfrutada: vestiam, "tal qual os demais roceiros, camisa e calça de algodão".⁵ Contudo, é no vestuário, mas apenas numa ocasião considerada especial pelo brasileiro, que se pode perceber marcas de *status*. A gradação ocorre, porém, dentro da mais parcimoniosa singeleza: mulheres que se dirigiam à missa, montadas, trajavam "chapéu de feltro e uma espécie de amazona de pano azul"; as mais pobres "andam com as pernas e muitas vezes os pés nus, usam saia e camisa de algodão e levam aos ombros uma capa ou grande pedaço de pano azul, tendo à cabeça um chapéu de feltro".⁶

Esta situação modifica-se à medida que o viajante se aproxima da área fluminense: "É para lá de Lorena que se começa a encontrar homens ricos".⁷ A partir daí o panorama perde os sinais de desoladora pobreza: aparecem casas um pouco melhor tratadas e se começa a ver as plantações de café, sempre mais numerosas ao passo que o Rio de Janeiro se aproxima. "Esta alternativa de cafezais e matas virgens, roças de milho, capoeiras, vales e montanhas, esses ranchos, essas vendas, essas pequenas habitações rodeadas das choças dos negros, e as caravanas que

---

2 Saint-Hilaire, 1954, p.89.
3 Ibidem, p.117-8.
4 Ibidem, p.129.
5 Ibidem, p.101.
6 Ibidem, p.89.
7 Ibidem, p.120.

vão e vêm, dão aos aspectos da região grande variedade. Torna-se agradável percorrê-la".[8]

Em direção ao norte acentua-se a prosperidade, tornando-se frequentes os cafezais e as fazendas importantes. "As benfeitorias estão nelas construídas com alguma regularidade. A casa do fazendeiro é pouco elevada e só tem o rés do chão, mas este é amplo e ventilado por grande número de janelas."[9] Nesta largueza, encontramos instalado um proprietário de terras que se diferencia do paulista por estar mais cevado de corpo e alma. "A posse de um engenho de açúcar confere, entre os lavradores do Rio de Janeiro, como que uma espécie de nobreza. De um senhor de engenho só se fala com consideração e adquirir tal proeminência é a ambição geral. Um senhor de engenho tem carnes cujo afanado significa boa alimentação e pouco trabalho. Em casa usa roupa de brim, tamancos, calça mal amarrada e não põe gravata; enfim indica-lhe a *toilette* que é amigo de comodismo. Mas se monta a cavalo e sai, é preciso que o vestuário lhe corresponda à importância e então enverga o jaleco, as calças, as botas luzidias, usa esporas de prata. Cavalga sela muito bem tratada. Um pajem negro, fardado com uma espécie de libré, é-lhe de rigor. Empertiga-se, ergue a cabeça e fala com a voz forte e o tom imperioso que indicam o homem acostumado a mandar em muitos escravos."[10]

Mais acima na região fluminense, para os lados de Cantagalo, onde iriam instalar-se grandes culturas de café, o século XIX teve início em condições que não diferiam muito das já expostas. A apreciação de Mawe evoca pastagens e plantações negligenciadas, uma população deploravelmente magra e pobre, mulheres e crianças com "um ar generalizadamente doentio, que pode ser atribuído à sua dieta miserável e vida inativa".[11] Contudo, à medida que penetra nessa área, vai matizando suas informações. Constata fazendas em total abandono, cujo "proprietário parecia preferir o ócio com inconveniências em lugar de trabalho e conforto".[12] Mas ao lado disso, comoveu-se com réplicas das virtudes rústicas europeias, ao encontrar o açoriano que trazia bem cultivada sua pequena propriedade, com mulher e filhas limpas e prendadas, a casa com um ar

---

8 Ibidem, p.124-5.
9 Ibidem, p.132.
10 Ibidem, p.16.
11 Mawe, 1812, p.111.
12 Ibidem, p.148.

de decência e bem-estar.[13] Em suas notícias aparece também um outro tipo de estabelecimento próspero, nos moldes brasileiros, com um benigno proprietário vivendo na opulência graças à cana, ao algodão e ao café, cultivados por escravos que, por sua vez, tinham "um ar de operosidade satisfeita".[14]

O parágrafo anterior compõe uma imagem de diversificação das condições de vida que contrasta com a lisa pobreza verificada na região paulista. Não obstante essas diferenças que sublinhei, o quadro geral era de escassez ao longo de toda a região que posteriormente iria cobrir-se de café. Os relatos de Luccock, que visitou tanto a região mais setentrional atravessada por Saint-Hilaire, quanto a percorrida por Mawe, dão conta da precariedade das condições materiais, das técnicas agrícolas sumárias, do estilo de vida simples, da falta de dinheiro, da sociedade quase indiferenciada. "Eram ricos apenas em terras, possuindo mui poucos escravos e estando a gente branca em pé de excessiva igualdade para que pudessem servir uns aos outros."[15]

Apesar de tudo, impressionou-se vivamente com a rapidez das mudanças que pôde observar. Quando na região posteriormente visitada por Saint-Hilaire, nota um "contraste gigantesco" para com a situação de alguns anos passados: "a floresta foi abatida, as terras divididas e cercadas de sebes luxuriantes, muitas casas se ergueram, os antros das feras foram convertidos em prósperos estabelecimentos do homem".[16] Também vê mudanças consideráveis na região visitada por Mawe, que apresenta com um movimento bastante grande de tropas, entremeada de pequenas e grandes propriedades, em riqueza crescente. "Esta influiu no espírito da comunidade sob muitos aspectos, tornando-se ela não somente civil, como independente, parca e altiva, de maneira em nada comum no Brasil".[17]

Ao iniciar-se a década de 1930, quando realmente começaram a ficar marcadas as transformações ocorridas no século XIX, o quadro das

---

13 Ibidem, p.128.
14 Ibidem, p.114.
15 Luccock, 1951, p.213.
16 Ibidem, p.176. Sobre a rapidez com que avançavam as culturas, cf. também Gardner, 1846, p.34.
17 Ibidem, p.226.

condições de vida apresentava-se ainda próximo dos antigos padrões. Retratando com precisão as diferenças de oportunidades econômicas e de posição social, escreve Rugendas: "É fácil compreender que o gênero de vida, os costumes, a posição social do colono variam com o seu grau de bem-estar".[18] Mas, ao lado disso, faz notar o seu nivelamento pela rusticidade e pela simplicidade. "Julgando-se apenas pelo interior de sua residência, pelas suas vestimentas e pela sua alimentação, o europeu teria dificuldade em acreditar que a maioria desses colonos é abastada e que muitos deles são mesmo ricos."[19]

Os prédios e interiores descritos por Rugendas não apresentam diferenças marcadas em relação aos já referidos. Suas plantas continuam basicamente as mesmas e os móveis denotam apenas algum acréscimo de bem-estar por sobre o despojamento monástico dos trastes anteriores. Apenas a construção perde a fragilidade e o tom provisório, passando a ter um caráter de solidez e permanência.[20] Em paralela singeleza transcorrem, para seus ocupantes, as alternativas de trabalho e lazer. A gerência de suas vastas propriedades é ocupação bastante para absorver-lhes grande parte do dia. "Seu único divertimento é a conversação e como não tem muitos conhecimentos e o seu espírito é pouco cultivado, são as ocorrências verificadas na família, entre os vizinhos ou no distrito, que servem de assunto." A mesma pobreza se reflete na alimentação, composta principalmente de feijões pretos, farinha de mandioca, toucinho ou carne salgada. Com pequenas variações, esse esquema de refeição aparece incontavelmente repetido em outras fontes, pelo século afora. Na verdade, esteve em todos os pratos e resistiu mesmo ao avanço de maiores requintes.[21] Resta indicar que Rugendas também contrasta os proprietários de maior importância do Rio de Janeiro, os senhores de engenho, que "na sua maioria vivem nas cidades marítimas com luxo europeu", com "a grande simplicidade dos costumes dos paulistas, a ausência de luxo, mesmo nas classes mais elevadas".[22]

---

18 Rugendas, 1954, p.128.
19 Ibidem, p.141.
20 Ibidem, p.141-2.
21 Ibidem, p.145 e 142. Sobre a combinação de hábitos alimentares rudes e mesas requintadas, ver também D'Assier, 1867, p.154.
22 Ibidem, p.139 e 99, respectivamente.

2 Patrimônio estatal e propriedade privada

A situação de quase miséria foi duramente sentida em todo o país. No plano do sistema econômico, mesmo na região sul, onde germinava a nova riqueza, o aspecto sensível é ainda de estagnação. E esse estado de coisas agravou-se com as comoções políticas europeias, que se refletiram no Brasil através da posição de Portugal nesses eventos e de suas relações com a Inglaterra. Os efeitos da dependência assim estabelecida são conhecidos. Cumpre ressaltar aqui a estabilização das tarifas de importação a um baixo nível, o que, ao mesmo tempo, privou o Estado de sua mais importante fonte de arrecadação e onerou o produtor brasileiro, transformando parte de seus lucros em meios para o governo.[23] Assim, pode-se ter uma ideia de quão difícil foi a situação enfrentada pela administração central. Eram anos de escassez efetiva, a que se sobrepunham ainda, como fatores agravantes, tanto os impedimentos políticos que fechavam o Exterior como fonte ordinária de acréscimo de receita, como os obstáculos sociais que barravam a exploração das fontes internas de recursos. A primeira dessas dificuldades aparecia como um absoluto, e o modo de valer-se do estrangeiro tomou logo a via dos empréstimos. Era a segunda alternativa a única que poderia minorar a penúria do governo. Com esta referência, pode-se compreender que a ação dos homens da Regência, em seus esforços para equilibrar as finanças brasileiras, tenha se orientado para a montagem da máquina arrecadadora.

A revisão do aparelho tributário acabou por fazer-se em fins de 1834.[24] O impasse em que se encontrava o governo realmente pressionava no sentido dessa regulamentação, que se cuidou de garantir praticamente: as providências para a implantação das medidas racionalizadoras das finanças públicas penetraram até os últimos escalões da administração.[25]

---

23 Furtado, 1959, p.117-9.
24 Decreto de 11.11.1834. Para informações gerais sobre medidas financeiras nesse período, ver Sturtz, 1837, p.21-7.
25 Por exemplo, a Presidência da Província envia às Câmaras Municipais "ordem e modelos dos balanços anuais e orçamentos da receita e despesa" (*Atas da Câmara*, 1.6.1835).

Nessas disposições legais o agente fiscal foi muito especialmente visado, procurando-se garantir o controle de sua atuação mediante o reforço do dever por vantagens pecuniárias. A organização administrativa desse período fundava-se formalmente no princípio burocrático de obediência a um poder público abstratamente definido, legitimado e expresso por normas racionalmente criadas e legalmente estatuídas.[26] O funcionamento efetivo de um tal sistema, em que pese a eficácia dos condicionamentos exteriores da conduta do servidor público, tentados pelo legislador, esbarrava com fatores determinantes de seu comportamento que não eram menos poderosos e iam em sentido contrário às expectativas definidas pelo poder estatal.

Especialmente a partir de 1840 foi-se consolidando um governo centralizador, sentido esse que aparece distintamente na discriminação das rendas públicas, em nada favorável à Província e ao Município, em particular a este.[27] A forma de garantir o poder do governo, ao lado do emprego aberto da força física, da guerra, era montar um aparelho administrativo que concentrasse realmente os meios pecuniários da Administração e dispusesse de um corpo de agentes disciplinados para o exercício metódico e despersonalizado das funções públicas. Observa-se claramente uma política de expropriação das agências intermediárias do governo, deixando-as na dependência do poder central. Entretanto, essa tendência de burocratização do aparelho administrativo encontrava seus limites nas condições mesmas que a haviam tornado uma necessidade inapelável.

O mecanismo básico desse jogo de fatores, que de um lado impeliam para uma burocratização do aparelho administrativo e que de outro entravavam esse processo, pode ser melhor observado no âmbito das administrações locais. Aí se vê o agente governamental imerso nas situações concretas em que desempenhava suas atribuições, funcionais, com sua conduta se orientando antes pelos fortes interesses e influências que envolviam a sua vida de maneira imediata, que por longínquos e abstratos controles legais. Constata-se, nessas condições, como a solidariedade

---

26 Cf. Weber, 1950, v.IV, p.85-130. *Burocracia*, na acepção de Weber, é aqui usada como *ideologia*, como sistema de representações subjacente à montagem do Estado moderno (ver Introdução).
27 Ver Leal, 1949.

entre os interesses do governo e os de seus servidores estava constantemente ameaçada.

Ao ler-se as *Atas da Câmara de Guaratinguetá*, depara com várias medidas que indiretamente estão a indicar que os vínculos entre funcionário público e grupos sociais de que participava pesavam bem mais que as obrigações assumidas com o governo. Trata-se de medidas, por exemplo, que procuravam refrear as atitudes de protelação ou transigência que favoreciam os contribuintes e lesavam o Estado.[28] Percebe-se, em situações críticas, resultantes provavelmente de mudanças na composição da Câmara, que as censuras formuladas à autoridade fiscal fundam-se nessas suas omissões, convencionalmente reprovadas, mas na verdade regularmente observadas, trazendo à tona a legitimidade e o caráter corrente desses procedimentos.[29]

Essa conduta do servidor público, orientada mais pelos vínculos que o prendiam aos interesses de seu meio social, que pela lealdade para com seu empregador distante e desmaterializado, começa a tornar-se inteligível quando se evidencia como era *de fato* ainda rudimentar o próprio conjunto de fórmulas que disciplinava a realização dos objetivos do Estado. Seu caráter positivo, isto é, sua cristalização num corpo de preceitos estatuídos objetivamente e consubstanciados como força normativa, havia penetrado de maneira rudimentar na consciência de cidadãos e funcionários, tornando precária sua eficácia para garantir da parte de ambos homogeneidade e continuidade de ação. Conforme é sabido, então como hoje, a organização e o funcionamento dos serviços públicos tinham sua legitimidade garantida formalmente por uma codificação escrita, não se assentando sobre um fundamento consuetudinário. Não obstante, pode-se observar, através da atitude e do comportamento

---

28 Por exemplo, em 1837, depois de uma demonstração completa de carência de recursos, a providência foi a de "oficiar ao atual procurador a fim de arrecadar todas as multas e dinheiro pertencentes à Câmara, chamando se necessário os infratores a juízo conforme se acha autorizado".

29 Essas censuras são, na maioria das vezes, deste teor: "esta cidade vai caminhando pela mesma decadência que antigo era, por causa do fiscal que deixa de multar alguns indivíduos que não têm carpido suas testadas nas ruas desta cidade; que existem madeiras pelas ruas sem que seus donos ponham luzes nas noites de escuro e que continua a divagação de porcos, cabras e cães pelas ruas, tudo proibido pelas posturas municipais".

do pessoal que integrava os quadros municipais, quão pouco efetivamente se procedia por meio desses regulamentos expressos, indo-se a ponto de negligenciar, por omissão ou perda dos arquivos, o registro dos atos do legislativo. Nesses casos, o pessoal incumbido de fazer observar as posturas municipais regiam-se, de fato, pelo que estava costumeiramente fixado, e não por regulamentos ou protocolos, na verdade inexistentes.

Na época anterior à exploração do café, o único produto a ter algum significado comercial na região aqui considerada foi a aguardente, e o imposto cobrado sobre sua fabricação e comercialização, o único a ter alguma importância nas rendas públicas locais. Por esse motivo, tomo-o como referência na discussão seguinte. Nota-se desde logo, na documentação levantada, como de fato a fixação das diretrizes para a cobrança do referido imposto subordinava-se mais aos interesses do produtor ou do comerciante que aos do governo. É esse o sentido do episódio registrado nas *Atas da Câmara de Guaratinguetá*, ocorrido nos anos de 1839-1840. Lê-se, primeiramente, um requerimento do fiscal solicitando à Casa a determinação do preço do barril de aguardente, para efeito da cobrança dos direitos de 20% estipulados em lei e propondo que esse preço fosse fixado em $800, sugestão aceita pela Câmara. Consta, algum tempo depois, a notícia de um ofício do Presidente da Província "comunicando que em consequência de recurso interposto pelo Coletor da Vila, quanto ao diminuto preço com que foi taxado o barril de aguardente, deliberou-se fixae o seu preço em 1$600", decisão também acatada.[30] Tem-se, por aí, uma medida do quanto era baixo o nível de preço fixado pelo agente municipal e o quanto com ele se atendia ao interesse do contribuinte, visto como a base inicialmente proposta para o lançamento do imposto foi simplesmente dobrada pela autoridade provincial.

Esse imposto era da maior importância para que o Conselho tivesse um resquício de autonomia financeira.[31] Pois mesmo assim faltava-lhe um mínimo de tipificação normativa, e sua cobrança seguia normas prescritas de modo fático em usos antigos. Já pelos meados do século,

---

30 *Atas da Câmara*, 30.1.1839 e 9.3.1840.
31 A municipalidade solicitou a revogação da lei que passava o imposto sobre aguardentes para os cofres provinciais na base de que "esse é o único ramo que maior rendimento dá ao Conselho e que continuando em vigor a dita lei então ficaria a Câmara sem meios para pagar seus empregados" (*Atas da Câmara*, 19.1.1814).

um arrematante desse imposto, desejando dirimir em juízo a infração perpetrada por um negociante, fora informado de que inexistiam disposições legais sobre a matéria. Em vista disto, requereu à Câmara que "houvesse por bem esclarecer a ele suplicante a este respeito, mandando-lhe passar por certidão a lei, postura ou deliberação em virtude de que se cobrava semelhante imposto, porque não era possível que esta Câmara mandasse pôr em praça um imposto que não era fundado em lei, e que o suplicante arrematara pelo elevado preço de novecentos e dez mil-réis".[32] A Câmara resolveu "consultar o Excelentíssimo Governo da Província sobre o que deve declarar ao suplicante, visto não lhe ser possível fazê-lo por si, por lhe assistir unicamente a esse fim o uso e praxe de longas e remotas épocas em que foi criado esse ramo".[33] Encaminhada a questão à Assembleia Legislativa, que por sua vez solicitou informações às Câmaras de Pindamonhangaba e de Cunha, despachou-se afinal o requerimento acima, declarando-se a seu autor "que podia judicialmente cobrar imposto das aguardentes de que é arrematante, porque assim se colige da Lei que criou esse imposto".[34] Embora se tenha conseguido chegar a uma disposição legal sobre a matéria, a própria dificuldade encontrada para isto é elucidativa de quanto os regulamentos formais pesavam menos na determinação da ação administrativa que "o uso e costume de longas e remotas épocas em que o ramo fora sempre criado, posto em praça, arrematado, ou por administração cobrado pela Câmara".

Pelo que ficou apresentado até aqui, pode-se constatar que as ordenações que regiam as práticas administrativas, num setor fundamental como o da garantia dos meios para o aparelho governamental, não tinham, realmente, o caráter abstrato e geral que distingue os preceitos jurídicos sobre os quais se assenta a estrutura burocrática. Pelo material coligido, verifica-se que a decisão em cada caso concreto orientava-se preponderantemente pelos valores ou pela situação de interesses a que os agentes do governo estavam imediatamente vinculados. Nas situações consideradas, embora houvesse virtualmente um código de preceitos dotado de força normativa e um corpo de funcionários com poderes coativos para garantir a sua observância, verificou-se que a validez efe-

---

32 *Atas da Câmara*, 31.3.1856.
33 *Atas da Câmara*, 7.4.1856.
34 *Atas da Câmara*, 16.6.1856 e 16.9.1856.

tiva dessas ordenações mostrava-se instável, já que tais ordenações podiam ser abertamente desobedecidas, inclusive pelos próprios agentes destinados a impô-las. Essa constatação é reforçada pela evidência, no âmbito das próprias finanças do poder municipal, da lacuna de uma formalização mínima dos fundamentos e dos processos legalmente estabelecidos para assegurar os direitos dessa agência do governo.

De fato, a garantia de obediência dos municípios a seus deveres, em outras palavras, o princípio que legitimava o exercício *efetivo* do poder público, assentava-se, antes na autoridade do *passado*, nos usos e costumes sancionados através de seu próprio reconhecimento contínuo e antigo e por meio ela orienração habitual da conduta para o conformismo, do que na determinação, pelo governo, de submeter as situações concretas a um controle racional que previsse e fixasse de maneira geral os meios eficientes tendo em vista *finalidades perseguidas no futuro*. Começam a ficar expostos os obstáculos sociais à tendência de burocratização do aparelho fiscal: de uma parte, um servidor público cujos vínculos com o ambiente em que vivia não eram compensados por uma atitude profissional capaz de garantir um certo rigor no desempenho de suas atribuições funcionais; de outro lado, o descuido em formalizar as práticas administrativas, o que seguramente advinha da falta de importância mesma dessas providências, visto como referidas práticas se alicerçavam, na realidade, sobre uma ordem consuetudinária.

Logo no início desta discussão, liguei a tendência para a burocratização do aparelho fiscal às necessidades inadiáveis de prover um abalado tesouro nacional. Mas, na verdade, a própria situação crônica de penúria, em que se encontravam todos os níveis da Administração, ao mesmo tempo que forçava a essas medidas racionalizadoras impedia que elas vigorassem.

É surpreendente, para aqueles que se habituaram à imagem idealizada de uma "civilização do café" refinada e faustosa, ver surgir da documentação histórica uma vila, posteriormente cidade de Guaratinguetá, que desmente as visões de esplendor e as substitui por um aglomerado de ruas e largos malcuidados e de casas simples.[35]

---

35 Durante a maior parte do século nota-se um esforço grande, e mal compensado, para conseguir coisas indispensáveis, como por exemplo a feitura de um cemitério. Só nos fins do século esse objetivo é alcançado. Só então aparecem também obras

Os órgãos municipais, sobretudo, estão muito próximos da miséria completa. Atestado suficiente dessa pobreza é dado pelas instalações da própria Câmara, que pelo século afora se arrastam numa precariedade enorme, passando por intermináveis pequenas reformas que não faziam mais do que tirá-la do abandono para dotá-la de uma modesta decência. De tempos em tempos eleva-se uma voz que dá conta do "vergonhoso e deplorável estado" dessa Casa, em "uma das mais importantes cidades do norte da Província".[36]

A exiguidade de recursos de que dispunha a municipalidade revela-se, sobretudo, nas frequentes declarações de impossibilidade de realização de reparos, muitas vezes pequenos e urgentes, em obras públicas.[37] De uma feita, o próprio encarregado da conservação da cidade declarou que "se bem que conhecia a necessidade de algumas obras públicas, não as propunha por saber não haver dinheiro disponível para tais obras".[38] Em outras oportunidades é a Câmara quem corta as recomendações desse funcionário: "conquanto reconheça a necessidade das obras indicadas pelo fiscal em seu relatório também considera muito escasso o dinheiro existente nos cofres da municipalidade".[39] É quase sempre esse o estribilho das decisões sobre as modestas obras arroladas pelos fiscais: "a Comissão é de parecer que por ora nada se faça pela razão plausível de não haver dinheiro com que se possa empreender tal obra"; "sobre as outras obras mencionadas a Comissão entende que é preciso alguma delonga para o fim de se reunir mais fundos no cofre"; "nada se tem feito e nada se pode fazer, visto que no cofre não há dinheiro"; "ponderando a Câmara que não era possível pela deficiência de fundos

---

de águas e esgotos, de iluminação, um serviço de transportes, um teatro, um mercado, um matadouro. Essa época coincide com o alargamento das atribuições das Câmaras Municipais e com a modificação nas suas práticas financeiras.

36 Veja-se a modéstia das reformas pretendidas: "que esta Câmara mandasse fazer logo que tivesse dinheiro disponível uma dúzia de cadeiras, com assento de palhinha, ainda que fossem ordinárias, até que ela pudesse mandar fazer mais superiores" (*Atas da Câmara*, 31.3.1856).

37 Sobre as atribuições das Câmaras Municipais e sua dependência em relação ao Governo Geral, ver Leal, 1949, cap.2 e 4.

38 *Atas da Câmara*, 12.8.1848.

39 *Atas da Câmara*, 28.1.1868.

encetar-se as obras indicadas"; "visto não haver nos cofres municipais quantia para se empreender as outras obras"; "atendendo à escassez das rendas da Câmara"; "não se mande fazer obra alguma, além das já começadas, porque o estado do cofre não o permite"; "à vista do estado dos cofres, não sejam feitos os consertos reclamados"; "tais obras não podem ser feitas por dispendiosas"; "a Câmara conclua as obras já começadas e suste quaisquer outras que tenha de fazer, enquanto não houver fundos nos cofres". Aí estão vinte anos de inércia.[40]

Diante dessa real impossibilidade de atender aos requisitos mínimos de funcionamento da cidade, os poderes municipais procuraram ampliar as rendas públicas pelas vias legais. O crivo do imposto descaracteriza o contribuinte, ao incidir sobre categorias amplas da população, definidas conforme critérios gerais, e faz do cidadão um devedor do Estado, exigindo sua participação indiscriminada em despesas também não especificadas da administração. Dessa maneira, a provisão de fundos públicos por meio de tributação dissolve, em uma massa de valores cujas origens neste ou naquele bolso particular ficam perdidas, as possibilidades de influência direta por parte de seus possuidores primitivos. Transfere-se assim, em sua plenitude, o poderio impessoal que o dinheiro encerra para as mãos daqueles que, em dado momento, representam a autoridade pública e gerem seus recursos.

Medidas dessa natureza aparecem com alguma frequência durante todo o século XIX, no Município aqui tomado por referência. Brotavam de uma grande carência de meios e exprimiam aflição e impotência. Nos meados do século, por exemplo, a Câmara examinava "as posturas em vigor para indicar os meios mais convenientes que se deve aplicar para o aumento dos réditos deste Conselho". Como o problema era sem solução dentro de sua competência, transferiu-o à Assembleia Provincial, solicitando alguns impostos, com base nos argumentos usuais aos desvalidos "esta Câmara arde em desejos de satisfazer a tantas e palpitantes necessidades deste Município, mas os seus meios são escassos".[41]

---

40 *Atas da Câmara*, período aproximado de 1850 a 1870 (31.1.1852, 22.4.1852, 28.9.1853, 6.10.1858, 8.10.1858, 21.1.1863, 17.4.1865, 20.4.1866, 29.5.1867, 20.1.1871).

41 *Atas da Câmara*, 14.2.1853. Até o terceiro quartel do século registraram-se providências semelhantes, solicitadas "a benefício deste Conselho, atento o estado de pobreza em que se acha" (18.12.1834 e 18.12.1869). É apenas nos fins do século

Por aí já se vê que, embora fossem tentadas soluções conformes com a organização burocrática que se visava implantar, a possibilidade de tornarem-se práticas bem-sucedidas e utilizadas com regularidade foi nula. A própria política financeira do Império encarregou-se de impedi-lo: na urgência de fornecer meios para o governo central, a forte concentração das rendas públicas que realizou tornou ainda mais desprovidos os já parcos cofres municipais.

E assim, obstruídas as vias próprias ao modelo de administração vigente no período imperial, os poderes locais ficaram, de modo irremediável, trancados em uma pobreza inerte.

A carência quase completa de fundos públicos, nesse nível, encontrou uma forma de compensação que escapa de todo às medidas peculiares a uma ordem burocrática. A superação do impasse gerado pela expropriação das agências locais ocorreu através do apelo direto ao patrimônio particular do cidadão comum ou do próprio servidor público. Mesmo os precários remendos de ruas, calçadas e pontes, em que se resumiram as realizações municipais por mais de três quartos de século, ficaram várias vezes na dependência da boa vontade dos habitantes da cidade. Nesse sentido, a Câmara lhes dirige pedidos de colaboração que não deixam de ter um tom beneficente: "que se passe a promover uma subscrição pelos moradores da Rua de São Gonçalo, da Cruz Grande para baixo, para efeito de se fazerem cintas de pedra em vários lugares da dita rua e logo que ultime dita subscrição participe à Câmara para ver se ela pode fornecer o restante para dita obra", recomenda-se ao fiscal, em 1850.[42] Dez anos depois, o mesmo expediente é ainda utilizado: decide-se a Câmara pelos "consertos na Rua Nova do Porto, donde diz o Fiscal que os moradores estão prontos a concorrerem com boa quantia tanto de dinheiro como de serviços para ajuda da municipalidade".[43] Chegam os anos 70, e a Administração ainda recorre a donativos: "que a Câmara nomeie uma comissão de dois membros para agenciarem dos moradores e proprietários desta cidade, por meio de subscrição, algum quantitativo para ser aplicado na fatura de um chafariz de água potável na cidade".[44]

---

que as providências desse tipo perdem o modo lamurioso e o caráter de expedientes mais ou menos ineficazes.
42 Atas da Câmara, 11.1.1850.
43 Atas da Câmara, 6.5.1864.
44 Atas da Câmara, 1.2.1871. A substituição desses procedimentos informais só

Diante da impossibilidade de atender ao mínimo indispensável para a manutenção do modesto patrimônio municipal, não foi raro que seus agentes empregassem seus próprios recursos no reparo ou na realização de obras públicas. "Só exijo e rogo a V. Excia. dar as competentes ordens à Tesouraria para que seja embolsado da quantia de 593$600, que há muito se me deve por conta das últimas despesas por mim feitas, no rigoroso inverno último, evitando de ficar cortado o trânsito público e com presteza correndo aos lugares precisos com grave atraso de minha lavoura." Assim oficiava o Inspetor de Estradas do Município ao Presidente da Província.[45] A documentação existente deixa bem claro que esse foi um alvitre largamente utilizado pelas autoridades cujos encargos estavam na dependência de dinheiros públicos. Algumas delas empataram, nessas providências, somas consideráveis para a época. Por exemplo, a municipalidade havia solicitado ao governo provincial a liberação de verbas já votadas no orçamento (6:000$000), para consertos, recebendo resposta negativa, "dado o estado de penúria das rendas provinciais". Diante disto, a Câmara reiterou seu pedido ao governo provincial, "visto que o Administrador da obra se propôs fazê-la para ser indenizado da despesa quando houver dinheiro". E assim se fez.[46]

Ao que tudo indica, essa aplicação de recursos privados em serviços públicos foi rotineira. Verificou-se inclusive nos casos em que o item "obras" era de todo alheio às atribuições do cargo ocupado pela autoridade. Vê-se nada menos que o Presidente do Conselho solicitar "que a Câmara se ocupe de uma rua de que ainda não se ocupou e onde, se tem sido sofrível o trânsito, é isto devido a seus esforços, tendo empregado por diversas vezes como é sabido, muitos serviços em aterros, covas e uma estiva que fez e conserva no córrego do Lava-Pés".[47]

Completa-se a imagem do quanto os adiantamentos pessoais e os donativos estavam emaranhados com a praxe administrativa, ao constatar-se

---

aparece nas alturas de 1890, quando as necessidades de suplementação das verbas do Conselho passaram a ser resolvidas mediante empréstimos contraídos conforme as praxes comerciais correntes e através de concorrência pública. Embora essas operações de crédito ainda conservassem um certo cunho "pessoal", nas relações que estabeleciam entre o órgão oficial e indivíduos ou entidades privadas, constituíam já atos disciplinados.

45 Ofício de 16.6.1853 (Arquivo do Estado).
46 *Atas da Câmara*, 9.1.1860, 14.1.1860, 22.2.1860 e 9.4.1860.
47 *Atas da Câmara*, 16.1.1864.

que também a Câmara seguia o costume: "Que cada vereador adiante por empréstimo ao cofre municipal, pelo prazo de seis meses, a quantia de 100$000, para o fim de executar-se alguns consertos urgentes".[48]

Não apenas em questões de dinheiro sonante estavam os poderes públicos mal providos; havia também carência de prédios e instalações para o funcionamento de seus serviços. Neste caso, igualmente, a saída foi pela utilização de propriedades particulares. Seria incontável o número de vezes em que as residências de autoridades aparecem na documentação usadas para fins públicos: "Mando a qualquer oficial que, em cumprimento deste ... intime as testemunhas ... para comparecerem em casa de minha residência ... a fim de deporem no processo...",[49] escreveram, um dia, todos os juízes de Direito ao longo do século.

A escassez de meios financeiros postos à disposição dos órgãos públicos constituiu o entrave fundamental ao desígnio de burocratizar a administração, objetivo este que foi visado justamente como um instrumento para, alicerçando a reforma fiscal, ampliar as débeis finanças do governo. A pressão primária e inapelável de pobreza impediu que se implantasse esse estilo de administração, fazendo com que prevalecessem, na determinação das relações entre o Estado e seu funcionário, condições que definiram a ação destes últimos em um sentido que foi diametralmente oposto àquele pretendido.

Na base do desenvolvimento da burocracia na administração pública, está um caráter essencial: o processo de expropriação do servidor público dos meios materiais da administração, separando-se com nitidez os recursos oficiais dos bens privados dos funcionários.[50] Pelo que já ficou exposto, vê-se como esse processo de expropriação, no Brasil do século XIX, foi sustado pelo insuperável estado de penúria a que estavam

---

48 *Atas da Câmara*, 8.1.1865.
49 G. 5-390, 1891.
50 Sobre esse processo de expropriação e seu significado na organização burocrática do Estado ocidental moderno, cf. Weber, 1947. O seguinte trecho é, em especial, pertinente em relação às questões tratadas acima: "Todos os estados podem ser classificados conforme repousem sobre o princípio de que o próprio *staff* de homens *possui* os meios de administração, ou se o *staff* está separado desses meios da administração. Essa distinção vale no mesmo sentido em que hoje dizemos que o empregado assalariado e o proletário na empresa capitalista estão 'separados' dos meios materiais de produção" (p.81).

sujeitos os órgãos públicos. Embora mantidos os gastos sempre dentro do imprescindível à preservação dos bens e à continuidade dos serviços do Estado, mesmo para esse mínimo, os recursos oficiais eram escassos, compensando-se essa falta pelas incursões aos bolsos dos cidadãos e das autoridades. E o resultado disto foi que, em lugar do funcionário público tornar-se cada vez mais um executivo que apenas gere os meios da administração, manteve-se preservada a situação em que ele detinha sua propriedade. Isto significa, evidentemente, que ele os podia controlar autonomamente, *pois se ele os possuía*. Seu, era o dinheiro com que pagava obras; seu, o escravo cujos serviços cedia; sua, a casa onde exercia as funções públicas.

Essa mistura entre a coisa pública e os negócios privados fundamenta, sem dúvida, a extensão do controle pessoal a todo o patrimônio do Estado. A passagem é rápida: o homem que sustenta com recursos particulares as realizações próprias do governo está subjetivamente pronto para considerar como seu o conjunto de bens públicos confiados à sua guarda. Por que não o faria? Por que não satisfaria aos próprios objetivos com dinheiros do governo se, não raro, as dificuldades deste último eram resolvidas com haveres seus, pessoais? Acaba por constituir-se de fato, nessas condições em que ficam completamente fluidos os limites entre o que é patrimônio da Administração e o que é propriedade do administrador, um fundo de "bens comuns" cujos valores, indivisos entre os dois membros da associação formada, servem indistintamente ora a um, ora a outro.

Para que se delineie a atitude e a mentalidade determinadas conjuntamente com essa base material, na qual por força da pobreza fundem-se o público e o privado, volto-me para um processo de responsabilidade instaurado contra um coletor de rendas provinciais.[51] Conforme denúncia do promotor público, sobre ele pesou a "imputação gravíssima de consumo, em proveito seu, dos dinheiros pertencentes à Fazenda Pública". Esclarece a referida autoridade "que o termo necessário desta desagradável e funesta situação era apenas paliado por um manejo inconfessável, em cujo auxílio entrava o denunciado com a máxima parte das tendas arrecadadas em mês a findar-se, como se fossem saldos do mês já findo, processo a que se prestavam não só os prazos legais, como

---

51 G. 16-1 273, 1878.

ainda as dilações constantemente solicitadas ... Houve um momento em que os recursos foram improfícuos e cedendo à imposição soberana das circunstâncias, o denunciado se viu forçado a ter como certo o seu procedimento criminoso e punível".

Bem se vê, a posição do órgão do Ministério Público funda-se nos princípios que regiam formalmente a organização dos serviços públicos, de acordo com os quais é caracterizada como criminosa a ação do réu. Entretanto, em que medida esses princípios legais dispunham de vida que transbordasse das máximas cristalizadas nos códigos e penetrasse a consciência do funcionário a elas sujeito, regendo de fato a sua conduta, é outra questão. Não se pretende, aqui, apresentar um caso de transgressão a dispositivos legais como evidência da limitação de sua validade. Evidentemente, por sofrer agressões parciais, a Lei não perde sua obrigatoriedade e não deixa de pesar praticamente na orientação da conduta dos que a ela estão sujeitos, inclusive nos momentos de infração. O que se procura pôr em evidência, na situação aqui focalizada, é como se justapõem, dentro do mesmo círculo de homens, dois princípios antagônicos de orientação da conduta, ambos com iguais possibilidades de serem seguidos como válidos: um, imposto pelos quadros coativos da Lei e do Direito, configurado na ação do promotor; o outro, alicerçado na força do costume e tacitamente observado pela população em geral.

Isto se torna meridiano na justificativa apresentada pelo réu, em que ele parte de preceitos contidos nos códigos que tipificam sua conduta, para opor-se a eles argumentando que era ela conforme as regras e expectativas do grupo a que pertencia. Eis sua defesa: "Concluir, do fato de não ter entrado um exator com os saldos de determinado período, que apropriou-se desses saldos, consumiu-os fraudulentamente, tornando-se passível de uma penalidade – é uma violência aos princípios de direito ... Ordens não cumpridas e que representam dívidas reais e existentes a favor do denunciado explicam a não entrada integral dos saldos por que é responsável ... O dinheiro existe suficiente para cobrir os saldos; se não existisse, a fiança própria do denunciado bastaria para esse efeito. Como, pois, apresenta a honrada promotoria o denunciado como culpado do crime de peculato por ter-se apropriado ou consumido dinheiro a seu cargo?".

É uma "moralidade" inteiramente estranha aos "princípios de direito" acima invocados, aquela que se manifesta nestas últimas linhas: se o dinheiro existe, é de pouca importância que o governo entre na sua posse de acordo com os prazos e as prescrições legais. Na verdade, o sentido dessa argumentação resume-se numa noção de probidade para a qual é inteiramente irrelevante onde esteja o dinheiro – nas mãos do próprio coletor, nas de contribuintes faltosos ou nos cofres públicos – desde que possa ser produzido. Aí está uma "ética" que se opõe à regulamentação legal da ação do funcionário, mas que vale de modo dominante na sua conduta efetiva, deixando a observância da Lei limitada a uma "formalidade" vazia de conteúdo e significação. É essa a conciliação possível entre as duas ordens contraditórias a que estaria ao mesmo tempo sujeita a ação do servidor público: a satisfação muito de aparência e exterioridade das normas legais, e a efetiva orientação pelo estatuto costumeiro. Isto aparece, fora de dúvida, no trecho seguinte: "O que a lei pune, é o desvio fraudulento, a subtração acompanhada de intenção culposa. É a fraude, a fraude só, que constitui o desvio...; o mandatário não desvia uma soma por isso só que a emprega em seu uso pessoal, se tem a intenção e meios de a reembolsar ... Não é verdade que o denunciado fazia jogo com a arrecadação dos meses que corriam para cobrir os saldos dos meses decorridos. As entradas se faziam mensalmente e sempre no dia 5 de cada mês. Será possível que de 1 a 5 de cada mês a arrecadação produzisse rendimentos para semelhante jogo, *aliás sem importância,* desde que as entradas eram feitas em dia e o denunciado tinha fiança em bens próprios?".

Não apenas o réu apresenta argumentos estranhos às esferas do Direito para a legitimação de sua conduta, como os membros de seu grupo social não reconhecem seu crime. Com efeito, do depoimento de testemunhas percebe-se que sua conduta está de acordo com os interesses do grupo, conjugando-se às atividades comerciais correntes. Diz uma delas: "Quando tinha de fazer entrada dos saldos de suas coletorias para a Tesouraria Provincial e Geral, recorria a ele testemunha pedindo-lhe por empréstimo algumas quantias para completar a importância dos saldos que deviam entrar. Sendo comissário de café, por convênio com o mesmo coletor, que se estendia até aos outros comissários, pagava a importância das guias de café que tirava somente no fim do mês e por essa ocasião o mesmo ex-coletor pedia-lhe que lhe desse uma ordem de quantia superior àquela que realmente devia dos direitos das mesmas guias. Que esse empréstimo que assim fazia era pago pelo mesmo Brito dando guias no mês seguinte, de tal sorte que cobrava antecipadamente direitos que tinham de ser pagos nesse ou em mês posterior".

Nota-se também que seu comportamento é conforme às normas aceitas pelo grupo. Uma das testemunhas atribui seu *infortúnio* à "facilidade com que fiava conhecimentos de direitos a pessoas em relação às quais não podia exigir pagamento, já por seu acanhamento natural, já por consideração a essas pessoas". Esta mesma circunstância recebe caracterização bastante diferente nas palavras do juiz: "o acusado foi levado a praticar o crime pela condescendência criminosa com que entregava a particulares conhecimentos de recibos de impostos, sem realmente recebê-los".

Nas duas afirmações acima — na do cidadão comum e na do representante da Justiça — revela-se o sentido divergente das duas ordens às quais a conduta do coletor aparece referida. Com um desses sistemas ela guarda um nexo positivo. Quando se indaga sobre seus fundamentos e sua forma, vê-se que é determinada por uma situação de interesses e regulada por compromissos pessoais, bem de acordo com os princípios que então ordenavam as relações sociais. Sua absorção sem resistência pelo ambiente local atesta o quanto era conforme a regra. Seu autor era mesmo "um dos mais votados eleitores da paróquia, tendo exercido sem censura, desde 1849, o cargo de escrivão da coletoria, no qual se manteve até passar em 1872 ao exercício dos lugares de coletor geral e provincial".

Ao mesmo tempo, as práticas do grupo local orientam-se *contra* o outro dos sistemas mencionados: o Estado e o Direito. O cargo público aparece como uma oportunidade que se aproveita e explora conforme os interesses da vida corrente, mas os preceitos que regem seu exercício pertencem a um mundo estranho, apartado do cotidiano. No documento acima referido, o objetivo fundamental do funcionário está longe de ser o desempenho hábil e consciencioso de suas funções, tendo em vista as finalidades impessoais do Estado, conforme o modelo burocrático. Em outras palavras, faltava a atribuição de um conteúdo valorativo ao serviço público, que fizesse dele, além de um meio de subsistência, um modo de vida válido *per se*. Esta concepção de serviço público poderia estabelecer um nexo internamente consistente entre as atividades do pessoal administrativo e os interesses da Administração: desempenhar as primeiras de acordo com a ética profissional seria, a um tempo, bem servir aos últimos.

A instauração de um princípio de responsabilidade desse tipo foi dificultada pelas condições que alinhei nas páginas precedentes: a falta de recursos, que confundiu as fronteiras entre o público e o privado, estabelecendo a comunicação entre os cofres da Administração e o bolso dos administradores. Foi esta mesma base que sustou a tendência para isolar a autoridade oficial como algo distinto da vida privada. É desta questão que se tratará a seguir.

Assim como se improvisavam, nos serviços públicos, o dinheiro e as instalações, também se admitia precariamente boa parte de seu pessoal. Várias ações policiais, por exemplo, eram realizadas por pessoas comissionadas no momento das ocorrências e não por membros regulares das corporações governamentais. Resumindo as incontáveis vezes em que se fazia essa utilização de populares, um delegado de polícia solicita ao Presidente da Província um destacamento para o município, "visto que essa mesma polícia sendo em maior parte composta de pobres lavradores, estão já cansados de tanto serviço".

O "amadorismo" estendia-se também a funções que requeriam conhecimentos especializados. Os próprios delegados de polícia exerciam seus cargos juntamente com outras ocupações: eram lavradores, comerciantes, ou viviam "de dinheiros a prêmio". Os conhecimentos que mobilizavam em suas decisões vinham da experiência adquirida no trabalho, sem fundamento em qualquer habilitação prévia. Uma dessas autoridades desculpava-se de equívocos cometidos, por não ter "ainda perante mim procedido em processos por infração de posturas da Câmara Municipal", cuja sequência formal desconhecia, ao contrário do que se dava com os processos criminais, aos quais já presidira. Evidentemente, havia uma total impossibilidade de limitar a ação da polícia e da Justiça a indivíduos tecnicamente aptos. Era sob a pressão das necessidades práticas que se constituíam os seus quadros.

Nessas condições, definiu-se um descompasso entre as potencialidades reais de recrutamento e seleção de pessoal e a estrutura formal dos serviços públicos, definindo-se uma situação paradoxal: enquanto os cargos eram preenchidos sem exigências de adestramento, suas atribuições eram fixadas com certo rigor. Desse modo, uma grande distância separou as normas que norteavam o efetivo exercício das fórmulas que o disciplinavam oficialmente, estabelecendo-se uma disparidade de sistemas de referência para a ação dos funcionários: um, que presidia a rotina cotidiana de trabalho, e outro, que adquiria validade e sobre eles desabava repressivamente em situações críticas.

Ignorantes da Lei e fiéis aos costumes, viam-se por isso em dificuldades. "Conquanto pratique alguns atos menos regulares na administração da justiça, próprios de um lavrador sem conhecimentos de Direito, e se tenho algum tempo exercido tais funções que estão muito acima de minha capacidade, a culpa não tem sido minha. Já por aqui reconhecerá V. S. que me faltam os recursos necessários para desempenhar como desejo, e é mister, o cargo (que ocupo), e que é suscetível muitas falhas se encontrarem nos meus feitos, porém achará sempre que exerço-as na maior boa fé."[52] Assim se justificava um subdelegado, responsabilizado por não notificar, na forma da Lei, a alguns jurados, constando que as convocações foram enviadas por ofícios "dirigidos sem a intervenção de oficiais de justiça".[53] Uma vez apurado que apenas parte dos avisos haviam seguido os trâmites legais, a mesma autoridade legitimou seu procedimento, alegando "que aqui nesta vila tem sido a prática corrente de fazer-se essas notificações por particulares" e lembrando "o costume veterano de não se exigirem as certidões de oficiais, bastando constar ter-se feito entrega dos ofícios".[54] E esclarece o caminho seguido pelas convocações: "mandou pelo seu escrivão fazer os ofícios a todos os que tinham sido sorteados, fez a remessa dos que eram destinados à Freguesia do Embaú, encarregou-se ele mesmo dos que eram dirigidos para as roças e deixou em mãos do escrivão os que deviam ser entregues na cidade".[55] Assim procedendo, e "visto que se fixou edital na forma de estilo, julguei estar satisfeito o preceito da lei, por assim ser costume".[56]

Vê-se, nesses documentos, como a falta de qualificação profissional foi compensada por um *savoir-faire* consuetudinário, como nenhuma vez a comunicação fez-se por intermédio do funcionário competente, e como inexistia protocolo das ordens de serviço ou dos encargos cumpridos. Nota-se como, mesmo nos casos em que havia requisitos legalmente previstos, as autoridades tendiam a desconhecer e afastar-se das normas e tramitações oficiais e a resolver as situações conforme apenas o convencionado no meio social em que viviam. Observa-se, também,

---

52 G. 4-285, 1853. Ofício do subdelegado titular do cargo ao juiz de Direito, s. d.
53 Ofício do juiz municipal ao juiz de Direito, 2.7.1853.
54 Ofício do subdelegado titular ao juiz de Direito, s. d.
55 Ofício do subdelegado suplente ao juiz de Direito, em 21.7.1854. Como se vê das indicações de fontes, dois subdelegados, um suplente e outro titular do cargo, estiveram envolvidos nesse caso. Por conveniência de redação e por ser indiferente ao argumento, deixei de fazer essa distinção no texto.
56 Ofício do subdelegado suplente ao titular do cargo, datado de Lorena, 21.6.1853.

como estão entrelaçados o desempenho "diletante" dos cargos públicos e o cunho nitidamente pessoal das relações estabelecidas no cumprimento dos deveres oficiais. Com efeito, o exercício marginal das atividades administrativas e a falta de conhecimentos especializados casavam perfeitamente com a rapidez e a simplificação das tarefas, permitidas pelas soluções de caráter pessoal. Por certo, a ignorância técnica impedia que a ação do servidor público fosse disciplinada pelos preceitos legais e assumisse um caráter funcional e categórico. Não é menos certo, entretanto, que a observância desses requisitos era desnecessária, dada a simplicidade das tarefas administrativas, cujos objetivos eram satisfatoriamente alcançados pela praxe de fato seguida. Todo esse conjunto, assim, convergia para uma demarcação pouco nítida entre as atividades privadas e públicas. Essa trama fica exposta nas alegações feitas pelo escrivão de polícia, em sua defesa: "o subdelegado suplente disse-me que não necessitava fazer os ofícios aos jurados, senão aos moradores desta Vila, e a dois mais que moravam no Bairro do Piquete e Porto do Meira, por isso que queria poupar-me deste trabalho, mandando fazer a mor parte dos ofícios em sua casa por um seu familiar, e que os mandara entregar aos jurados por particulares".

3 Autoridade oficial e influência pessoal

Essa diferenciação rudimentar entre função oficial e vida privada permitiu a extensão do poder oriundo do cargo público para a dominação com fins estritamente particulares. São demasiado notórias as formas de exploração desse recurso, com toda sorte de favoritismos à parentela e às amizades, para que seja necessário insistir ainda aqui sobre elas. Quero lembrar apenas que essa situação tem a sua contrapartida necessária. Transformar a autoridade inerente ao cargo em instrumento usado diretamente em proveito próprio é tão da ordem das coisas quanto servir-se da superioridade garantida pela riqueza, pela posição na sociedade ou na política, para pressionar o agente governamental. Não há pormenores inéditos que se possam ajuntar a esse tema. O lugar-comum reproduz-se com o oficial de justiça agredido no desempenho de seus deveres: "passando na porta de Barroso, este lhe chamara e perguntara como o tinha procurado para conduzi-lo debaixo de vara? Que era um desaforo, que não sabia com quem estava lidando e que não se importava de mandar um diabo para o inferno, visto ter proteção do capitão Antônio Lourenço, porque foram criados juntos".[57] Este trecho é significativo, porque não só indica o poder pessoal obstruindo as finalidades oficiais, como expõe esse fato como parte do sistema mais amplo de dominação vigente na sociedade, com a transferência da força do "coronel" para a proteção de seu dependente e com o clássico processo de formar e consolidar a fidelidade na infância.

Também integrada a esse sistema de dominação, está a transferência da inimizade pessoal para o plano das organizações do governo, usadas como armas contra os adversários. Tiram partido desse recurso, conforme é mais que sabido, os funcionários cujos postos permitem lesar seus opositores. Em verdade, poderiam ser palavras de muitas pessoas, por esse interior afora, as que encontrei num depoimento: "todo o procedimento judicial contra o justificante é com o fim de persegui-lo e o (subdelegado) mandou propor por diversas vezes ao justificante para que se mudasse desta cidade e que se assim o fizesse tudo se terminaria e cessaria a perseguição".[58]

A outra face desse ardil é a possibilidade, que também se apresenta, de fazer uso dos cargos públicos em prejuízo de seus ocupantes. Foi provavelmente nessa linha de atuação que se acusou um delegado de polícia de "deixar de cumprir o que devera, por peditório de outrem". Este gesto, mesmo no contexto da denúncia, adquire a feição de um *gentlemen's agreement*: no dia marcado para a formação da culpa, o advogado do réu procurara aquela autoridade e lhe dissera que "se ele delegado denunciado desse sua palavra de não prender a Lourenço, mesmo que resultassem provas contra ele, que ele advogado se comprometia a apresentar o réu em juízo, mas se pelo contrário ele visse que não lhe podia servir nisto, que lhe falasse com franqueza, porque então

---

57 G. 13-1 024, 1888.
58 G. 9-742, s. d. A exploração das organizações do governo naturalmente não se esgota nos conflitos pessoais. Sua utilização na luta pelo poder encontra sua forma acabada quando feita a serviço de partidos políticos em situações do tipo "a polícia está a mando dos saquaremas e pratica violência contra os liberais" (G. 4-309, 1861). Mas esta é uma questão mais geral, referente às técnicas de controle político, que escapa a este contexto.

Lourenço não apareceria; ao que ele delegado respondera que podia apresentar o réu porque dava sua palavra de honra que não o prenderia". A própria justificativa apresentada pelo denunciado não altera substancialmente essa versão, apenas acentuando seu caráter pessoal e emprestando-lhe o tom fortuito e banal de um obséquio a mais que se faz, entre outros semelhantes: "apresentou-se em minha casa o procurador e advogado de Lourenço, pedindo para que não o mandasse para a prisão no ato da inquirição de testemunhas, ao que anuí por querer ter essa atenção com o dito advogado e porque sabia que não podia comprometer-me por esse procedimento".

Aí está um acordo perfeitamente enquadrado nas normas predominantes no grupo local. Levar à Justiça a autoridade que dele participou só poderia ter por fito prejudicá-la. O caráter aleatório da censura feita e a forte carga pessoal que trazia revelam-se nas melancólicas considerações do delegado: "quem me diz que o meu procedimento em contrário não produziria esta mesma acusação, em vista da boa vontade apresentada de se descobrir crimes nos meus atos, mesmo justos e legais? O que é certo ... é que hoje em dia é penosa a condição de quem é autoridade: para uns é tido por relaxado e subornado e para outros é tido por perseguidor e intolerante, desde que não se preste a ser instrumento passivo de vontades alheias".[59]

Essas modalidades todas de integração dos serviços oficiais à vida da comunidade permitem constatar que o baralhamento das atividades públicas e privadas – condição nas quais germina o entrelaçar de influência entre um e outro desses setores – articula-se à dominação pessoal, o princípio mais geral de regulamentação das relações sociais.

Viu-se, pelas discussões realizadas, como se articulam, em um mesmo conjunto, a debilidade material dos poderes públicos, o uso dos aparelhos governamentais como propriedade privada e as técnicas pessoais de dominação.

As considerações feitas sugerem ainda duas outras linhas de reflexão. A primeira delas refere-se à força de mudança social que pode ser percebida na ação governamental. A disponibilidade, por parte do

---

59 G. 4-289, 1863.

governo, de um aparelho coativo poderia tornar eficaz a implantação das novas medidas legais nos serviços públicos. Através desses canais, então, foi pelo menos ensaiada a penetração de algumas transformações. A esta altura não posso mais que indicar essa questão, que retomarei adiante. Chamo a atenção, contudo, para o fato de que a disposição para essas mudanças originou-se num plano exterior à vida local. Basta lembrar como a remodelação do sistema tributário e as alterações nos procedimentos fiscais foram introduzidas para atender a necessidades da administração em âmbito nacional, afetando severamente, e de modo negativo, os cofres municipais.

A segunda linha de reflexão a que me referi questiona os limites das transformações introduzidas sob o impacto de fatores externos. Em todo o material apresentado pode-se notar um movimento de re-elaboração dos novos componentes introduzidos e sua absorção pelos antigos arcabouços. Com efeito, necessidades financeiras do governo central pressionavam no sentido de serem introduzidos controles racionais na Administração. Mas a escassez de recursos locais embaraçou as mudanças visadas, ao perpetuar uma situação em que os haveres particulares se confundiam com as posses da Administração, e esta continuava a se realizar por via de expedientes, favores, privilégios e conflitos pessoais. Como parte do desenvolvimento dessas oposições, deu-se um entrosamento das fontes do poder. Este emanava tanto das normas legais que legitimavam os atos do funcionário, inclusive para fins extra-oficiais, quanto, inversamente, da própria pessoa que ocupava o cargo, a qual por ter a submissão a ela costumeiramente estabelecida, legitimava também as decisões que tomava enquanto funcionário. Viu-se até que ponto o próprio conceito de cargo público e o seu exercício foram reelaborados instrumentalmente pelos membros do grupo local, passando a ser definidos e usados conforme as normas e os propósitos seus. Assim sendo, embora impostos de fora os novos modelos de organização administrativa e embora tomadas as providências para garanti-los praticamente, criando estímulos e controles da atuação de seus funcionários, não se logrou produzir uma "moralidade" correspondente. Não estavam dadas as condições para isso, não se completando a separação entre pessoal administrativo e meios materiais da Administração. As coisas públicas continuaram a ser usadas *diretamente* pelo grupo no poder e de acordo com o tipo de relações básicas na organização social: a dominação pessoal.

4 A construção do futuro

As relações anteriormente descritas entre Estado e cidadãos fundaram uma ambiguidade bastante grande na forma destes últimos considerarem o primeiro. Sobre este problema posso oferecer apenas algumas indicações provisórias, necessárias para encaminhar a questão relativa à natureza do poder exercido pelo fazendeiro.

De modo geral encarava-se de forma negativa a intervenção do governo nos assuntos econômicos, fazendo-se profissão de fé na iniciativa privada. Isto ocorria mesmo no último quartel do século, nas regiões novas do "oeste" paulista, onde a ação estatal já frutificara na resolução eficiente dos problemas de produção e comercialização do café.[60]

Na área aqui estudada, os poderes locais primaram por desconhecer os propósitos inovadores do governo central. Foram, por exemplo, sistematicamente surdos às tentativas de introdução do trabalho livre. As consultas da Administração Provincial sobre a instalação de colônias, respondia a Câmara de Guaratinguetá, em 1834, que "em todo o distrito desta vila não havia terrenos devolutos, mas sim todos tinham proprietários e estes ocupados nas lavouras dos mesmos".[61] No entanto, ao se folhear o livro de atas dessa Câmara, nesse período, em quase todas as sessões registram-se pedidos e concessões de datas de terras.[62] Depois da abolição do tráfico negreiro, a mesma Câmara fazia uma representação "a Sua Majestade Imperial acerca do estado crítico de nossa lavoura pela falta de braços, pedindo providências".[63] Não obstante, poucos meses antes e poucos meses depois desse apelo, era reiterada a informação de que "neste município não há terras devolutas e muito menos nas condições de se prestarem à colonização".[64] A resistência às medidas para colocar imigrantes nessa área apenas cessou com a abolição do regime servil e a desorganização da grande lavoura. Aí, então, a carência de terras

---

60 Ver, por exemplo, Azevedo, p.224.
61 *Atas da Câmara*, 1.3.1834.
62 A fartura das terras do Conselho transparece também nos protestos contra a liberalidade em sua concessão (ver *Atas da Câmara*, 14.1.1837, 15.12.1838, 26.5.1845, 15.3.1851, 31.1.1853).
63 *Atas da Câmara*, 16.6.1857.
64 *Atas da Câmara*, 7.1.1856 e 26.8.1857.

para recebê-los deixou de ser problema: solicitou-se mesmo que "fosse levado a efeito neste município um núcleo colonial e de imigração, tanto mais que este Conselho possui casas e terrenos próprios para esse mister".[65]

Nesse contexto, deve-se notar que para os membros da Câmara *agricultura* era sinônimo de *grande lavoura* e que era para esta que reclamavam braços.[66] Assim, não lhes importava mesmo o estabelecimento de colônias. Mas, embora levando-se isto em conta, percebe-se, no episódio historiado, uma atitude paradoxal em relação ao Estado. De um lado, observa-se que é repelida sua ingerência nos negócios privados, na medida em que se pode considerar a ação da Câmara como refletindo os interesses dos "lavradores" locais; de outro, há uma completa falta de iniciativa por parte desses cidadãos para resolver suas dificuldades, mantendo-se constante a dependência em relação aos poderes públicos. Se escasseia a mão de obra, é no governo provincial que se depositam as esperanças, embora suas intervenções para resolver o suprimento de trabalho, sob forma que não servia diretamente ao fazendeiro, tenham sido sistematicamente neutralizadas.

Essa ambiguidade se torna inteligível e, a bem dizer, se desfaz, quando se lembra que no Brasil de então se confundiam as esferas da vida pública e da vida privada. Nessas condições, o Estado é visto e usado como "propriedade" do grupo social que o controla. O aparelho governamental nada mais é que parte do sistema de poder desse grupo, *imediatamente* submetido à sua influência, um elemento para o qual ele se volta e utiliza sempre que as circunstâncias o indiquem como o meio adequado. Só nessa qualidade se legitima a atuação do Estado. Este é negado enquanto entidade autônoma e dotada de competência para agir segundo seus próprios fins. Nesse esquema se enquadra a questão dos núcleos coloniais acima referida: a ação governamental foi obstruída até que a desorganização das culturas de café mudou a orientação da Câmara. Assim sendo, a suposta relação de dependência do grupo dominante para com o Estado se inverte, e o movimento do primeiro em relação ao

---

65 *Atas da Câmara*, 21.5.1891.
66 Por exemplo, as informações ao governo provincial sobre condições econômicas locais concentravam-se na agricultura comercial, especificando-se que "continuava o ramo do café sem maiores vantagens por falta de operários" (*Atas da Câmara*, 16.6.1857, ofício de 14.1.1854 em resposta à circular do Presidente da Província).

segundo, aparentemente em busca de amparo, expõe o seu verdadeiro predicado de comando. Surge assim, sob a imagem do "Estado-tutelar", a figura mais real do "Estado-instrumento", ficando linearmente entrosados os momentos de busca e repulsa de sua atividade como etapas de afirmação do poder de um grupo social.

A base dos grupos privilegiados, no Brasil, foi a apropriação de terras. Como no resto do país, na região aqui estudada elas foram obtidas, em grande parte, por meio da violência, da fraude, dos favores. Basta um exemplo, referente a Guaratinguetá: "servindo-se de nomes que parecem que nem existem", alguns favorecidos obtêm "dez ou doze, vinte ou mais datas e edificam chácaras e assenhoram-se por esse modo de terrenos que distribuídos legalmente chegariam para todos". Com esse alvitre, áreas que poderiam "acomodar livremente mais de cem ou duzentos pretendentes (são) patrimônio de três ou quatro, por conivência e patronato da Câmara pretérita".[67] Repetitivamente, com as mudanças de Administração, surgem as queixas contra a "concessão de condados e marquesados à custa do Conselho".[68] Esses casos ilustram o processo de obtenção de terras que constituiu um ato puro de exploração *imediata* das organizações governamentais, fato bastante conhecido, sobre o qual dispenso-me de insistir.[69] Pretendo apenas indicar o sentido das ligações entre o Estado e os grupos que receberam as terras.

O elemento básico a destacar é que sobre essas terras instalou-se a agricultura comercial, numa época em que o sistema de produção dependia essencialmente de serviços e instituições públicas, multiplicando-se e complicando-se as tarefas do governo.

No período em que a economia do café já havia atingido algum desenvolvimento, e especialmente depois que encontrara os primeiros empecilhos, o Estado fez-se presente com medidas protecionistas. Sua intervenção foi bem acolhida, especialmente ao aparecer na forma de ajuda indireta, seja contribuindo para resolver situações de crise, seja fazendo cumprir um programa de aparelhamento material do país.

Neste programa destacavam-se as obras permanentes, como os serviços de saneamento e a modernização do sistema de transportes, que

---

67 *Atas da Câmara*, 14.1.1837.
68 *Atas da Câmara*, 15.12.1838.
69 Ver, por exemplo, Van der Straten-Ponthoz, 1854, t.III, p.31-50.

estavam regularmente incluídos na competência do governo e entravam de modo ordinário na elaboração dos orçamentos públicos. Nessa altura, os objetivos dos cafeicultores já eram identificados com o "interesse nacional" e o progresso do país confundia-se com a prosperidade desse grupo.[70] Nessas condições, o subsídio prestado sob a rubrica de "obras públicas" metamorfoseava em dever oficial o atendimento dos objetivos de um determinado grupo social. Fazia-se presente a noção de que os melhoramentos que fortaleciam a agricultura, os investimentos para alicerçar e expandir a produção eram condição básica para que se avolumassem as rendas públicas.[71] Todavia, justamente para que o Estado desempenhasse de modo adequado suas funções, alcançando a própria autonomia e beneficiando o grande lavrador, não podia prescindir do lastro financeiro capaz de levá-lo a esses objetivos.

Aí começam a divergir os objetivos estatais e particulares. O acréscimo rápido dos meios financeiros do governo dependia do aumento da tributação e esta convergia, forçosamente, àquela época, para as camadas economicamente dominantes, vale dizer, para a grande lavoura. A concentração das atividades lucrativas nas mãos de seus representantes e a marca da propriedade individual impressa sobre todos os fatores da produção mobilizados por esses homens – do capital ao escravo – faziam com que os impostos fossem duramente sentidos como sangrias nas fortunas particulares. Não era sem razão que os gêneros agrícolas de exportação eram fortemente taxados e que, ao se cogitar de introduzir o imposto territorial, era sobre a grande propriedade que ele deveria incidir.[72] Não era sem razão, também, que se faziam as mais acirradas campanhas para abolir essas taxas que oneravam a produção agrícola, diante do que, evidentemente, os homens do governo só podiam fazer um jogo de compromisso, ora cedendo e ora resistindo a elas.

Com isto se define uma contradição nos níveis subjetivo e institucional da ação dos grupos dominantes. Um dilema estava montado: como fazer do governo um instrumento eficiente para ampliar as oportunidades de exploração econômica, sem que fosse atingido o senhor

---

70 Ver as discussões sobre o imposto territorial no *Relatório do Ministro da Fazenda* em 1879 (Afonso Celso de Assis Figueiredo).
71 *Relatório do Ministro da Fazenda*, 1884 (Lafayette Rodrigues Pereira). Apresenta um exame do movimento da despesa e da receita nos vinte exercícios anteriores.
72 *Relatório do Ministro da Fazenda*, 1878 (Gaspar Silveira Martins), p.61-8.

de terras, beneficiário quase exclusivo, mas também bastante onerado, dentro da organização que ele próprio imprimira à sociedade? O aparelho governamental, que então batalhava por se erguer, tendia para o modelo burocrático, que se define pela racionalização dos meios da Administração, tanto humanos como materiais; a teoria do Estado que se prenunciava tendia para o modelo liberal, que se conceitua como "a associação do povo ou nação em seu conjunto, em condições de impor por meio da força suas próprias disposições estatutárias ou constitucionais".[73] A presença, embrionária que seja, de uma formação político-administrativa desse tipo interpôs um mundo distinto mediando entre os grupos dominantes e suas realizações. Assim, o próprio desenvolvimento do país, que, em última instância, era realizado pelo e para o grande produtor agrícola, gerou os limites de seu poder na medida em que gerou também uma entidade que em seu interesse, mas ao mesmo tempo contra ele, ganhava autonomia.

A oposição entre Estado e grupos privilegiados que procuravam minimizar seus tributos encontrou uma forma de acomodação na dívida interna, especialmente na fase em que se procurava aliviar a nação dos pesados gravames decorrentes dos empréstimos contraídos no Exterior. A partir da década de 1830, embora fosse constante o aumento das rendas públicas, o país vivia num crônico regime deficitário. Um observador do século XIX ressalta "o costume dos governos subordinarem a receita à despesa e não a despesa à receita".[74] Esta última prática seria nociva a um país "que carece ainda da imediata proteção do governo na criação de meios para desenvolver sua nascente indústria".[75] A mesma ideia perdura nos anos 40: impunha-se o aumento da receita para enfrentar o inevitável aumento da despesa "num país novo, cuja organização não está completa, cujas necessidades são crescentes".[76] Esta certeza de despesas progressivas normais levou às propostas para revisão das tarifas de importação e às providências para o aumento de impostos,[77] sendo que também um importante lugar foi reservado à dívida pública nos programas de elevação da receita. Seu volume crescia constante-

---

73 Messner, 1962, p.76.
74 Van der Straten-Ponthoz, t.I, p.8.
75 *Relatório do Ministro da Fazenda*, 1834 (Araújo Viana).
76 *Relatório do Ministro da Fazenda*, 1841 (Miguel Caimon du Pin e Almeida).
77 *Relatório do Ministro da Fazenda*, 1840 (Manoel Alves Branco).

mente, numa política incentivada pelo governo. A ampliação do mercado de suas apólices o habilitaria "a fazer dentro do país as mais benéficas operações de crédito, quando necessárias", além de que "abrirá nas províncias um caminho novo à circulação de capitais, combaterá as entesourizações estéreis ..., ligará o maior número possível de cidadãos ao crédito da dívida do Estado pelo vínculo do interesse privado".[78]

Entretanto, as repercussões de alcance um pouco mais largo desse ajuste não deixaram de revelar-se desfavoráveis aos negócios particulares. De fato, ao socorrer-se progressivamente de títulos públicos, o Estado passou a ser um competidor no mercado de capitais. Os efeitos pouco desejáveis desse fato tornaram-se visíveis quando tiveram início as repetidas crises que marcaram a segunda metade do século. Um observador faz notar que "enquanto o Estado pagar semestralmente juros a 6% ao ano pela dívida interna, a taxa de juro para a lavoura e para os industriais será forçosamente mais elevada e os capitalistas negarão a todos estes a provisão de capital necessário à produção, contentando-se com a segurança do empréstimo e juro da apólice".[79] Parecia-lhe, pois, que a concorrência do Estado contribuía para debilitar a atividade econômica, ao fazer afluir para os cofres públicos e rarear nos mercados os meios que poderiam ser aplicados empresarialmente e, ainda mais, ao amortecer, pelas vantagens que oferecia, o impulso da iniciativa privada. Define-se, com estas palavras, uma brecha entre a ação do Estado e os interesses reais dos grupos com capacidade para investir. Mas, de outra parte, não é menos verdade que a sua prática representava também uma tábua de salvação para estes grupos. A aliança entre investimentos públicos e capitais particulares reforçou-se sobretudo nos períodos de crise, quando se acentuou a tendência para depositar o dinheiro à sombra da instituição que constituía a sua própria garantia.[80] Com esse alvitre, os capitais particulares encontravam abrigo certo e o Estado saía de suas aperturas financeiras.

A longo prazo, a conciliação com o interesse privado se realizava finalmente no destino dado a esses recursos: as grandes aplicações de

---

78 *Relatório do Ministro da Fazenda*, 1840, p.15 (Manoel Alves Branco).
79 Jordão, 1941, p.210. Ver também *Retrospecto Commercial do Jornal do Comércio* (daqui por diante citado como *Retrospecto Commercial*), 1877 e 1878.
80 Ver, por exemplo, *Retrospecto Commercial*, 1877, p.4.

rendas públicas no Império, à parte o atendimento dos encargos militares, foram orientadas para promover e suportar o crescimento econômico. Este alvo, conjugado sempre à imagem de *Brasil, país do futuro*, definia a consciência da "prosperidade" a alcançar: "os meios de transporte e comunicação que os poderes públicos têm tanto a peito promover e aperfeiçoar, a par dos métodos mais perfeitos dos nossos trabalhos agronômicos e dos braços que por meio da colonização recrutamos", são itens dominantes na prática governamental, mesmo quando os déficits tornavam-se alarmantes.[81] Sentia-se o ônus dessas despesas que "embora produtivas no futuro não deixam de contribuir para o desequilíbrio do orçamento",[82] mas procurava-se suprir as deficiências da receita e evitar operações de crédito justamente para tornar possível o "empreendimento de novos melhoramentos de que tanto precisamos".[83] O legado de dívidas não era visto com grande inquietação: as dificuldades do Tesouro exprimiam apenas desordens e perturbações acidentais. "A tendência da despesa a crescer é um fato perfeitamente natural. Com a civilização aumentam as necessidades sociais, multiplicam-se os serviços públicos, novos órgãos de ação se fazem necessários, sobrevém inelutável a urgência de melhoramentos morais e materiais. Nessa ordem de coisas a nação não pode parar, porque parar seria decair".[84] Ainda quando houve preocupação em conter gastos para "harmonizar os encargos com as forças contribuintes do país",[85] isto apareceu mais associado à ideia de planejamento que de paralisação das obras. E mesmo quando severas medidas de economia foram propostas, o corte de despesas encontrava seu limite natural: "não é razoável cortar em um dia o que se criara e se desenvolvera com o tempo".[86]

Aí está uma linha geral de "estímulo às forças produtoras da nação", com os ministros mais liberais ou mais conservadores oscilando entre o aumento de impostos e o corte de despesas. Essa orientação obviamente ia ao encontro da "opinião pública", mas deste ponto de vista os déficits decorrentes das aplicações consideradas essenciais, como trabalho e vias

---

81 *Relatório do Ministro da Fazenda*, 1861 (Rio Branco).
82 *Relatório do Ministro da Fazenda*, 1878 (Cotegipe).
83 *Relatório do Ministro da Fazenda*, 1880 (José Antônio Saraiva).
84 *Relatório do Ministro da Fazenda*, 1884 (Lafayette Rodrigues Pereira).
85 *Relatório do Ministro da Fazenda*, 1883 (Paranaguá).
86 *Relatório do Ministro da Fazenda*, 1886 (Francisco Belisário).

de comunicação, não deveriam ser corrigidas pela tributação, mas pelo crédito: "A geração por vir, que tem de colher os benefícios, pagará a dívida que em seu nome houvermos contraído".[87]

Em resumo, em sentido amplo ocorria uma identificação entre os objetivos em que se empenhavam os governantes e os fins do grupo economicamente privilegiado, mas da própria necessidade de amoldar os programas administrativos às exigências desse grupo brotavam os germes de oposição entre interesses privados e ação governamental. Ajustar o aparelho do Estado para organizar técnica e socialmente o sistema de produção segundo as exigências da "civilização" significava dotá-lo de um amplo e cada vez maior raio de competência e prové-lo de uma larga e crescente disponibilidade de meios. Junto à pressão para formar-se uma entidade desse tipo, operavam negativamente os interesses mais imediatos dos grandes contribuintes. Esse impasse encontrava uma de suas formas de acomodação no recurso à dívida interna. Mas este exemplo nos indica, também, como nesse momento o governo ensaia sua atividade de "empreendedor".

Como referência geral, lembro que o desenvolvimento do modo capitalista de produção e a ordem social burguesa conduziram a uma dissociação muito nítida entre a coisa pública e os negócios privados, com isto firmando-se, no campo político, o conceito liberal de Estado e na área administrativa os princípios da organização burocrática. À medida que a atividade econômica ia se fixando como o alfa e o ômega da existência, a incorporação desse conjunto de concepções, por países como o Brasil, embora formalmente permanecesse íntegro, na verdade ajustou-se ao fato de que apenas uma senda estreita poderia ficar aberta às práticas de não interferência estatal. Na fase aqui considerada, apenas se prenunciavam essas oposições que se aguçaram com o desen-

---

87 *Retrospecto Commercial*, 1877. Mesmo as formas diretas de subvenção estatal, que poderiam onerar os beneficiários particulares, eram vistas com desconfiança. Em 1875 cogitara-se da organização de um banco destinado a importar capitais que seriam "emprestados aos fazendeiros a juros módicos e a longo prazo, emitindo nas praças europeias letras hipotecárias com garantias do governo brasileiro quanto ao pagamento regular do juro e à amortização". O comentarista do *Retrospecto Commercial* (1879) é contrário ao projeto; auxílios do governo deveriam vir sob a forma de vias de comunicação, redução de tarifas de transporte, abolição dos direitos de exportação, suporte a bancos locais.

volvimento industrial, quando se impôs a necessidade do monopólio estatal de setores-chave da produção como requisito para o crescimento do próprio sistema.

Por esquemáticas que sejam as considerações antes feitas, elas pelo menos apontam para a gênese conjugada da busca e do repúdio da intervenção governamental. Num primeiro momento, o Estado é posto sem rodeios a servir os grupos dominantes e, como uma derivação do próprio sentido que estes imprimiam à sua atuação, libera-se uma força que acabará por lhes ser adversa: a presença do Estado na gerência direta das atividades econômicas. Aí, então, se determina o repúdio à interferência do governo. Em suma, a atividade do Estado burguês é tão ambígua – ora subvencionando e ora limitando a iniciativa privada – quanto o próprio sentido da ação da burguesia, que ora faz apelo ao seu concurso e ora o repele.

As sumárias indicações aqui feitas sobre um dos problemas centrais da constituição do Estado no Brasil – a autonomia e as vinculações de sua política econômico-financeira – visam apenas exemplificar as relações entre grupos dominantes e grupos dirigentes e complementar as análises anteriores deste capítulo. Essas discussões são suficientes para ressaltar como os elementos que poderiam ser referidos às estruturas "arcaicas" ou "modernas" constituem na verdade um mesmo conjunto: a existência de funcionários que detinham os meios da Administração e realizavam amadoristicamente suas funções, a informalidade das práticas administrativas aparecem entrosadas à remodelação do aparelho governamental, à afirmação da soberania do Estado, à intenção de convertê-lo num instrumento de controle indireto das oportunidades de exploração econômica.

Desejo frisar, entretanto, que o argumento foi conduzido num nível muito superficial das relações econômicas e políticas. As resistências ao pagamento de impostos refletem a defesa dos interesses mais imediatos que obscureciam as ligações entre os negócios privados e as questões gerais de ordem política e social, de alçada do governo, que a longo prazo os favorecia. O desencontro entre cidadão e Estado tem raízes mais profundas: as dimensões essenciais da sociedade estiveram muito mais densamente encobertas para o homem comum do que o estariam caso apenas a ambição as velasse. Escapava-lhes o próprio fundamento econômico de suas vidas. Basta lembrar que perdurava a ligação entre opulência e piedade e que a construção de grandes igrejas desviava para obras suntuários recursos necessários à modificação das condições materiais de vida. A propósito, cito uma recomendação das autoridades provinciais sobre alguns impostos cobrados pela Câmara de Guaratinguetá no sentido de que, "se não houvesse iluminação nessa cidade se deveria aplicar para ela os rendimentos desse imposto". Em resposta, afirmou a Câmara "não haver nesta cidade iluminação", mas que não "era de tanta necessidade quanto concluir-se a obra da Matriz", para o que deveria ser aplicado esse imposto.[88] O produto do imposto predial foi, durante muito tempo, aplicado para esse fim. Posso apenas sugerir essas oposições mais profundas do plano ideológico, tal como no trecho acima, e das formações político-econômicas em constituição.

Quero ressalvar, também, que a caracterização foi feita de modo demasiado geral. Em todo o amplo processo de integração ao sistema capitalista, sob cuja égide teve lugar a "civilização do café", já tem sido repetidas vezes apontado o caráter mais "tradicional" do Vale do Paraíba e o cunho mais "moderno" do Oeste paulista. De fato, nesses dois contextos sociais, o apelo e a repulsa à ação do governo revestem-se de sentidos diferentes, embora mantendo sempre o objetivo geral de defesa de interesses. Para os lados do Oeste, a neutralização do governo ou a sua utilização significaram muito claramente a liberação e o reforço da iniciativa privada tendo em vista sua eficácia para introduzir mudanças no sistema socioeconômico. Para os lados do Norte ambos esses movimentos refletiam resistências às transformações: a repulsa à ação do governo continha inequívoco impedimento à inovação e o apelo a ela vinha carregado de dependência e inércia frente às novas condições de vida. Para que essa diferença fique marcada, basta lembrar de que maneira, numa e noutra das referidas regiões, foi enfrentada a questão dos transportes. Enquanto o fazendeiro do Oeste promovia a incorporação de vias férreas, valendo-se do capital estrangeiro e explorando empresarialmente esse serviço,[89] o Norte de São Paulo continuava a ter seu sistema de viação limitado pelo crônico vazio dos cofres municipais, provinciais e gerais.

---

88 *Atas da Câmara*, 12.8.1846.
89 Mombeig, 1952, p.156-8; sobre a entrada de capitais estrangeiros, Prado Jr., 1953, p.174; para uma notícia da época sobre incorporação de ferrovias, Hadfield, v.III.

As folhas das *Atas da Câmara de Guaratinguetá* estão pontilhadas de apelos ao governo provincial para a consignação de verbas modestas destinadas ao reparo de estradas e obras de arte, mais vezes recusados que atendidos. Se tomarmos dez anos nos meados do século, justamente na fase de expansão do café, o quadro do sistema de transportes será dos mais melancólicos. Os efeitos dessa precariedade foram agudamente percebidos: respondendo ao governo provincial, em 1857, sobre as causas do encarecimento dos gêneros de alimentação, aponta a Câmara, entre outros fatores, "a dificuldade de comunicações e o exagerado preço dos transportes".[90]

Apesar disso, não se observam tentativas para resolver, com recursos particulares ou locais, os problemas deixados insolúveis pelos níveis mais altos da Administração. Pelo contrário, esbarrando todo o tempo com a morosidade das providências governamentais, foi sempre nas portas da Província ou do Império que se voltou a bater toda vez que se ambicionou melhoramentos nos transportes. Em 1852 já aparece registrada uma "representação desta Comarca a Sua Majestade o Imperador, sobre a utilidade de vir a estrada de ferro até a Freguesia de Cachoeira",[91] sucedendo-se solicitações desse teor até a D. Pedro II finalmente alcançar o Município.[92]

Mesmo quando algum esforço houve para tentar um empreendimento particular ou local, o movimento perdeu-se sem resultados práticos. Em 1868 a Câmara de São José dos Campos convocou uma "reunião dos cidadãos de seu município para subscreverem ações de uma companhia que se encarregasse da navegação do Paraíba até Cachoeira e de fazer uma estrada de rodagem deste ponto até Campo Belo, a encontrar com a Estrada de Ferro D. Pedro II", e convidou a Câmara de Guaratinguetá a "coadjuvá-la no mesmo empenho". Respondeu esta que "em tempo mais oportuno este objeto seria tomado na devida consideração".[93]

Esta recusa não deixa de sugerir, por parte de seus autores, uma incapacidade para identificar interesses comuns e organizarem-se institu-

---

90 *Atas da Câmara*, 30.11.1857.
91 *Atas da Câmara*, 13.9.1852.
92 *Atas da Câmara*, 10.7.1869, 12.2.1871.
93 *Atas da Câmara*, 25.2.1868.

cionalmente em sua defesa. Esse embaraço fica tão mais patente quando nos lembramos que para resolver questões de menor envergadura, que dependiam da decisão e dos recursos de um ou de poucos homens isolados, as providências eram tomadas.[94] Ainda mais, a inércia registrada no texto acima reproduz pontos de vista e ações de grupos não apenas socialmente dominantes, mas efetivamente *no poder*. É bem certo que a estrutura político-administrativa do Império visava cercear a autonomia dos poderes municipais. Contudo, as medidas coercitivas centrais foram largamente reforçadas pelo próprio modo dos grupos locais situarem-se diante das dificuldades experimentadas, vendo os negócios públicos e privados através de um prisma ao mesmo tempo de solidão e de dependência. Por isto mesmo, os mais zelosos defensores das reivindicações de suas cidades acabavam por entravá-las, ao competirem em termos demasiado exclusivistas com aqueles a quem poderiam associar-se, contribuindo ao mesmo tempo para consolidar o poder que os tolhia, isto é, apelando para a intervenção do governo central. Sendo apresentado à Assembleia Provincial um projeto em que se autoriza a construção de uma estrada de ferro da Capital a Lorena, um dos vereadores de Guaratinguetá propõe "que se represente ao Governo Imperial a inconveniência desse projeto que de algum modo pode atrasar a realização da Estrada de Ferro D. Pedro II a esta cidade".[95]

Essa dificuldade dos grupos dominantes conceberem os próprios interesses em termos comuns e de organizarem-se institucionalmente está ligada ao modo como se constituiu sua esfera de poder e ao modo como o exerceram. É disto que se cuidará em seguida.

5 As peias do passado

Pierre Dénis tem razão ao observar que "a fazenda é algo de intermediário entre uma família e um reino. O fazendeiro é, nela, senhor; como deixaria de gozar seu poderio?".[96] Os seus interesses nasceram e tomaram vulto numa sociedade em que as instituições que repre-

---

94 Ver item 1, neste capítulo.
95 *Atas da Câmara*, 1.3.1871.
96 Pierre Dénis, 1909, p.7.

sentassem a coletividade de maneira impessoal e abstrata, definindo direitos e deveres genéricos, apenas começavam a se delinear.

Dos setores da organização social em que esse tipo de regulamentação mais tardou a penetrar e maiores barreiras encontrou para implantar-se foi o da administração da justiça, perdurando mais longamente o seu exercício privado. É fácil perceber por que assim foi. Nos outros setores, a ingerência de particulares em assuntos públicos encontrou automaticamente os seus limites no curso do processo de transformação: tornaram-se desproporcionadas a envergadura dos empreendimentos e as forças de sujeitos isolados.

No setor da Justiça, impor o poder de uma entidade impessoal e de suas disposições abstratas, fixadas nos códigos do Direito, foi mais difícil porque sua falta não era substancialmente sentida.

Nesse campo, tudo ainda caía dentro do raio da ação possível para o indivíduo que, com o seu próprio discernimento, continuou capaz de pesar as situações enfrentadas e nelas orientar a sua conduta de modo eficaz e socialmente legitimado. As providências ofensivas e defensivas para a salvaguarda dos interesses materiais, da vida ou da honra continuaram definidas como prerrogativas e obrigações pessoais. Isto foi verdadeiro especialmente para os membros do grupo dominante que, além da franquia comum para agredir ou revidar e das imunidades que a sua situação privilegiada lhes assegurava, contou ainda com virtualidades decorrentes do modo particular de sua inserção na estrutura social. A posição por eles desfrutada ampliou suas possibilidades nesse campo, ao colocar a seu dispor um conjunto de homens cujas vidas não tinham muito valor, nem encontravam muita razão de ser naquela sociedade.

Eram estes os agregados das fazendas, nelas estabelecidos pelo favor dos proprietários, mas desvinculados de tudo quanto de importante aí se passava. Destituídos de meios próprios de subsistência e com uma vida despojada de significado para aqueles de quem dependiam, tudo deviam e nada de essencial podiam oferecer aos senhores das fazendas onde se fixavam. Por isso mesmo, transformavam-se em seus instrumentos para todo e qualquer fim, inclusive os de ofensa e da morte.

Por vezes, essas missões emprestaram às suas existências avulsas o sentido de que careciam, ligando-os por um nexo firme e importante àqueles que lhes davam a casa de morada mais o espaço para plantar e criar, junto com o encargo de defenderem o chão à volta. O desempenho desse serviço podia ficar, dessa maneira, apensado às tarefas regularmente reclamadas para a sobrevivência desses homens, sem que tomassem um caráter especial. Assim, o agregado, estabelecido nas divisas das fazendas ou nas terras em litígio, era um sujeito que vivia, como qualquer outro, a rotina do lavrador, ao mesmo tempo que cumpria as incumbências de vigilância. Não eram apenas homens com o ofício exclusivo de montar guarda os que residiam nas casas levantadas para garantir a propriedade da terra. Nelas aparecem instaladas famílias inteiras, correndo os riscos dos conflitos armados.

Assim se expressa um desses agregados: "chegou na casa em que morava ele depoente, e que estava ocupando por ordem de Chico Tenente, o filho de Américo Delfino, administrador da fazenda do Padre Luís, trazendo consigo mais seis pessoas: dois homens, duas mulheres e duas crianças, que vinham por ordem do Padre ocupar a casa em que ele estava morando. Disse ele depoente que não saía, porque estava com pessoa da família doente, indo em seguida avisar o administrador da fazenda".[97] Pelas alusões desse texto, vê-se que para os misteres violentos, implícitos na concessão de moradia, não foram mobilizados indivíduos marginais, mas homens que pareciam viver dentro da normalidade e procuravam garantir um teto para si e para os seus, o que estava na dependência de também defenderem os interesses alheios.

Desse modo, muito naturalmente confluíam os objetivos do fazendeiro, que visava assegurar a posse de seu chão, e os propósitos do agregado, que procurava manter a permissão para usá-lo. Os homens que ficaram com suas terras desocupadas pelo modo como se organizou a produção encontram-se, neste passo, com aqueles que igualmente ficaram com suas vidas disponíveis, como decorrência do mesmo fato. Ambos aí se completam, cedendo uns suas terras ociosas e assim permitindo a sobrevivência dos outros, que em penhor davam suas vidas descansadas. Entretanto, se nesse arranjo as intenções do fazendeiro podiam ser satisfeitas, o mesmo não acontecia com as do agregado. De fato, esses conflitos deram a este último alguma estabilidade, ao vinculá-lo a um proprietário de terras, mas, de outra parte, aumentaram a precariedade de sua existência, visto que somavam, ao de ser desalojado a qualquer momento por quem o engajava, o perigo constante de expulsão pelo inimigo.

---

97 G. 36-2 749, 1890.

Não foi de menor importância, entre as facilidades que o fazendeiro encontrou para impor a sua interpretação de justiça, o fato de os instrumentos que usou trazerem a violência regularmente incorporada às suas normas de conduta. Assim sendo, mesmo para os agregados que levavam uma vida segundo os padrões correntes, algumas facadas ocasionais não vinham a constituir nenhuma sobrecarga.[98]

Ao lado desses tipos que, como parte do sistema de contraprestações, anexaram a seus demais afazeres o serviço violento, havia o capanga, homem que disso fizera um ofício. Não faltavam oportunidades, nesses tempos, tanto para formar a competência como para dar vazão aos préstimos dos capangas profissionais. Demanda de terras, desavenças pessoais, viagens arriscadas, e lá vinham a sua serventia: de caso em caso, iam firmando sua reputação e fazendo uma carreira.

Encadeavam-se, em série, as violências cometidas pelo homem no cotidiano e o seu recrutamento para os misteres violentos. Miguel Gomes, contratado para vigiar terras, havia sido "processado em Lorena por causa de dúvidas havidas entre ele e escravos de uma fazenda de onde era feitor, parecendo que o processo tivera lugar por motivo de terem sido alguns escravos mortos pelo dito Manuel Gomes". As encomendas sucessivas iam reforçando a sua condição de matador: "Manuel Gomes é tido nesta cidade por valente e procurado para capanga".[99]

Ao mesmo tempo, as contravenções repetidamente praticadas iam fechando as portas que ligavam os capangas a um passado menos turbulento, diminuindo as possibilidades de retorno a uma vida regular. Um desses profissionais, cuja perícia se formou através de muitas refregas, foi "José Possidônio, conhecido por Couro N'Água, que exerce a profissão de capangagem e vive agregado de Pedro de Almeida e que contou ter sido capanga de um Fulano de Tal Cordeiro, em Cunha, tendo lá dado umas pancadas, razão pela qual não voltava àquele lugar".[100] Em seu horizonte, nenhuma outra forma de existência podia

---

98 Em uma das observações de Luccock, 1951, p.194, aparecem os elementos acima acentuados: a atividade de guarda associada à vida normal do lavrador pobre, seu desvinculamento e sua violência.
99 G. 4-303, 1883.
100 G. 13-1 998, 1888.

ter lugar: "Possidônio é muito vadio, tendo-se ocupado antes em domar, ofício que abandonou para seguir Pedro de Almeida; não faz nada, vive à toa".

À força de tirar os meios de vida desse vazio, preenchido somente pelas missões em que encarnavam os seus mandantes, acabavam por endossar os propósitos das rixas encomendadas. Mesmo quando se tratou de indivíduos ainda dedicados às atividades de subsistência padronizadas para o grupo caipira, pode-se observar esse aferro aos desígnios de seus protetores e a transferência dos conflitos alheios para o nível de suas próprias vidas. "Para garantir suas terras, o Tenente Castro pôs Manuel Gomes como morador na vizinhança da casa de Antônio Pinto, que se estabeleceu em lugar que o fazendeiro considerava sua propriedade. Este fez uma cerca para impedir que suas criações fossem à plantação de Manuel Gomes. Entendendo este que a cerca se achava em terras de seu patrão e que este não a queria lá, desmanchou-a. Antônio Pinto reconstruiu-a e desafiou Manuel Gomes para que, se fosse homem, tornasse a desmanchá-la. Este, aceitando o desafio, dirigiu-se para a cerca e lá trocaram os tiros." Na opinião de outro fazendeiro das vizinhanças, "desde que Antônio Pinto arrogou-se o direito a terrenos que o Tenente Castro tem como seus, e desde que este, para evitar a invasão, pôs Manuel Gomes morando nas proximidades, o referido Pinto tem a Manuel Gomes na conta de inimigo e como eles estão em contacto constante, ele, depoente, esperava um conflito entre ambos".[101]

Em contrapartida à adesão de seu capanga, o fazendeiro não o desamparava. Através da constância e da certeza dessa proteção, da garantia que ela representava, um pouco do poder do fazendeiro transmitia-se a seu capanga, que passeava sua impunidade pelas redondezas: "depois que Couro N'Água cometeu o delito, tem sido visto na fazenda, na venda e nesta cidade, do outro lado da Ponte do Paraíba, pois que Pedro de Almeida quando vem da roça o traz consigo". Esse mínimo de segredo, esse cuidado de não afrontar o centro da cidade, onde as instituições oficiais poderiam cerrar suas grades sobre o criminoso, era entretanto descuidado em relação aos membros da comunidade, não se fazendo

---

101 G. 4-303, 1883. Expilly, 1862, p.38, relata "a história recente de um bravo chamado João, o Paulista; este bravo declarou antes de morrer que, de dezenove assassinatos por ele cometidos, havia apenas dois que lhe diziam pessoalmente respeito".

mistério nem sobre as intenções, nem sobre os feitos. Os mandantes abertamente aprazavam as suas comissões: "Pedro de Almeida encarregou a José Possidônio de dar pancadas no queixoso, e sem reserva nenhuma, pois não o ocultou do depoente que assistiu o fato". De seu lado, os executores também não escondiam as suas incumbências. Na determinação dessa atitude, entravam como fatores ponderáveis o apreço à valentia e o gosto em alardeá-la. Vaidoso das proezas, o capanga as adianta para quem as quiser ouvir: "Couro N'Água lhe contou que ia dar no queixoso, e nessa ocasião o aconselhou para que não o fizesse, o que não adiantou porque é dado a valente". Desse modo, a coragem, mesmo quando posta a serviço alheio, entra no cômputo dos atributos pessoais.

Delineia-se, pois, a figura do capanga, vindo de um passado de insegurança e desobrigação do trabalho, a encontrar em cada passo alguém pronto a utilizar sua turbulência, arrebatando-lhe até os motivos e as ocasiões de briga. De seu ficava uma pobre presunção, traduzida no arremedo dos superiores e satisfeita com o pouco que estes lhe davam: "pardo claro, de feições finas, bem falante, espigado e de boa estatura, com pera e bigode, moço montado em bons animais, sendo que os arreios eram simples tombilhos usados e destoavam da cavalgadura; trazia calça e paletó de casimira azul com gola de veludo, camisa de linho engomada, chapéu preto de aba estreita e levantada de meia capa, os pés descalços..."[102]

Pelo que ficou exposto, vê-se como as condições sociais em que viveram fazendeiros e agregados os uniram no cumprimento de um destino comum: o de sobreviver à custa de violência. Apenas os primeiros encontram-se numa situação tal que lhes foi possível delegar a outros a parte sangrenta de seus próprios conflitos, enquanto os últimos tiveram nos desígnios alheios um estímulo a mais para fazer jus à sua valentia. Assim, embora empregando um executor, que o eximia de presenciar as ocorrências de luta e morte, o rico fazendeiro compartilhou com o mísero caipira dos mesmos padrões de moralidade. Viveram ambos num mundo eminentemente feito de pessoas e não de abstrações, concebendo as situações tensas em que se envolviam como lutas mortais e radicalizando os conflitos até a supressão do adversário.[103]

---

102 G. 12-915, 1882.
103 Sobre as relações entre fazendeiros e capangas, ver, por exemplo, Von Tschudi, 1953, p.81-2.

Além dessa virtualidade do meio social em que viveu, onde encontrou um personagem pronto para ser convertido no instrumento de sua vontade, o fazendeiro teve reforçada a possibilidade de tornar efetivas as ações violentas sancionadas por sua ética, como um resultado de sua própria posição de privilégio. O poder desfrutado pelo homem de condição fazia dele, automaticamente, um privilegiado diante da lei e dos regulamentos, de maneira constante. Nas mais banais circunstâncias de vida a preferência que lhes era concedida vinha, a bem dizer, como um reflexo.[104]

Ademais, a condição de privilégio socioeconômico naturalmente garantiu a posse preferencial dos postos da Justiça, tal como aconteceu nos demais setores dos serviços públicos. Bem de acordo com o esquema do poder pessoal, a influência exercida através desses postos era reforçada pelos atributos e pelas relações do indivíduo que os ocupava.[105] Aos privilégios e à influência pessoal somou-se ainda a carência completa de pessoal qualificado para preencher os cargos oficiais.[106] Como já ficou esclarecido em outra parte deste trabalho, a carência de pessoal ocorreu em vários níveis, obrigando os particulares a avocarem-se tarefas que seriam de competência policial. Ver-se-á, em seguida, como essa intervenção atingiu mesmo a esfera da ação judicial.

A legitimidade do exercício privado da justiça em função dos interesses do fazendeiro é bem ilustrada por sua decisão nos delitos em que seu escravo ficava sujeito aos tribunais, como no caso de assassinato. A vê-lo preso e condenado, comprometendo com isto a quantia que representava, o fazendeiro preferia encarcerá-lo em sua propriedade, fazê-lo sofrer as penas que o seu arbítrio determinasse e mais tarde vendê-lo.[107]

---

104 Veja-se a seguinte passagem: ao transitarem pela linha da estrada de ferro, várias pessoas foram contidas pelo agente da Estação, o qual "permitiu-lhes que prosseguissem tão depressa conheceu uma pessoa que mereceu-lhe deferência ou pela posição, ou por amizade: um doutor, disseram as testemunhas" (G. 5-350, 1895).

105 Sobre a superposição de autoridade oficial e poder pessoal no setor da Justiça, ver Rugendas, 1954, p.144. Ver também Von Tschudi, 1953, p.50, 80 e seguintes, 126, 169-70; D'Assier, 1867, p.230; Ribeyrolles, 1941, v.1, p.81, 184, 194; Saint-Hilaire, 1954, p.218-9.

106 Reclama um promotor das irregularidades que observou, dizendo que "tudo isto se deu pelo fato da decadência a que chegou a comarca, sem uma autoridade sequer formada, todos eram leigos" (G. 12-915, 1882).

107 G. 44-3 322, 1875. Um escravo que matara a facadas a filha de seu senhor foi

Quando se tratou de defesa de seus interesses, não foi apenas em relação ao escravo, formalmente sua propriedade, que esses fazendeiros avocaram a si o exercício de funções policiais e judiciárias. Procederam da mesma forma no que diz respeito a homens livres que atravessaram seu caminho. Já nos últimos anos do século, em 1896, alguém solicita a intervenção das autoridades, relatando "que foi à Fazenda do Carmo, de propriedade do querelado José de Castro, a fim de assistir a uma festa de Santa Cruz, e ali, às oito horas mais ou menos, foi inopinadamente preso pelo supradito José de Castro, que, auxiliado pelos três outros querelados, em casa do agregado Manuel de Tal onde se fazia a festa, o amarrou violentamente com uma corda e o conduziu para a fazenda aludida, onde assim amarrado o conservou em cárcere privado, pelo tempo de oito horas mais ou menos".

Sobre os motivos dessa prisão, esclarecem as testemunhas que "o queixoso dias antes fora à fazenda do querelado José tratar de angariar camaradas".

A defesa dos responsáveis por essa prisão fundou-se em disposições legais, numa interpretação que os fazia surgir, na qualidade mesma de pessoas privadas, como legítimos executores da justiça: "os querelados não procederam arbitrariamente, não infringiram a lei com essa prisão, a do Autor, porque este esquecendo-se que não lhe era lícito e permitido violar as disposições do decreto nº 1162, de 12 de novembro de 1890, por mais de uma vez tentara e empregara esforços com o fim de perturbar, desorganizar o trabalho da fazenda do querelado José ... assim tornando-se passível da correção legal, qual a que em parte sofrera. A prisão pois, tal como se dera, ao ser encontrado na fazenda do querelado José entre os seus trabalhadores, seduzindo-os, aliciando-os ... foi perfeitamente legal, porquanto aos que forem encontrados, como o Autor foi, na prática de crimes, estão sujeitos a prisão que qualquer cidadão pode efetuá-la, nos termos da lei".

De certa maneira, o querelado tinha garantida a legitimidade de seu ato, visto ter permissão, em documento firmado pela autoridade competente, para efetuar a referida prisão. Numa sociedade em que tantas licenças havia nos procedimentos policiais e judiciários, na qual muitas formalidades eram substituídas pelas soluções mais rápidas da relação

---

vendido somente um ano depois. Durante esse período permaneceu na fazenda, trabalhando" sob as vistas e guarda do feitor que nunca o deixava".

pessoal, não seria improvável uma delegação de poderes desse tipo. Mas o fazendeiro, não dando ainda por terminada a sua tarefa com o exercício das funções policiais, chamou a si também as da Justiça, e assim se exprime num ofício dirigido ao delegado de polícia: "quando tratava de remetê-lo à vossa presença e enquanto esperava pessoal para isso, o próprio preso confessou-me que assim procedia porque era mandado por seu patrão e pediu-me que por isso não o sujeitasse à prisão e processo que nunca mais voltaria à minha fazenda para perturbar os serviços de minha lavoura seduzindo os meus trabalhadores, como costumava fazê-lo com promessas de grandes salários e maiores vantagens. Ora, nestas condições e parecendo-me que o exemplo seria bastante para o fim que tinha em vista, e que não era outro senão o de moralizar os meus trabalhadores, evitando a desorganização do serviço, e porque faz--se preciso que nas fazendas agrícolas haja respeito e boa ordem, depois de aconselhá-lo que deixasse a prática desse crime, até por comiseração dele que assim se mostrava corrigido e não era senão mandatário de terceiro, decidi não tornar efetiva sua prisão". O quanto a sua conduta era sancionada pela comunidade vê-se pelo veredito do júri, que por unanimidade de votos absolveu os réus.

Da sentença de pronúncia, vê-se que a apreciação do juiz distanciava-se muito desse ponto de vista. Considerou "provado o delito de privação de liberdade, acompanhada de violência e apenas presumido e não provado o delito atribuído ao queixoso". Continua caracterizando a ilegalidade da ação desses particulares, que se arrogaram o exercício da justiça, ponderando que, mesmo se o queixoso tivesse cometido o delito que lhe era atribuído, isso não autorizaria sua prisão, visto ser esse crime "daqueles em que os réus se livram soltos". A autorização alegada pelos querelados limitava-se à detenção do queixoso para ser conduzido à presença da autoridade, com as competentes provas, no caso da prisão ser em flagrante delito. Em vista disso, conclui "que da apreciação de todos os fatos praticados pelos querelados e das circunstâncias que os rodearam, chega-se à crença de que o procedimento dos mesmos querelados não teve por móvel favorecer a ação da Justiça Pública na repressão dos delitos como se procurou fazer crer, mas sim o desejo de tomarem um desforço pessoal do queixoso, desforço manifestamente ilegal".[108]

---

108 G. 16-1 244, 1896.

Essa disparidade de esquema de referência para a caracterização e julgamento dos atos criminosos, objetivados nos vereditos do júri e nos documentos deixados por juízes e promotores, aparece de modo muito definido na massa de casos examinados. Sujeitos pronunciados como réus de delitos graves acabam, na grande maioria das vezes, absolvidos pelo júri. Essa incidência regular dos vereditos favoráveis aos réus só pode encontrar explicação na existência de um código de valores a orientar metodicamente as decisões dos jurados num rumo muito diverso daquele que assumiriam se estivessem norteadas pelos códigos do Direito.[109]

Contra esse estado de coisas ergueram-se juízes e promotores, não raro de origem urbana, desvinculados dos ambientes onde exerciam suas funções, alheios à moralidade ali vigente. Com frequência opuseram-se às decisões do júri, que se pautavam pelas normas consuetudinárias e com o mais completo descaso pelos preceitos legais. Nesse descaso incluía-se não apenas uma oposição intencional, mas também uma ignorância inadvertida.[110]

Assim, a ação da Justiça Oficial estava ameaçada, antes de qualquer coisa, pela incapacidade dos jurados utilizarem com propriedade os instrumentos de sua administração. Não raro, escapava-lhes o jogo de prescrições técnicas que deveriam observar no exercício de suas atribui-

---

[109] Um promotor pede que não seja reformada a sentença condenatória de um assassino, principalmente por ter sido proferida por um tribunal "que até o presente tem sempre primado em absolver a todos os criminosos e não tem até mesmo sabido se colocar no lugar de honra que lhe compete por lei. Quase sempre tem mentido ao seu fim. Foi este um fato que causou geral admiração aqui a todos, podendo-se por isto dizer constitui verdadeira exceção. O que venho de dizer é fácil verificar-se pelos arquivos do júri, onde se encontra um número de processos não pequeno julgados por sentença absolutória".

[110] Veja-se, por exemplo: "O defensor do réu, desenvolvendo a defesa perante o tribunal, declarou que não pedia a absolvição porque o crime achava-se exuberantemente provado, e pela própria confissão do réu, mas que pedia a benevolência do júri ... para ser condenado ao mínimo da pena e que o júri negasse a circunstância agravante apresentada no libelo e reconhecesse uma atenuante. O júri, naturalmente entendendo que os quesitos propostos sobre a gravidade do delito constituíssem circunstâncias agravantes e querendo favorecer o réu no sentido pedido pelo seu defensor, negou-os por unanimidade, com grande surpresa de todos, inclusive do advogado do réu" (G. 16-1 238, 1882).

ções e enredavam-se na incompetência para ajustar adequadamente as informações do processo, o seu próprio juízo e os requisitos formais a que deviam atender para tornar adequadamente expresso e válido o seu veredito. Réus confessos saíram absolvidos, graças a essas confusões.

Faltava às pessoas que compunham o corpo de jurados um adestramento intelectual que as tornasse aptas a conduzir sua reflexão de acordo com os princípios do Direito e a ajustar sua comunicação às fórmulas que regulam os atos judiciários.[111] Não conseguiam traduzir suas decisões através dessas fórmulas e não alcançavam as decorrências legais de suas respostas aos quesitos formulados pelos juízes. Com esse desencontro total, os jurados atuavam de modo atarantado, anulando de maneira flagrante as próprias decisões.[112] Essa inabilidade não pôde ser levada à conta de subterfúgio para frustrar a ação da Justiça, pois os mesmos percalços faziam com que eles acabassem por condenar réus quando não o pretendiam fazer.[113]

---

111 Escreve o promotor: "As respostas do Conselho de Sentença são inteiramente contraditórias, visto como tendo sido negado o fato por seis votos, voto de Minerva, ainda assim reconheceram os jurados por unanimidade, a dirimente do § 4º do art. 27 – completa privação de sentidos e de inteligência – de modo que aqueles que asseveram que o réu não tinha cometido o crime, reconheceram, no entretanto, que o tinha cometido em estado de completa privação de sentido e inteligência" (G. 7-611, 1898).

112 Escreve ainda um promotor: "Se o réu foi absolvido pelo tribunal do júri desta Comarca, não foi porque os juízes entendessem que ele merecesse absolvição. Examinando-se as respostas dadas aos quesitos, certifica-se que elas foram tão somente ditadas pela inépcia dos senhores juízes de fato a quem tinha sido confiado o julgamento da presente causa" (G. 17-1 363, 1894).

113 O advogado de um réu apela, argumentando que os juízes "pretendiam absolvê-lo pela justificativa de legítima defesa de terceiros, por ele alegada e provada. A condenação apelante foi, não há dúvida, resultado triste de uma deplorável confusão que reinou no espírito dos juízes de fato. O júri, nas duas vezes em que esteve na sala secreta, respondera afirmativamente (os quesitos que caracterizavam a defesa de terceiros), posto que por equívoco, ou confusão, ou por falta de explicação necessária, fizesse preceder sua resposta da partícula negativa – não. Só depois de entrarem na sala secreta pela terceira vez, já cansados e embaraçados e julgando-se em dificuldades insolúveis, responderam negativamente o mesmo quesito. O júri iludiu-se e desconhece o resultado de sua resposta. Na sala pública os juízes do apelante ficaram surpreendidos com a sentença, porquanto declaravam que a intenção era de absolvição" (G. 33-2 502, 1893).

Entretanto, se a Lei e o Direito verdadeiramente confundiram os jurados, dificultando sua aplicação e mesmo a observância da moralidade em vigor no grupo, em regra eles fizeram valer esta última em detrimento dos primeiros. Sistematicamente os jurados orientavam-se por essas normas morais; a caracterização do ato criminoso pelos preceitos legais era algo que não entrava em suas cogitações. Réus confessos de delitos perpetrados em condições que oficialmente seriam condenatórias, e com testemunhas presenciais do fato, eram absolvidos.

Em um desses casos, o promotor apelou, dizendo que "o júri foi mais favorável aos réus que eles mesmos".[114] Este promotor não estava em condições de perceber a identidade dos sistemas de referência a partir dos quais réus e jurados avaliavam o fato: a luta em questão não se caracterizava como crime. Era sancionada por ambos os lados, não fazendo muito sentido, para uns, ocultar seus atos, e, para outros, condená-los. O fundamento subjacente ao veredito desses jurados surge como uma norma bem definida nos processos examinados: ao sujeito compete resolver por si mesmo as suas pendências pessoais, defendendo-se ou agredindo conforme as circunstâncias o exijam. Nesses casos, o entrevero é sempre permitido, qualquer que seja a gravidade de seu desfecho.

Grangeou o júri, com isto, uma reputação de negligência e falta de rigor. Muitas vezes fez-se ouvir a voz dos promotores: "a impunidade resultante desta e de outras absolvições vai produzindo o resultado esperado. A anarquia pode-se dizer que se acha implantada neste termo. Em pleno dia, nas estradas mais públicas, mata-se o viandante ainda que acompanhado de pessoas".[115] E, igualmente, soou o protesto dos juízes: "A excessiva benevolência dos jurados neste termo tem produzido o fato anormal de se reproduzirem com frequência aterradora os assassinatos nesta comarca. Na sessão que acaba de funcionar, dentre seis processos submetidos a julgamento, quatro foram por crime de homicídio! A apelação é o único recurso que a lei dá ao presidente do tribunal do júri, e dela usei em benefício da sociedade."[116]

O conceito de ordem ou anarquia, benefício ou prejuízo, implícitos nesses pronunciamentos, exclui a agressão violenta da vida normal e a

---

114 G. 34-2 573, 1880.
115 G. 22-1 712, 1880.
116 G. 8-661, 1881.

reprova, em contraste com sua sanção pelo júri. Isto conduz a um desacordo completo quanto ao próprio conceito do ato criminoso – num caso praticamente se exclui dele as ofensas contra a pessoa, enquanto no outro elas são graves. Condiciona também uma disparidade grande na legitimação da violência. Na grande maioria das vezes, diante de motivos suficientes para ratificar ferimentos e mortes aos olhos de cidadão comum, as autoridades judiciárias afirmaram: "o que havia entre o réu e o ofendido não poderia ser mais fútil".[117] Na moralidade corrente, a ação violenta contra o inimigo era regra geral, instituição que prescrevia poucas restrições; no campo do Direito, a justificativa da legítima defesa aparece como uma exceção rigorosamente delimitada. Diante dos elementos substanciais determinantes da violência – a necessidade de agressão ou de revide – o homem comum não indagava muito das circunstâncias em que ela sobrevinha, mesmo porque, nas poucas situações em que ela era taxativamente reprovada, também raras vezes ocorria. Os elementos circunstanciais, como as vantagens resultantes da superioridade em armas ou em forças, as alternativas de recorrer a meios menos prejudiciais ou de valer-se da polícia, elementos levados em conta na caracterização oficial de legítima defesa, não tinham nenhuma relevância na forma daquele homem conceber as situações de luta e de se haver nelas. A maior capacidade de violência, que porventura tivesse, constituía condição para enfrentar uma vida plena de rivalidades. Quanto à substituição de seus próprios atos, imediatos e eficazes, pelas providências de uma longínqua, desconhecida e temida organização, nem precisa ser comentada.

Nota-se que as autoridades judiciárias negligenciavam, muitas vezes, os elementos materiais das ocorrências, para se aterem aos seus aspectos formais. Com este esquema, corriam o risco de perder de vista mesmo os valores básicos em sua própria moralidade. Enquanto, num processo por homicídio, as testemunhas afirmam que o réu "obrava com toda a razão, porquanto o ofendido fora provocá-lo em sua própria casa, dando-lhe umas relhadas"; enquanto o júri o absolve por legítima defesa, classifica-se tal situação numa categoria abstrata – injúria – e a partir daí se fundamenta sua apelação. Argumenta-se: "o réu praticou o crime de homicídio por ter sofrido a injúria de uma vergalhada. Vossa Majestade

---

117 G. 9-709, 1890.

há mais de uma vez decidido, de acordo com a opinião dos mais ilustres criminalistas, que a legítima defesa não é admissível em crimes de injúria. Na hipótese que nos ocupa, a legítima defesa, quando cabível, não pode ser aceita, por haver em muito excedido a agressão de que o réu se procurou defender. Reconhecendo-a nas respostas aos quesitos que lhe foram propostos, o júri não só violou princípios de Direito geralmente aceitos, como decidiu contra a evidência dos autos". O quanto o formalismo do autor dessas linhas o desvinculara dos valores morais prezados em seu próprio meio cultural percebe-se pelo parecer do desembargador: "É verdade que a injúria *verbal*, ou por simples *gestos* ou *sinais*, não autoriza a exceção da legítima defesa, e o ofendido só tem direito de fazer processo e punir o ofendido; mas quando a injúria é feita por meio de *ofensa física, empregando-se instrumento aviltante*, não há dúvida alguma que dá lugar à legítima defesa, pois que não se pode pretender que alguém se deixe açoitar cruzando os braços e entregando as costas. O réu tinha em seu poder uma faca, e sendo agredido por um peão valente, que lhe deu uma vergalhada e lhe daria outras, usou da faca, dando-lhe uma facada, uma única, mas de tal modo que lhe penetrou no coração e matou-o, fato que o mesmo réu depois lamentou. O réu assim praticando excedeu os limites de sua legítima defesa pessoal?".[118]

Pelo exposto, vê-se como esses agentes da Justiça tiveram a sua parte criadora, introduzindo princípios que poderiam disciplinar as malbaratadas energias dos homens rústicos. Mas tiveram também o seu aspecto negativo: a oposição a esse meio estranho, que procuravam modificar, se fez um pouco à custa de seu senso de realidade.

Ao longo deste capítulo, procurei expor alguns dos processos sociais subjacentes à constituição e consolidação do "estado nacional", no século XIX, tal como foram vividos pelo homem comum.

As transformações econômicas que abriram o século XIX propuseram, especialmente para o grupo dominante que se constituiu com o café, a utilização indireta do aparelho estatal, por meio da identificação de seus próprios objetivos com os interesses nacionais. Localiza-se aí o impulso para burocratizar a Administração Pública, isto é, para transformá-la em um instrumento eficaz de dominação. Localiza-se aí, também, as oposições que se definiram entre os poderes central e local.

---

118 G. 11-862, 1881.

Não obstante essa tendência, a espinha dorsal na formação do Estado moderno (a separacão dos fundos públicos dos recursos privados, mais o exercício despersonalizado das funções públicas e sua definição por normas gerais) não encontrava condições para se completar. O processo de expropriação das agências locais, passo necessário na remodelação das instituições administrativas, freou a mudança pretendida, pois a pobreza crônica, a que ficaram relegadas aquelas agências, teceu a base material que confundiu continuamente cofres públicos e bolsos particulares. Também se fez sentir o descompasso entre a estrutura formal da Administração e o modo concreto como transcorriam os seus processos. A escassez de funcionários qualificados, a desnecessidade imediata de racionalização em seus procedimentos, a fidelidade aos valores próximos ao grupo retardaram a separação entre autoridade oficial e influência pessoal.

Associando-se à pobreza dos poderes públicos e ao uso do aparelho do governo como propriedade privada, a dominação pessoal se ergueu como o mais poderoso obstáculo à implantação do modelo pretendido, na medida em que modelou a consciência e a atuação dos grupos dominantes. Para estes, o mundo ficou fragmentado e delimitado pelo raio de seu próprio poder, isto é, só teve realidade na medida em que foi, imediatamente, a concretização exterior de sua vontade. Fechado em sua propriedade, foi nela todo-poderoso e dispôs de seus semelhantes até o ponto em que não mais se pertenciam; mas não pôde ultrapassá-la e alcançar as raízes comuns de seu grupo, organizando-se para a realização de interesses gerais. Também o fazendeiro foi um solitário e ficou confinado às dimensões pessoais de sua existência. A terra que dominou tão completamente, por isto mesmo, compôs o seu mundo inteiro: para além dela situava-se o espaço impreciso em que não podia se reconhecer como medida de todas as coisas e que, assim, se lhe escapava.

CAPÍTULO 4

O FAZENDEIRO E SEU MUNDO

"Hoje em dia tudo parece sujeito a transações.
A alma humana é posta em leilão."

Joaquim Nabuco, *Pensamentos soltos.*

1 A visão do antepassado

A aplicação preferencial na aventura e na guerra forneceu a base para a autoconcepção honorífica que os cronistas do século XIX percebem nos herdeiros dos bandeirantes, justificando "o orgulho que os paulistas têm de suas origens".[1] Entretanto, nas atividades daqueles antigos exploradores do sertão, a aventura e a guerra estiveram sempre associadas aos negócios. No Brasil foram eles que mais completamente encarnaram essa forma de aquisição de riqueza, típica dos inícios dos tempos modernos. E os bens de fortuna aparecem sustentando a altivez que, no período colonial, os fazia solicitar "governadores titulados da primeira nobreza do reino".[2] Posteriormente, os paulistas ricos e de categoria mantiveram

---

1 Rugendas, 1954, p.99.
2 Taunay, Dénis, 1822, p.175.

seu ar de "presunção e satisfação íntima", mas sem a arrogância dos espanhóis, "que parecem reunir, à alta opinião que têm de si, o desprezo pelos demais humanos".[3]

Este último reparo volta a atenção para um elemento da vida social de que já tratei em diferentes contextos: a fluidez na categorização dos homens livres. Sua presença parece algo estranha no interior de uma sociedade erguida sobre realizações que reclamavam um conjunto de aptidões muito especiais. A resistência e a virilidade exigidas pela permanência no sertão, praticadas por necessidade e incorporadas como aspiração pelo paulista antigo, são qualidades que, ao serem continuamente reclamadas para as tarefas correntes da existência, podem levar a um processo seletivo dos homens que enfeixam as disposições morais e as condições físicas para sua realização, dando origem a uma camada social que se reserve o privilégio de formá-los de modo permanente. As tarefas do bandeirante e as energias que suscitavam teriam sido suficientes para a criação de um tipo humano especial, para a fixação de um ideal e de um gênero de vida que se consolidasse dentro do pequeno círculo de homens capazes, formando uma camada aristocrática. Com ele houve o mais fecundo dos germes para que isto acontecesse: seus feitos, além de realmente necessários para a sociedade como um todo, foram avaliados como serviços honrosos. E, deveras, o "tipo excelente" de homem da época chegou a realizar-se nesse personagem, com o sistema objetivo de exigências (posse do território, caça ao índio, procura do ouro) fundindo-se aos preceitos de sua própria existência (serviço do rei, denodo e dureza, ambição).

Todavia, essa situação, de onde poderia ter partido a constituição de uma ordem estamental, não resistiu ao desaparecimento do bandeirante. Suprimida a escravidão do índio, iniciada a sangria da população para as minas, o paulista voltou-se para as atividades que haviam sido secundárias na fase anterior, isto é, a agricultura e a criação. Seu modo de vida abrandou-se e perdeu sua especificidade no trabalho necessário e realizado por todos os homens livres em condições bastante aproximadas de pobreza.[4]

---

[3] Saint-Hilaire, 1954, p.115.
[4] Bem exemplifica essa descaracterização a descendência dos Anhangueras, que se transformou em "gente modesta, dedicada à agricultura" (cf. Franco, 1940, p.238).

Pouco importa, aqui, enquadrar o bandeirante em suas dimensões exatas: a amálgama que foi de intrepidez, brutalidade, ganância e impiedade. O propósito é bem outro, isto é, reencontrar a força criadora de tradição que sua existência porventura encerre. O que se busca é a memória que se fez do seu modo de enfrentar as solidões ásperas e assenhorear-se do mundo agreste em que viveu. Nessa lembrança, como tipo ético e como estilo de vida, ele ultrapassou de muito os limites de sua extinção efetiva e subsistiu na consciência das gerações posteriores como figura de alto respeito. Mesmo Nabuco, cujas simpatias iam muito mais para os "abolicionistas" jesuítas que para os escravizadores de índios, vê nos primeiros paulistas um misto de virtude e aptidão prática.[5]

Todavia, a representação positiva do bandeirante subsistiu como patrimônio coletivo, de todo apartado de qualquer ligação vital com um grupo social particular. Cessadas as condições que a ela faziam apelo, a tradição formada com o bandeirante perdeu-se e os valores que a constituíam metamorfosearam-se em gestos de truculência e valentia circunscritos às dimensões individuais da existência e não mais aplicados a tarefas objetivamente significativas para a sociedade como um todo. Nessa medida – da coragem pessoal confinada a ações de alcance privado –, esses valores generalizaram-se, não chegando a fixar--se como um patrimônio específico de determinado estrato social, formado, cultivado e transmitido em vista dos papéis exercidos por seus membros. Vê-se isto através do conjunto de caracteres que, a um tempo, são atribuídos pelo século XIX ao bandeirante e exibidos realmente pelas populações paulistas dessa época.[6]

Compreende-se, desse modo, a forma de incorporação do passado pelo paulista do século XIX. De um lado, depara-se com a imagem do bandeirante viva no orgulho de seus conterrâneos, cerca de cem anos após suas últimas realizações, *não como legado particular de um grupo social capaz de identificar-se, mas como sentimento espraiado pelas larguezas da "nacionalidade"* ("o orgulho que os paulistas têm de suas origens"). De outro lado, a herança também tornada comum foi a da rusticidade, da pobreza e do trabalho, a impedir a delimitação clara de uma camada

---

5 Nabuco, 1949, p.437.
6 Dénis, 1955, v.I. p.360-2.

privilegiada através da estilização da vida (os paulistas dos primeiros tempos "viam-se como tendo uma tal importância" que pretendiam apenas "governadores titulados da primeira nobreza do reino", ao passo que os do século XIX não parecem reunir "à alta opinião que têm de si, o desprezo pelos demais humanos").

2 Negócios: padrões costumeiros e práticas capitalistas

Nesta altura, convém lembrar que a síntese das orientações contraditórias da vida econômica – produção para consumo direto e produção para mercado –, presente nas grandes propriedades fundiárias, desenvolveu-se mediante o reforço e a expansão da atividade mercantil.

Ao instalar-se a produção de café, consolidavam-se essas correntes de comércio, e foi dessa faixa, estreita embora, de economia monetária que foram pouco a pouco saindo os fundos que deveriam financiar a nova cultura, acumulados esses capitais na base da poupança, e não sendo também a fraude estranha ao processo.[7] Algumas das grandes fortunas do café, como a do Barão de Santa Justa, vieram do negócio de tropas, outras de casas comerciais estabelecidas no Rio de Janeiro, como a dos descendentes de Carneiro Leão, outras do tráfico de escravos, como a dos Barões de Ubá e Nova Friburgo e a do Comendador Breves.[8] De

---

7 "Ganhar dinheiro era o único *motto*, a única palavra de ordem. A maneira de ganhá-lo era deixada à consciência de cada indivíduo. Reconhecendo-se que alguns ganharam-no com o suor do rosto, fala-se que a principal fonte de riqueza de outros foi o contrabando de escravos, e que outros ainda fizeram suas fortunas em poucos anos com a importação de farinhas adulteradas e imagens ocas de santos recheadas de notas falsas. É crença geral que as grandes fortunas foram acumuladas nessa época" (Delden Laërne, 1885, p.192). Ver também Luccock, 1951, p.185.

8 Veja-se o perfil de carreira de um desses magnatas: português de nascimento, começou como moço de recados em loja do Rio de Janeiro, recebeu ajuda de um rico protetor para estabelecer-se por conta própria e por meio de vários negócios, inclusive o comércio de escravos, tornou-se fazendeiro abastado. Era suspeito de dever sua fortuna a meios ilícitos, o que "acontece em muitos casos no Brasil, onde existe mesmo um provérbio bastante malicioso que diz: 'Quem furtou pouco fica ladrão, quem furtou muito, fica barão', o que bem ilustra o pensamento do povo".

outro lado, as próprias práticas de comércio amoldaram-se de forma a permitir que o dono de terras, parco de recursos financeiros, adquirisse os meios de produção de que necessitava, ficando garantidos, porém, ao negociante ágios elevados das quantias que empatava. Essa época, em que o dinheiro era escasso e em que se passava rapidamente de uma agricultura acanhada para a exploração mercantil de vulto, foi aproveitada ao máximo pelos traficantes, que impunham preços elevados,[9] mas aceitavam em contrapartida quaisquer termos de negócios, do escambo ao crédito.[10]

Além dessas modalidades de negócios, que expõem como o comércio se integrou nas fases iniciais do financiamento do café, acabou por delinear-se uma atividade que, por excelência, criou as condições para que se organizassem a produção e a comercialização desse gênero em larga escala. A dispersão das propriedades e a distância que as separava dos centros de venda do café, consequências necessárias de seu próprio caráter de latifúndio, ao invés de darem ensejo a um isolamento crescente

---

A opinião dos homens de categoria não era diferente: "É triste confessar que grande parte dos nossos homens abastados adquiriram suas fortunas por meios desonestos, no norte por assassinatos, no sul por furtos e estelionatos. Por mais duro que seja este juízo, duvido que um brasileiro amigo da verdade o possa contestar" (cf. Von Tschudi, 1953, p.79-80).

9 "Há muita falta de bons animais por estes lados e as mulas estão por um preço desconforme. Há muito pedido para as lavouras da Mata e as fazendas novas que estão abrindo no Rio Preto, na Paraibuna e aquelas redondezas todas. O primo Chiquinho, que pousou conosco no mês passado, comprou algumas bestas para sua tropa, por um preço que nunca se viu por aqui. E não eram bestas de primeira como ele contou, mas é que ele precisava delas com muito aperto para puxar o seu café para baixo" (carta a Francisco José Teixeira Leite, de um seu parente; *apud* Taunay, 1839, v.IV, t.II, p.355).

10 Alguns negócios eram realizados parte a crédito, parte a dinheiro, parte em espécie. Ver, por exemplo, o livro de contas de um revendedor de escravos, examinado por Taunay, 1839 (v.IV, t.II, p.246-52): "Custodio dos Reis Soledade, adquirente de 4 escravos por 640$000 entrou com 225$ em café, três mulas por 140$ e mais 72$ em toucinho, um selim de 16$ ficando devedor de 187".

"D. Agnaua Mona do Sacramento comprou 5 escravos por dois contos de réis cedendo em troca uma sorte de terras por 1:200$000, um paiol no valor de 100$, 4 bois carreiros (102$400), um cavalo (55$000), um crédito sobre o boiadeiro Bernardo Sabino (140$), 160 arrobas de café a 2$500 e o resto (2$600) em cobre" (p.250).

e ao enquistamento dessas unidades de produção, pressionaram no sentido do aparecimento de uma complicada rede de intermediários situados entre o fazendeiro e os exportadores. Indispensável à sua fazenda, que na maior parte das vezes geria diretamente, e também preso a ela pelas dificuldades de transporte que prolongavam desmesuradamente as ausências, o fazendeiro muitas vezes teve de delegar a outrem a tarefa de vender suas mercadorias. Cindiu-se assim a fase terminal da atividade do fazendeiro de colocação de seus produtos nos mercados, que passou a ser realizada por um comissário. Dentro da organização dos negócios de café, esse personagem não foi propriamente um comerciante independente, que por sua conta e risco comprasse o produto para revendê-lo. À primeira vista, parece ter sido, de modo bem característico, um representante do produtor que realizava por ele as transações, em seu impedimento. De início teve, de fato, essa função,[11] mas progressivamente foi assumindo o seu conhecido papel de banqueiro. É de sua posição e significado nos negócios cafeeiros que se tratará a seguir.

O aliciamento de clientes para as casas comissárias deu-se pela via das relações pessoais, de vizinhança, amizade e parentesco, tendo alguns desses estabelecimentos mantido agentes que percorriam as zonas de produção "pedindo café". Ao que parece, na fase de expansão desse negócio houve uma verdadeira "pescaria de fazendeiros" que quisessem consignar as suas safras. Firmada a freguesia, algumas dessas casas passaram a reunir a produção de extensas regiões. Por isto mesmo, o comissário constituiu-se numa figura-chave dentro do negócio do café, visto que personificou, nos mercados, num número grande de fazendeiros, enfeixando a soma das quantidades produzidas por cada um deles. Determinou-se, assim, a possibilidade de práticas de comercialização em grande escala. É fácil perceber a importância dessa concentração: cultivado e colhido em medidas variáveis e beneficiado sob condições muito diversas, apenas esse procedimento de congregar um volume apreciável do produto poderia introduzir uma certa regularidade

---

11 "No início a grande maioria dos fazendeiros fazia as plantações de café em sua própria terra e com seu próprio dinheiro. Os comissários não eram mais que agentes dos fazendeiros, intermediários entre eles e os compradores" (Delden Laërne, 1885, p.212).

no fluxo da mercadoria oferecida e abrir a possibilidade de sua padronização. De fato, as remessas eram feitas pelos fazendeiros em partidas pequenas[12] e as transações entre comissário e ensacador eram realizadas englobando vários lotes, de diferentes procedências.[13] Esses ensacadores, que eram realmente os compradores de café nas praças brasileiras, revendendo-o aos exportadores, trabalhavam com grandes quantidades de grãos, uniformizando-os, fazendo as ligas, brunindo-os ou colorindo-os. Processavam a adaptação do produto aos interesses e preferências dos compradores estrangeiros.[14]

Mas o significado do comissário na organização do grande negócio de café não se esgota em ter sido o *pivot* da comercialização em massa. Articulado a esse traço de sua atividade, aparece um outro, que aumentou a importância de sua figura: seus interesses, que eram o de fazer passar por suas mãos a maior quantidade possível de café, fizeram-no participar da montagem e custeio das fazendas, invadindo a própria área da

---

12 Em 1860 a fazenda do Comendador Joaquim Gomes Jardim (Resende) produziu 8.551 arrobas de café, assim remetidas a Teixeira Leite Sobrinho:

DATA	ARROBAS	DATA	ARROBAS	DATA	ARROBAS	DATA	ARROBAS
11/04	325	10/08	329	13/10	394	13/11	313
17/04	607	10/08	225	25/10	360	24/11	386
24/04	392	21/08	356	30/10	241		
2/05	323	4/09	365	5/11	310		
1/05	325	22/09	394	11/11	404		

13 "O comissário mostrava ao futuro comprador as amostras originais das diferentes fazendas, dos tipos e qualidades pedidas. Como o café era remetido do interior em quantidades muito pequenas, geralmente em lotes de 40, 50 ou mesmo de 10 a 25 sacas, para a transação quase sempre se precisava de um número de 20 a 60 e às vezes mais. O ensacador, depois de tomar nota da quantidade de sacas de cada tipo, fazia oferta para todo o lote que compreendia o produto de diversas fazendas" (Delden Laërne, op. cit., p.235).

14 O objetivo desses negociantes era obter um tipo médio. Havia mesmo um consórcio de ensacadores que se limitava a comprar cafés de tipos baixos para bruni-los e colori-los. Para avaliar a escala desses negócios, ver Delden Laërne, op. cit., p.241. Registra armazéns com capacidade para 100.000 sacas; esta a quantidade que, em média, ligavam e ensacavam por mês, valendo-se de meios mecânicos. Havia corretores de café que negociavam cerca de 1.000.000 de sacas anuais. Nos meses de setembro, outubro e novembro eram negociadas em média de 10 a 20.000 sacas diárias.

produção, financiando-a.[15] Para que se compreenda o significado disto na economia cafeeira e nos destinos de produtores e comerciantes, é necessário acentuar o caráter das relações que vincularam essas figuras e regularam os seus negócios e também pelo menos esquematizar os movimentos realizados pelos capitais empatados nesse setor.

Na fase do primeiro grande surto do café, a praxe mercantil era regulada, "tradicionalmente", nos moldes tão conhecidos dos "negócios em confiança". Essas transações se desenvolviam quase inteiramente dentro de pequenos grupos, entre pessoas interligadas por relações mais inclusivas e mais duradouras que os contactos formais e impessoais de negócios.

A observância dos compromissos entre comissários e seus clientes ou outros comerciantes não implicava apenas a obediência a contratos mercantis, mas envolvia, muito frequentemente, a fidelidade devida a um parente ou a um amigo, ficando os ajustes comerciais sedimentados por comprometimentos recíprocos, que haviam sido firmados em anos de contacto próximo e garantidos por uma forma imediata de controle, fundada na possibilidade de perda da reputação comercial e na desclassificação social. Pela vigência das promessas assim fixadas e mantidas, lograva-se o mínimo de estabilidade e equilíbrio necessários às operações mercantis, em vez dessas condições serem previstas e asseguradas pela observância de cláusulas contratuais. Mas é necessário também não esquecer que essas atividades não estavam regulamentadas juridicamente quanto à participação nos negócios que se abriam. Na esfera da economia, o sistema de privilégios ou restrições oficiais havia cedido passo ao princípio da livre empresa. Essa orientação aparece cristalizada na Constituição de 1824. É certo que a competição era um tanto neutralizada pelas condições extraeconômicas, que em parte definiam e estabilizavam a distribuição desigual de bens e meios de vida entre os vários grupos sociais.

Os vínculos de parentesco e amizade, firmemente integrados como penhor do próprio interesse econômico, muito pesavam nas opções,

---

15 "Financiavam não só as fazendas em produção, abrangendo todas as operações necessárias até a venda do produto, como também adiantavam somas para a formação das fazendas, a longo prazo e com amortizações lentas, avançando-as também para a compra de escravos"(Jordão, *apud* Taunay, 1839, v.VI, t.V, p.44).

ocorrendo a realização preferencial de negócios entre indivíduos ligados por relações pessoais. Por essa via, determinava-se "naturalmente" o círculo de clientes de uma firma, cujos limites não estavam muito sujeitos a flutuações. Contudo, esses padrões foram incorporados por uma ordem competitiva e dentro dela adquiriram o sentido de um meio eficaz das firmas comerciais expandirem suas operações, mantendo ou alargando sua freguesia. Nessa luz, os propalados liames de confiança, solidariedade e auxílio que uniam fazendeiro e comissário aparecem como uma técnica em que esses componentes da ordem "tradicional" foram reelaborados e transferidos para o plano dos negócios, tendo aí eficientemente se adequado aos propósitos de lucro. Dessa maneira, cuidava o comissário que os seus clientes tivessem garantidos determinados obséquios e serviços, de acordo com uma norma que estava firmemente integrada à ordem social vigente e cuja observância, por isso mesmo, lhe resultava tão rendosa. A mesa grande, farta e aberta aos que viessem, a hospedagem por ocasião de visitas à Capital, a acolhida e o cuidado dos filhos mandados a estudar, a compra e a remessa dos artigos inexistentes no interior, contavam-se entre os programas observados pelas casas comissárias.[16]

Entre esses préstimos um é particularmente elucidativo para que se veja a relação que verdadeiramente prendeu o fazendeiro de café a seu comissário, isto é, o papel de conselheiro de negócios que este assumiu, chegando a avocar a si a contabilidade dos estabelecimentos agrícolas. Ao que tudo indica, o comissário teve uma ingerência que não foi pequena nos projetos e decisões econômicas de seus clientes, exercendo sobre eles "uma tutela amistosa e interessada". Esse comportamento, que lhe era definido quase como um encargo por força das relações pessoais que unia a ambos, também falava muito de perto aos seus interesses, postos em grande parte nos dinheiros que fornecia para abrir e custear as plantações de café. Ao se dar relevo a essa ingerência próxima do negociante na área do produtor, definida pela fusão de associações morais e considerações de interesse, começa a se esclarecer o que significaram,

---

16 Para as relações entre comissários e fazendeiros, ver Stein, 1957, p.81-5. Ver também Delden Laërne, 1885, p.213-52, onde essas relações aparecem no contexto geral dos negócios do café. Referências também em Cézard, 1877, p.8. Taunay traz informações cuja fonte não pude localizar, provavelmente de contactos pessoais.

na dinâmica dos negócios cafeeiros, as atividades de financiamento realizadas pelo comissário. Vê-se, nessa supervisão exercida sobre o fazendeiro, que as relações econômicas que de fato existiram entre ambos não foram simplesmente as de um alugador de dinheiros e seu devedor. Os capitais emprestados pelo comissário, embora saíssem de modo expresso de suas mãos e passassem a correr por conta e risco de outro sujeito, ao serem empatados no processo de produção, em boa medida continuavam sob seus cuidados e controle. Ele não se limitava a financiar o empreendimento agrícola, mas também geria os investimentos feitos, não obstante se eximisse da administração do processo de trabalho, que ficava a cargo do fazendeiro. Desse ponto de vista, o comissário ultrapassou a sua área específica e se integrou, uma vez mais, à do fazendeiro: assim como foi seu representante no final de cada período de sua atividade – a venda das mercadorias – também o substituiu na etapa inicial desses ciclos, influindo decisivamente nas inversões por ele realizadas. Vê-se, assim, que o comissário, embora de modo explícito manipulasse o seu capital no circuito do comércio ou das finanças, de fato o empregou também de maneira muito direta no processo de produção. Essa afirmativa torna-se clara quando nos lembramos de que os adiantamentos eram concedidos mediante o compromisso de consignação das safras e que das quantias obtidas com suas vendas deveriam ser abatidas as amortizações e juros dos empréstimos, deduzidas as despesas realizadas pelo fazendeiro no correr do ano, e extraída a comissão pelos serviços prestados. Foi frequente que, no fim disto tudo, os débitos do fazendeiro ultrapassassem o que lhe havia sido creditado pela venda das mercadorias. Em certo sentido, portanto, o comissário operava também como um comerciante, "comprando" as partidas de café que colocava nos mercados e adiantando as quantias dessa operação sob a forma de créditos, meios de produção e bens de consumo. "Comprava-as", vendia-as para si próprio na verdade, ganhava comissão por agências, e não se descuidava também dos juros sobre as somas adiantadas.[17]

---

17 Para as normas desses negócios, ver Delden Laërne, 1885, p.213. Sua visita ao Brasil foi em 1884 e ele informa que cinco anos antes o fazendeiro "quando precisava de dinheiro, dirigia-se a seu comissário que, sem dificuldade, avançava a quantia pedida, sem maior garantia que simples recibo e a promessa de que a colheita lhe seria consignada à venda". Segundo o mesmo autor, os fazendeiros "gradualmente

Assim, parece-me correto dizer que o comissário, ao controlar os investimentos em dinheiro e a venda das mercadorias, dominando os pontos extremos do movimento do capital no processo de produção, canalizava para si a valorização aí realizada e se dirimia dos riscos correspondentes, corridos pelo sujeito que detinha a propriedade fundiária. Nessas condições, ao mesmo tempo que não se pode reconhecer no comissário um simples agente do fazendeiro, observa-se a existência de uma especialização bastante rudimentar das funções econômicas desempenhadas por ambos, ocorrendo uma participação direta e larga do primeiro nos lucros produzidos sob a égide do segundo.

Se, evidentemente, o comissário muito ganhou com isto, não escapou de sofrer também os percalços dessa forma rudimentar de exploração capitalista, situação que ele próprio contribuiu para preservar com seu estilo de operação econômico, que protelava o processo de especialização das funções do capital e a correlata intensificação da divisão do trabalho social no setor cafeeiro. Sob o controle do comissário, os capitais investidos nessa área eram chamados a servir cumulativamente para transações comerciais e financeiras e para empates no circuito da produção.

Como já ficou visto, as figuras importantes nos negócios cafeeiros eram o fazendeiro, o comissário, o ensacador e, no final dessa linha, o exportador ligado às casas estrangeiras. As transações que tinham lugar entre os dois pares de intermediários, que se encadeavam nessa série, exportador x ensacador x comissário, realizavam-se a prazo curto.[18] Vê-se, por aí, que os capitais manipulados pelos ensacadores podiam girar rapidamente, tendo o seu ritmo limitado de modo normal pelo montante

---

começaram a pedir a seus comissários mais dinheiro do que podiam saldar com a remessa de suas safras. Quando as somas ultrapassavam 20 ou 25 contos, os comissários exigiam promissórias de 4 meses que, endossadas, podiam ser descontadas nos bancos à taxa de juros corrente. Geralmente o comissário cobrava 12% ao ano por esses adiantamentos, juros esses também lançados em conta corrente".

18 Entre comissários e ensacadores, as transações eram feitas com desconto de 1/2% quando concluídas à vista ou a prazo de 20 dias. Entre ensacadores e exportadores, o pagamento era feito à vista, por ocasião dos embarques. Só depois de fechado o negócio, os ensacadores procediam às ligas e aos reensaques, ficando a mercadoria em seus armazéns, sem ônus adicional, até um prazo de 20 dias. Caso a exportação não se desse dentro desse limite, começava a correr a armazenagem; caso se desse antes desse termo, entretanto, não dava direito a desconto (Delden Laërne, op. cit., p.236, 245-6).

e pelo fluxo da produção total no setor cafeeiro e pela rapidez das compras realizadas pelos exportadores. Entretanto, quando esses capitais atingiam o comissário, a maior parte deles praticamente se imobilizava ao serem canalizados para os fazendeiros, seus clientes, sob a forma de inversões que só permitiam retornos a intervalos largos. Nesse ponto, mudava completamente a amplitude dos giros, que passavam a ser regulados pelo tempo de produção do café. Eram as colheitas que marcavam os ajustes de contas entre fazendeiro e comissário, e assim sendo, mesmo os avanços que deveriam ser saldados no termo mínimo das transações havidas entre ambos, como as de custeio das fazendas ou o fornecimento de artigos de consumo, nunca poderiam ter amplitude menor que um ano.

Isto impunha ao comissário, como requisito de sua sobrevivência e prosperidade, a necessidade de trabalhar com um montante de capital muito grande,[19] exigência esta que tendia a crescer por causa justamente do caráter da produção cafeeira e dos nexos que guardava com os seus negócios. De um lado, a ampliação destes estava, é claro, na dependência de um alargamento da produção, o que por sua vez havia ficado, como já se viu, subordinado aos meios que eram distribuídos pelos próprios comissários. Essa expansão da produção só podia ser alcançada mediante a extensão e renovação das plantações, pela adição de mais terras e mais escravos. Dessa maneira, além das somas que ficavam presas durante um ano, outras haviam que ser colocadas a título de investimentos iniciais, que deveriam esperar o intervalo necessário para a primeira colheita, para que começassem a refluir para as mãos do comissário.[20] Significa isto que a massa de recursos que saía dessa fonte, ao fragmentar-se

---

19 Havia "comissários com 1.000 contos, emprestados apenas a três fazendeiros. Isto deixa claro que para tornar-se comissário era necessário dispor de um capital considerável. Há comissários que levam adiante seus negócios com um capital de 300 a 2.000 contos. Aqueles que têm um capital pequeno, e em consequência precisam descontar as promissórias dos fazendeiros no Banco do Brasil, são designados pelos comissários ricos com o apelido de caixeiros de banco" (Delden Laërne, op. cit., p.213).

20 "Porque a formação constante de novos cafezais consumisse empates sobre empates de maior capital, e as colheitas tivessem de esperar prazos certos, as inversões obedeciam à proporção aritmética, ao passo que as devoluções eram geométricas, e o desequilíbrio, transitório que fosse, tinha que ser fatal. Deu-se em larga escala" (Guimarães Ferreira, *apud* Taunay, 1839, v.VII, t.V, p.39).

pela clientela de fazendeiros, passava a ter um movimento que se identificava com o do giro de cada um dos capitais individuais aplicados no processo de produção. Perdia-se aí, está visto, a possibilidade de o capital possuído pelo comissário representar simultaneamente múltiplos outros, empatados na produção.

Percebe-se o quanto isto era contraproducente para os interesses do comissário, quando se lembra de que entre os seus negócios estava o comércio do café e quando se tem em mente que qualquer atividade comercial é tanto mais lucrativa quanto maior rapidez se puder imprimir aos giros dos capitais nela empatados. E considere-se, ainda, que as parcelas em que se quebrava o capital, ao ser repartido entre os fazendeiros, não eram pequenas e tendiam a ser multiplicadas em função do próprio projeto do comissário de aumentar o volume dos negócios que realizava. Vê-se, por aí, como acabavam por lhe sair bastante caras suas "compras" de café.

Em suma, os benefícios que o comissário auferia com sua interferência no processo de produção ficavam em parte comprometidos pela lentidão que isto imprimia aos giros de seu capital. Se lhe tivesse sido possível limitar-se especializadamente ao comércio, teriam sido bem menores as suas necessidades de capital e bem menos irredutíveis os entraves que o desvalorizaram. Referindo-se a contexto mais geral, um comentarista do *Jornal do Commercio* escreve: "o negociante tem de ser capitalista ao mesmo tempo, e por isto grande soma de capitais fica imobilizada".[21]

O sentido da atividade do comissário foi servir ao arranjo da produção e comercialização do café, adequando-as às possibilidades

---

21 *Retrospecto Commercial*, 1877, p.7. Refere-se ao comércio de estiva, drogas, armarinhos, ferragens e fazendas, onde as compras a dinheiro eram inicialmente a 60 dias, estendidos depois a 150 dias de prazo. Mais frequentemente, os compradores assinavam contas mensais, a serem saldadas dentro de um ano, mas esse prazo era invalidado pela admissão da cláusula do pagamento de 1% ao mês, na falta de pronta liquidação da conta. A persistência dessas práticas dificultava a constituição de um sistema bancário, "um sistema razoável de crédito com documentos descontáveis". Era necessário, no mínimo, o "reconhecimento do direito de endosso e transferência das contas assinadas", pela introdução das palavras "pagável à ordem, o que lhes daria quase a qualidade de letras". Foi apenas na década de 1880 que esses prazos começaram a ser restringidos e o comércio intermediário passou a "exigir do interior mais prontidão e regularidade nos retornos" (*Retrospecto Commercial*, 1881, p.1).

abertas pelos mercados externos, em expansão na época. A indiferenciação das funções econômicas, que a partir daí recaiu sobre o comissário, foi inevitável por força das próprias características do sistema socioeconômico dentro do qual elas tomaram forma e adquiriram sentido. Primeiramente, essa contingência liga-se ao próprio estágio de desenvolvimento da Economia, ao ter início a exploração do café. O fazendeiro da área em que ela primeiro se instalou em regra não tinha condições para se autofinanciar. Os recursos vindos do estrangeiro e que sustentaram as aplicações nesse setor foram canalizados em primeira instância para o comissário, que teve de suportar o peso dos investimentos em propriedades agrícolas, como uma condição imprescindível para a prosperidade de seus negócios. Em segundo lugar, a preservação desse estado de coisas, com a necessidade de aplicações crescentes e sempre renovadas pelo comissário no circuito da produção, não foi apenas um imperativo econômico, mas teve suas raízes e foi reforçada pelas relações sociais. Elas pressupunham a fidelidade aos compromissos assumidos, o que conferia regularidade e previsibilidade à ação econômica. Ao ser esse princípio reelaborado como técnica tanto de competição entre os negociantes como de influência sobre a clientela, foi preciso manter a exigência básica de não serem traídas as promessas firmadas, enredando a todos numa interminável cadeia de contraprestações. Este era o fundamento e a força de sua eficácia. Assim sendo, nem o fazendeiro podia desvencilhar-se facilmente de seu credor, a quem ficava cada vez mais preso por dívidas que não chegava a saldar, nem podia deixar o comissário de acudir a seu cliente.[22] Dessa maneira, fazendeiros e comissários

---

22 Diante do comissário que apertava cada vez mais os cordões de sua bolsa, o fazendeiro não tinha apelação: "caso estivesse insatisfeito com seu emprestador de dinheiro não encontraria facilmenle outro que lhe saldasse as dívidas e ainda se inclinasse diante dele com um agradecido muito obrigado" (Delden Laërne, 1885, p.214). Frente às garantias legais que cercavam o fazendeiro, "compreende-se facilmente que nunca se proceda a uma ação legal, se isto puder ser evitado, e que também o credor prefira reformar a dívida. O fazendeiro brasileiro em dificuldades é por esta razão amparado por seus credores e, se necessário, eles o ajudam a levantar-se outra vez. Pode contar com sua ajuda leal para superar a crise. Em caso algum precisa, como os proprietários de Java, temer que seu consignatário, abandonando-o nos tempos maus, lhe desfira o último golpe, dando publicamente contas do estado de sua fazenda, de modo tal que não conseguirá mais crédito em parte alguma e será obrigado a render-se incondicionalmente aos especuladores" (Delden Laërne, op. cit., p.228).

amarraram-se uns aos outros e assim permaneceram até que finalmente o barco em que se aventuraram fosse a pique.

Se, do ponto de vista do comissário, a situação acima descrita foi adversa, para o fazendeiro ela o foi ainda em maior medida. Correlatamente à sua dependência para com o comissário, houve a quase impossibilidade de desenvolver-se a capitalização no setor agrícola. Terminado o ciclo da produção, o lucro auferido escapava do sujeito diretamente empenhado nesse processo e rumava para aquele que o dominava à distância. Isto traz à luz o caráter autodanificador da ação do comissário: entravada a acumulação de um capital agrícola, *ipso facto* comprometia-se a vitalidade do processo de produção nesse setor, sendo esta condição que, em última instância, poderia garantir a prosperidade daquele negociante. Ao desencadear-se a crise em que tiveram largo curso várias outras inconsistências do sistema socioeconômico, essa impossibilidade de capitalização foi duramente sentida tanto por comissários como por fazendeiros. E quando ela se anunciou, ameaçando interesses vultosos, todo o entrelaçar de lealdade, e contraprestações ficou correlatamente comprometido: a fim de se defenderem de seus comissários, os fazendeiros passaram a remeter o seu café a mais de um agente e não hesitaram também em aceitar contactos diretamente com os exportadores; o comissário, de sua parte, cortou muito as antigas liberalidades. Não deixa de ser significativo, também, que nessa conjuntura tenha ele voltado as suas atenções mais para o consumidor, passando a investir em técnicas de conquista de mercados.[23]

No balanço final das coisas, o grande arruinado foi mesmo o fazendeiro. É verdade que, na qualidade de membro das camadas socialmente privilegiadas, tinha acesso aos centros de decisão política e estava apoiado em algumas medidas protetoras. Mas isto tinha a sua contrapartida no poder exercido pelos negociantes sobre os órgãos do governo: mediante pressão sobre o legislativo, conseguiram o estabelecimento de medidas que fizessem os dinheiros que haviam empatado

---

Esse texto bem evidencia o quanto lealdade e interesses econômicos estavan unificados e garantiam-se reciprocamente; há um engano, contudo, quanto à resistência desse arranjo: os credores não deixaram de desferir o golpe de misericórdia.

23 Cf. *Centro da Lavoura e do Comércio*, 1882 e 1883.

voltarem a seus bolsos sob a mesma forma de dinheiro, ou de mercadorias, e não das terras e escravos que haviam anteriormente controlado.[24]

A integração da ordem "tradicional" às atividades econômicas e sua redefinição tendo em vista as práticas capitalistas pode também ser observada em outros setores dos negócios cafeeiros. Ainda a "confiança" que fundamentou o comportamento nesse ramo aparece claramente associada a um requisito básico das práticas capitalistas: a rapidez.

No trânsito do café pelo Rio de Janeiro, as operações eram marcadas por um ritmo acelerado. Ao chegar do interior, sua estadia nos armazéns da estrada de ferro, sem que os comissários ficassem sujeitos a multas pesadas, era no máximo de oito dias. Dentro desse esquema de rapidez, ao ser entregue o café, "seu peso era raramente verificado, os sacos eram meramente contados". Quando as quebras de peso sofridas no transporte pareceram onerosas aos comissários, estes reclamaram e os cafés começaram a passar pelas balanças. "Mas as considerações pelos interesses do comércio fizeram abandonar esse uso, pois parece que faltavam as instalações para pesar os lotes com a necessária rapidez. A perda de tempo era mais gravosa que a perda de café."[25]

Se os comissários protestavam contra os desperdícios ocorridos antes do café chegar às suas mãos, eles próprios não eram menos displicentes. Assim, ao receberem as partidas, as amostras eram obtidas com um grande furador que rompia os fardos à medida que davam entrada nos depósitos, sobre a cabeça dos carregadores. Isto era "feito tão depressa,

---

24 O imperativo legal determinando a adjudicação forçada do imóvel ao credor na última praça da liquidação, na ausência de licitantes, era "um fantasma que afugenta do emprego em empréstimos hipotecários os capitais cautelosos". Muitos credores hipotecários não iniciavam o processo de execução "com receio de receberem, em vez do dinheiro adiantado, bens de que não cogitaram no contrato e a que não acham aplicação" (*Retrospecto Commercial*, 1884, p.4 e 7). "Foi o trabalho, continuado e persistente, do comissariado do café que levara ao parlamento brasileiro as reclamações reiteradas pelos inconvenientes de tais preceitos arcaicos, entravadores, senão mesmo paralisadores do crédito hipotecário"(Jordão. In: Taunay, 1839, v.III, t.V, p.46).
25 "Entretanto, a perda de peso deve ser bastante grande, considerando-se que o resultado das varreduras é vendido pelos diretores (da Estrada de Ferro) anualmente, trazendo-lhes um lucro que não é desprezível" (Delden Laërne, 1885, p.233).

que o carregador não precisava diminuir sua marcha". Neste ponto, as reclamações contra o desperdício cabiam aos fazendeiros.²⁶

O mesmo descuido pelo peso reaparece nas relações entre comissários e ensacadores. Diante da impossibilidade de fazer ou verificar reclamações – pois ambos apenas contavam os sacos que entregavam ou recebiam –, chegaram eles a algumas convenções. Como os ensacadores trabalhavam na padronização de grandes quantidades de café, compradas a vários comissários, e como só depois de terminadas as ligas, ao reensacarem o produto, é que percebiam as diferenças de peso, não podiam dirigir-se a uma firma determinada. Resolviam a questão reclamando "a deficiência de todos os comissários de quem compraram". Estes últimos, de sua parte, "embora saibam que legalmente não estão obrigados a pagar indenização, preferem resolver o assunto amigavelmente,²⁷ porque também eles estão convencidos que o peso pode ter sido menor. Além disso, sempre concordam, *for the sake of custom*".

Assim, o "amor ao costume" é, também, "amor ao negócio". Os desperdícios nos diferentes momentos das transações do café pareciam lesivos aos interessados e contra isso todos eles protestaram. Mas no balanço final, essas perdas eram experimentadas como irrelevantes: sua avaliação prática define-se, realmente, não no protesto inútil contra elas, mas em seu desprezo eficaz, que resultava num objetivo primordial, isto é, maior rapidez.²⁸

---

26 Em suas reclamações, os fazendeiros acusavam os comissários de permitirem que fossem "retiradas amostras muito grandes e de fecharem os olhos a seus empregados, que propositadamente deixam cair os grãos de café para aumentar seus ganhos" (Delden Laërne, op. cit., p.234).

27 Nessas pendências, os ensacadores tenderam a padronizar a indenização (desconto de 15 kg em cada 100 sacos) e diversos comissários passaram a pesar o café ao vendê-lo (Delden Laërne, op. cit., p.236). Em outras áreas das relações entre esses dois negociantes se evidencia o significado econômico da regulamentação "tradicional". Assim, se uma oferta do ensacador fosse recusada mas ele a reiterasse, sua preferência estava garantida. "O comissário que se respeita e deseja manter seu bom nome não venderá o café para outro negociante a menos que consiga no mínimo mais 100 réis por arroba. O primeiro lançador tem assim uma certa vantagem, o que promove muito a competição e torna possível a realização de grandes operações, frequentemente de vinte a oitenta mil sacos de uma vez" (Delden Laërne, op. cit., p.235).

28 Em 1884, o fundador da Companhia Carris Urbanos, no Rio, visando um trânsito

Interesse e "confiança" aí estão, interligados, a expor os fundamentos econômicos da honorabilidade. Foi essa firme associação que deu aos negócios do café o aspecto observado por Van Delden Laërne: "Essas transações nunca são feitas com letras ou notas de venda. Nunca se ouve falar de disputas sobre qualidade ou preço, mesmo quando há queda no mercado, conforme me certifiquei por mais de uma fonte. Muito raramente são pedidas indenizações; de fato, isto só acontece em caso de danos causados por chuva ou umidade. Não há tentativas de cavilar, quando cafés descoloridos ou quebrados são descobertos numa compra, a fim de pechinchar no caso dos preços baixarem. Nesse particular o negócio brasileiro de café é muito superior ao nosso, no qual a estreiteza de vistas e a mesquinharia não são exatamente excepcionais".

A figura do comissário, atrás delineada, constituiu o elo de ligação entre os mercados mundiais e o produtor de café, o intermediário que, de um lado reuniu os recursos vindos do exterior controlou a sua distribuição e que, de outro, organizou a comercialização do café nos moldes requeridos pela exportação. Aglutinando em torno de si os capitais estrangeiros e os gêneros nacionais, ele como que personificou, nas condições brasileiras, o nexo entre os países "coloniais" americanos e a expansão do capitalismo. A rigor, a economia do café não escapa ao esquema geral que relaciona esses países ao desenvolvimento do sistema central.

Tomando sempre como ponto de referência o início dos anos 30, época em que o Brasil realmente começou a se organizar como um sistema político-econômico nota-se que o crescimento da exploração do café no século XIX coincide com uma fase de vitalidade e a expansão dos mercados europeus e com o desenvolvimento dos Estados Unidos. Nas duas primeiras décadas do século, tiveram início as culturas brasileiras e o seu produto foi solicitado em proporções crescentes e num ritmo que não podia ser acompanhado pelo aumento da produção, dadas as

---

mais rápido da mercadoria pelos comissários, ensacadores e exportadores, propôs a construção de um grande prédio que reunisse dentro de si todo o comércio de café, representado pelas três classes. O empreendimento supunha desapropriações, abertura de túneis, construção de trapiches, prolongamento de vias férreas e era dado como economicamente compensador na medida em que simplificaria um transporte "dispendioso, lento e penoso, caro e desnecessário", que significava tempo perdido (Silveira, 1884).

condições naturalmente lentas de obtenção desse gênero. Determinou-se, assim, uma elevação de preços, que estimulou o alargamento das plantações, decuplicando-se em 20 anos o volume da produção, o que se fez acompanhar, posteriormente, de um movimento correlato de baixa de preços.[29] Assim os anos 30 encontravam plenamente formadas as condições que iriam determinar o modelo e o sentido das práticas características dos negócios cafeeiros: produção em larga escala, preços baixos e alta rentabilidade garantida pelos mercados em expansão. Nos centros capitalistas, correlatamente à constituição das camadas de assalariados, firmavam-se as tendências ao consumo de massa, e bem em adequação a esse tipo de estruturação dos mercados, o café brasileiro foi produzido abundantemente e barato. A articulação bem-sucedida entre esse esquema de produção e o padrão de consumo correspondente exprime-se claramente nos níveis de preços e no volume das exportações do café durante a década de 1830, apresentando os primeiros uma baixa constante e somente uma pequena elevação ao final do período, enquanto o volume das exportações dobrou. Isto bem mostra a celeridade com que o café se integrou ao estilo de transações vigentes nos mercados mundiais, onde o montante e a rapidez das operações realizadas importavam muito mais que o controle de preços.

Um observador do século XIX já notou que, enquanto o algodão dos Estados Unidos entrava nos mercados europeus como meio de produção e tinha o seu destino diretamente ligado ao desenvolvimento industrial, o café brasileiro chegava a esses mercados como bem de consumo e tinha, assim, uma sorte bem mais arriscada. Escreve ele: "Enquanto a revolução máxima por que passara a condição física dos povos e o seu trabalho favorecia os plantadores dos Estados Unidos, os do Brasil tinham, para estimular a cultura de seu café medíocre, apenas a lenta melhoria das classes médias".[30] Todavia, essa circunstância, que não parecia auspiciosa ao produtor nacional, foi na verdade o requisito básico de seu sucesso, pois nela conciliavam-se as condições internas de

---

29 Os dados sobre produção e preços do café são abundantes e, se as cifras nem sempre são rigorosamente coincidentes, a tendência geral é muito nítida. Para este período, ver, por exemplo, Thiersant, 1882. Ver também as publicações do Centro da Lavoura e do Comércio, Lalière (1909), Delden Laërne (1885) e especialmente, para mais tarde, o *Retrospecto Econômico do Jornal do Commércio*.
30 Straten-Ponthoz, 1854, t.II, p.200.

produção e as condições dos mercados aos quais se destinava. Notava-se negligência no cultivo, no preparo, na escolha e no método de ensacar, mas com muito realismo concluía-se: "Não é de agora que datam esses vícios e essa cultura tem prosperado".[31] A este argumento eram muito sensíveis os fazendeiros, cientes de que os defeitos acima referidos barateavam a mercadoria: "todo brasileiro conhece as causas geradoras de uma tal depreciação, que só deixam de evitar os cultivadores que preferem a quantidade do produto à qualidade de seu merecimento".[32] E foi esta a opção que dominou por completo a sua prática econômica na primeira metade do século: "procuravam seu lucro na quantidade e negligenciavam as qualidades".[33] De fato, assim procedendo conseguiram encontrá-lo e acrescê-lo, pois em 1874 ainda se afirmava com referência aos compradores estrangeiros: "bastava dizer que era café e pouco se cuidava das qualidades".[34] A não importância desse requisito vinha da clientela a que se destinava em maior parte: "foi com o preço baixo de seu café que o Brasil venceu a concorrência de todos os países para atingir o consumo das classes inferiores".[35]

Oferecíamos um gênero pior, mais abundante e mais barato e graças a isto "a produção brasileira deixou de ser artigo de luxo e tornou-se de primeira necessidade".[36]

Trocando os termos: produzimos na escala definida pelos mercados capitalistas, de forma coerente com a distribuição de riqueza no sistema de classes e de modo a corresponder às "necessidades" socialmente determinadas. A fazenda "tradicional" ajustou-se harmoniosamente à economia e à sociedade "modernas".

Mesmo nas últimas décadas do século, quando este arranjo periclitava e se abriam campanhas para difundir tipos finos e elevar preços, ainda se

---

31 Burlamaque, 1860, p.47.
32 Macedo, 1868, p.12.
33 *Le Café du Brésil*, 1886, p.10.
34 *Informação sobre a posição comercial dos produtos do Brasil nas praças estrangeiras*, 1875, p.29.
35 Straten-Ponthoz, 1854, t.II, p.201. Referindo-se ao comércio de café do Brasil com os Estados Unidos, escreve: "O preço baixo está ao nível de todas as classes de pioneiros. Sua qualidade medíocre se combina três vezes ao dia com os hábitos e as necessidades de toda a população" (t.II, p.208).
36 Thiersant, 1882, p. 7.

ponderava: "é preciso considerar que lavradores muito inteligentes, a quem seria fácil melhorar muito a sua produção, podem achar-se em condições especiais que os induzam a produzir de preferência sortes inferiores".[37] Na verdade, mesmo nessa fase, esses casos "especiais" constituíam a regra: a produção concentrava-se nos tipos médios e baixos.[38] Um índice de que era economicamente mais interessante produzir tipos regulares é que a diferença de preços entre estes e os finos não era muito marcada.[39] De outro lado, a margem de lucro por unidade vendida era pequena e o modo de ganhar muito estava em produzir uma enormidade.[40]

Se era possível, nas condições brasileiras, obter tipos finos, isto não foi fácil e, muito principalmente, não seria vantajoso. Com estes fundamentos explica Nicolau Moreira o padrão do café brasileiro: "quem por um momento refletir sobre as circunstâncias especiais em que nos achamos, tanto em relação ao trabalho, como no que diz respeito à viação pública, quem conhecer a facilidade com que se altera o café lavado, resistindo pelo contrário o café de terreiro aos agentes deterioradores; quem, finalmente, souber que o café lavado não só não pode, por seu elevado preço, estender-se pelo consumo geral, como também já tem perdido muito dos foros aristocráticos perante o café de terreiro superior e fino, deve necessariamente concordar em que são os próprios interesses que obrigam atualmente os nossos fazendeiros a prosseguirem no caminho que encetaram, preferindo, por enquanto, o futuro de seus filhos à glória de produtores de especialidades".[41]

Entretanto, o "caminho encetado" principiava a ficar sombrio. Prosseguir nele, indo aos limites de suas possibilidades, implicava mudanças difíceis, isto é, aperfeiçoar os processos de cultura, preparação e exportação, de modo a conseguir as sempre desejadas colheitas copiosas e os preços cômodos, para que o café se firmasse como "de consumo tão universal quanto o trigo", auferindo com isto os negociantes maiores lucros.[42] Subjacente a esta observação está o conhecimento do processo

---

37 Centro da Lavoura e do Comércio, 1883.
38 Ver em Centro da Lavoura e do Comércio, 1882 e 1883, as amostras enviadas às exposições.
39 Moreira, 1873, p.17.
40 Delden Laërne, 1885, p.248-50 (diferenças entre custos e preços de venda).
41 Moreira, 1873, p.92.
42 Cf. Reis, 1884.

real que presidia os negócios cafeeiros. A própria "lógica" dos processos econômicos objetivos – dada pelo incremento contínuo do lucro – aparece aí vinculada à correspondente racionalidade da ação – expressa na prática de produzir muito e vender barato. Constata-se, assim, como fez parte do quadro de referência que orientou os homens do tempo, o "segredo" do êxito na exploração do café. Seus porta-vozes formularam-no teoricamente: "qualquer que seja a alta, nunca poderá o maior valor anular a diferença proveniente da falta, porque toda elevação de preço tem um limite fatal no retraimento do consumo, na falsificação dos gêneros, na concorrência dos novos produtores".[43]

No ponto em que isto era enunciado, entretanto, os preços já estavam controlados pelas casas estrangeiras. Contra elas manifesta-se um anti-imperialista precoce: "o baixo preço tem sido determinado, não exclusivamente pela expansão da produção, como sustentam alguns ideólogos, com tanto aplauso e tão grande aprazimento dos exportadores interessados nos mercados de consumo, senão pela poderosa campanha de especulação, habilmente dirigida contra nós, de que se valem para manter todo o mercado de produção sob uma ação asfixiante".[44] Tentara-se agir contra esse estado de coisas, organizando-se, em 1883 e 1884, "sindicatos poderosos pelos capitais e créditos, com o fim de manter no país o justo preço do café".[45] Interferiram no Havre e em Nova York, mas não conseguiram vencer os adversários, produzindo, no final da luta, desequilíbrios financeiros e maior queda nos preços. Depois, pouco a pouco, "a praça voltou à normalidade", vale dizer, à dominação dos grandes compradores estrangeiros.

A interferência destes foi favorecida pela própria imagem com que o café do Brasil penetrou nos mercados. Os processos rudimentares usados inicialmente,[46] que só permitiam obter qualidades muito desi-

---

43 *Retrospecto Commercial*, 1886, p.4.
44 *A Baixa do Café* (1898), p.24. Seus ataques dirigem-se aos Estados Unidos. Seus interesses parecem estar ligados ao comércio intermediário de café no Rio e seu horizonte teórico é o das distorções provocadas pelo monopólio, na lei da oferta e da procura.
45 *Retrospecto Commercial*, 1884 e 1885.
46 Para indicações sobre as técnicas primitivas de tratamento do café e melhorias introduzidas, ver Monbeig, 1952, p.88. Para uma fonte contemporânea, ver por exemplo, Ewbank, 1856, p.308-9.

guais e viciadas, desacreditaram-no em relação aos de Java, Ceilão ou Mooca. Todavia, mesmo depois de aperfeiçoado o tratamento dos grãos, a representação desfavorável do nosso café perdurou. Mantendo-a e aproveitando-se dela, os comerciantes estrangeiros passaram a colocar nos mercados o café brasileiro rotulando-o com procedências melhor cotadas.[47] Essa prática era naturalmente lesiva a alguns fazendeiros, que obtinham gêneros acima do padrão médio e foi por eles combatida, mas era sustentada pelo conjunto da situação do país. Mesmo quando melhorada a qualidade, foi possível manter preços baixos porque, mesmo nesse nível, eram compensadores para fazendeiros e comerciantes nacionais. Nas alturas de 1883 ainda se fazia notar a indiferença do agricultor, que aceitando "preços insignificantes tem grandes resultados em suas plantações, o que facilitou a tarefa dos especuladores".[48] Concluíram no mesmo sentido os negócios realizados pelos ensacadores, cujo ingrediente fundamental foram os preços *geralmente* menores do café brasileiro. Com este horizonte, não hesitavam em sacrificar qualquer distinção de qualidade para ajustarem seus estoques às exigências estrangeiras. Era em suas mãos que o produto sofria a "massificação" e perdia toda possibilidade de adquirir "marca": misturando as colheitas, "tiravam ao produto seu verdadeiro valor e ao produtor toda responsabilidade".[49] Em adição, os próprios fazendeiros já estavam amarrados aos preços baixos por toda a engrenagem que havia servido à sua prosperidade. Especialmente as dificuldades para o desenvolvimento de um sistema de crédito e a insuficiência de capital os obrigavam a continuar produzindo o mais possível e a vender depressa, a fim de fazerem face das exigências dos credores.[50]

Também condições mais amplas perturbaram o ajustamento entre a produção brasileira de café e os mercados exteriores, na segunda metade do século. Esse período foi marcado por crises econômicas gerais e a depressão alcançou inevitavelmente aquele gênero. Nos fins da década de 1870, diante da crise e em face das abundantes colheitas esperadas, antevia-se o rebaixamento de preços, mas supunha-se, também, que isto

---

47 Ver, por exemplo, Nicolau Moreira, Carlos Teixeira, Santos, *Retrospecto Commercial*, 1881; *Centro da Lavoura e do Comércio*, 1882 e 1883.
48 Teixeira, 1873, p.21.
49 Santos, 1881, p.13.
50 Thiersant, 1882, p.7.

fosse compensado pelo movimento correlato de aumento das exportações. Esta esperança foi, afinal, frustrada: "os preços nos mercados estrangeiros não só declinaram proporcionalmente, mas em presença da redução do consumo, retrocederam ainda mais, a tal ponto que a colheita abundante de 1878 dera resultado inferior aos valores produzidos por colheitas anteriores menos abundantes".[51]

Não só essa situação interferiu praticamente nos negócios cafeeiros, não sendo ousadas operações de vulto, como também os seus componentes apareceram, conforme as teorias em voga, na consciência dos que por ela foram atingidos. Procurando explicá-la, o comentarista econômico do *Jornal do Commercio* aponta para as dificuldades de vida das "classes mais numerosas da população dos países consumidores, em consequência das crises da indústria e da consequente diminuição dos salários".[52] A crise foi vista de dois ângulos. Primeiro, em seus aspectos deletérios, como fenômeno que comprometia as culturas cafeeiras e nessa medida punha em perigo toda a economia do país. Segundo, a partir das potencialidades que encerrava para o reerguimento desse ramo, dadas as características da produção brasileira, organizada para atender às solicitações de quantidade e não de qualidade. Observa o mesmo comentarista: "A baixa do valor do café, principiada em 1880, continuada em 1881, se agravara sensivelmente em 1882, acarretando sérios prejuízos, gerando o mais profundo desânimo. Foram entretanto esses preços baixos que promoveram o movimento no sentido contrário. Atraídos por eles, novos consumidores aproximaram-se do mercado até então fechado às suas pretensões". Partindo daí, estabelece o nexo entre essa reação inicial, que diminuiu os estoques acumulados, com o despertar da especulação e com as colheitas menores, resultando disso tudo a alta das cotações. Conclui seu raciocínio afirmando que "foram os preços moderados do café que, alargando a área de seu consumo, deram origem à situação presente".[53]

---

51 *Retrospecto Commercial*, 1878.
52 *Retrospecto Commercial*, 1881, p.4.
53 *Retrospecto Commercial*, 1882, p.5 e 1883, p.1. As explicações que giravam em torno da lei da oferta e da procura apresentam-se em versões engenhosas na década de 1880. Por exemplo, a evolução dos transportes estaria determinando a queda dos preços. Ocorrera uma transição rápida do burro para a locomotiva e com isto, feitas as contas do tempo economizado, a produção brasileira fora colocada nos mercados exteriores com pelo menos dois meses de adiantamento e a nova colheita oferecida

de passageiro desafogo. Baseia-se claramente no suposto de um equilíbrio "espontâneo" das forças socioeconômicas em presença.

As considerações acima nos oferecem uma boa perspectiva para refletir sobre a mentalidade "rotineira" que tem sido amiúde atribuída aos homens do primeiro surto do café e sobre os nexos que se costuma estabelecer entre seu "tradicionalismo" e seu destino ruinoso. Por tudo o que ficou dito, vê-se que a montagem eficaz de seus negócios, a preservação da engrenagem quando já desgastada, a ideologia que os orientou foram determinadas no interior do "mundo moderno". Muito dificilmente seriam inteligíveis como elementos de uma sociedade de outro tipo, simplesmente posta a serviço e tributária do sistema capitalista central.

Uma evidência de que o apego "irracional" ao rotineiro e ao tradicional não pode ser concebido como o determinante fundamental da mentalidade e da ação do fazendeiro está no fato de que, tão logo o seu mundo começou a periclitar, ele manifestou, muito pelo contrário, uma esperança "irracional" nas inovações. Sabe-se com que rapidez as máquinas de beneficiamento penetraram nas fazendas, quando seus proprietários começaram a ser premidos pelas dificuldades de mão de obra, recorrendo a esses produtos da modernidade como se fossem uma panaceia capaz de resolver realmente os males de que padeciam. Couty faz notar essa ilusão da tecnologia e a maneira sôfrega e canhestra com que o fazendeiro recorria a esses progressos, introduzindo sucessivamente em suas propriedades máquinas que ou eram mesmo frágeis e mal concebidas, ou mal ajustadas, ou que acabavam arruinadas por seus operadores rústicos.[54]

Aliás, desde muito cedo observam-se pretensões ambiciosas quanto à parte mecânica do tratamento dos grãos, com artifícios complicados de armazenagem, secagem e beneficiamento, em contraste com a ingenuidade da parte de cultivo propriamente dita. Na área da Agronomia, os substitutivos "teóricos" que se ofereciam à prática e ao bom senso eram muito limitados e refletiam apenas os estereótipos correntes na época. Assim também, os conhecimentos sistematizados sobre as propriedades do café e os efeitos de seu uso refletiam os valores e tabus

---

quatro meses antes que a última tivesse escoado (cf. *Le Brésil à l'exposition de Saint Petersbourg* e *La question du café*, 1884).
54 Cf. Couty, 1883, p.33. Ver também *A máchina de seccar café Taunay Telles* (1883).

gerais de uma sociedade repressiva.[55] Para os fins do século, esse desequilíbrio foi apontado: as "máquinas perfeitas" lá estavam, "graças ao gênio inventivo dos nossos patrícios", mas faltam conhecimentos de "botânica, zootecnia, física e química agrícola". Nessa época torna-se mais sofisticado o debate sobre problemas enfrentados na cultura do cafeeiro. As análises do café e de seus efeitos tomam ares acadêmicos, com rigorosas comprovações experimentais, a serviço das campanhas de promoção.[56]

Nessas preocupações incluíam-se as técnicas de amanho, tendo sido tentados arados e carpideiras. Nesse setor, entretanto, o problema realmente decisivo, isto é, o cultivo cuidadoso, não poderia encontrar solução. A cultura dos extensos cafezais, em solos comprometidos, tornava-se dia a dia mais difícil pela falta de braços, e o resultado foi a sobrecarga do escravo, que passou a cuidar de uns milhares de pés de café a mais. A incapacidade para sobrepassar as questões de organização do trabalho fornece o ponto de partida para se entender como a grande prosperidade conhecida pelo fazendeiro se transformou em desastre. Este item será abordado mais adiante, quando esta figura estiver melhor delineada.

3 Estilo de vida: produção e dispêndio

A extrema rusticidade observada pelos viajantes do início do século na zona fluminense e no Norte paulista parece ter sido substituída por um maior refinamento quando, por volta da década de 1940, Kidder as atravessou. Já então, em lugar da diferenciação social rudimentar, com

---

55 Cf. Aguiar (1836), Oliveira (1859), Brandão (1842). As ideias deste último autor, em sua tese de doutoramento em medicina, têm fontes estrangeiras, mas são coerentes com as especulações de outras teses da época, sobre assuntos diferentes, especialmente no que incide sobre sexo.

56 Cf. Marcondes (1896), Goeldi (1887), Teixeira (1883). Este último autor põe em foco os efeitos do café em "retardar os movimentos nutritivos do corpo", o que o classifica entre os "alimentos de poupança", que calham muito a propósito na dieta pobre dos trabalhadores das grandes cidades fabris. Seu trabalho foi encomendado pelo Centro da Lavoura e do Comércio.

a desigualdade de condição econômica pouco marcada por variações de estilo de vida, faz ele notar uma discriminação mais pronunciada quanto aos usos e convenções observados nas diversas camadas da população.[57]

A expansão dos negócios e da cultura do café trouxe consigo, por onde passou, uma considerável melhoria nas condições materiais de existência e também algum refinamento no trato e nos hábitos de vida. De fato, basta comparar as descrições das fazendas – suas instalações, as técnicas usadas, os seus moradores –, deixadas por Walsh, Mawe ou Luccock, as quais, com fracos matizes, dão uma imagem geral de pobreza e de vida grosseira, com a dos viajantes dos fins do século, como o casal Agassiz, D'Assier, ou Zaluar, para se avaliar a amplitude e rapidez com que se operaram estas mudanças. Entretanto, é necessário um certo cuidado com esses relatos a fim de que não se chegue a uma ideia um tanto deformada desses grupos sociais, retendo e acentuando alguns de seus traços de maneira descontínua e deixando escapar o nexo que os unifica e lhes confere sentido.

A crônica dos viajantes coincide na descrição das moradas das fazendas, mesmo na época do apogeu do café, como prédios que conservavam muito da antiga simplicidade: a regra dessas edificações foi a de um retângulo caiado de branco, sendo uma ala ocupada pela residência do fazendeiro, outra pelas senzalas e as demais pelas instalações de oficinas, máquinas e armazéns, ficando o centro ocupado pelos terreiros.[58] Talvez se comece a conhecer seus moradores ao se prestar atenção a um dos aspectos de sua construção, isto é, essas casas foram, em regra, destituídas de jardins grandes. John Codman nota a completa "ausência de *piazzas* e árvores de sombra. Estranhamente, elas sempre faltam às casas brasileiras. Essa carência de sombra dá a todas as casas brasileiras um exterior desagradável. Isto deve ser ocasionado por um amor etíope pelo sol".[59] Um outro viajante, que notou a mesma nudez das casas de fazenda, permite que se caminhe para uma explicação melhor que aquela proposta pelo perplexo Codman: "A aparência de uma fazenda-fábrica é raramente alegre ... Raramente há jardins com grandes

---

57 Kidder, 1951, p.72-3.
58 Para a descrição das dependências de uma fazenda e de como a vida nelas transcorria, ver Stein, 1957, cap.VII.
59 Codman, 1870, p.80.

árvores perto desses estabelecimentos. Apenas aqui e ali, além do primeiro pátio da fábrica, se poupam algumas árvores, tal como o pau--d'alho e a figueira-branca, e outras árvores graciosas, de sombra, mas isto é mais para benefício do gado ou para provar a excelência da terra que para adornar ou avivar a paisagem".[60]

Aí está, me parece, uma observação elucidativa do tipo de pessoas que habitavam esses despidos lares e oficinas. A posse e o gosto por plantas e árvores ornamentais, especialmente quando ocupam áreas grandes, em toda parte do mundo aparecem ligadas ao lazer e ao cultivo refinado do ócio, constituindo um complemento para vidas em que há vagares e uma certa gratuidade. O que se entrevê nas linhas acima está bem longe de ajustar-se a esse esquema: em torno das casas de morada, a paisagem não é modelada e enriquecida para o prazer, mas, pelo contrário, o seu despojamento denota que a atenção, o tempo e o trabalho não são desviados para essas superfluidades. O pouco que da natureza se conserva não se destina a um propósito de gratificação vadia, mas encontra a sua razão de ser em objetivos de caráter econômico: a utilidade para o rebanho e o padrão da terra. Esse é um indício que nos permite perceber um conjunto de pessoas empenhadas em um trabalho que não comporta desperdício com embelezamentos improdutivos.

Em verdade, as relações entre os membros das grandes fazendas estão bem longe de organizar-se segundo o modelo clássico em que se opõem, de um lado, senhores liberados do exercício de funções econômicas e que levam a dispender seu tempo e as contribuições recebidas em atividades bélicas e lúdicas e, de outro, dependentes e escravos sobre os quais pesa com exclusividade a produção dos meios de vida. Mais de um observador do século XIX teve a sua visão do grande proprietário de terras no Brasil e da vida em seu estabelecimento parcialmente deformada por esse esquema de percepção, fornecido pelo quadro das existências senhoriais europeias, não se dando conta de que só poderia existir uma analogia formal entre os elementos materiais e humanos que entraram na constituição das propriedades fundiárias do velho e do novo mundo. É certo que, em uma e em outra, os componentes fundamentais foram os grandes domínios em que se integravam os grupos privilegiados e os subjugados, mas nessa presença cessa toda e qualquer semelhança

---

60 Delden Laërne, 1885, p.277.

existente entre ambas: a concepção de vida, os objetivos a cujo serviço foram postas, o sentido da atividade nelas desenvolvido são totalmente díspares.

Valendo-nos de uma simplificação, podemos dizer que nos domínios senhoriais as atividades realizadas tinham o seu sentido diretamente dado, e o seu montante limitado, pela satisfação das necessidades humanas: visava-se à aquisição de valores de uso, vinculados de modo imediato à manutenção da vida. É esse o fundamento econômico que, na conhecida caracterização de Sombart, aparece vinculado à mentalidade pré-capitalista. Juntamente com ambos, define-se um estilo de vida no qual a distribuição de bens obedece a um esquema fixo, conforme a desigualdade das condições sociais desfrutadas. Na base dessa organização social e econômica está a ideia da "manutenção conforme a posição social", cristalizando-se com isto os estamentos privilegiados e as camadas mais pobres e determinando-se a partir daí um modo particular de vida para as existências senhoriais e para a massa do povo. Sombart caracteriza essa organização como uma "economia de dispêndio", traduzida para as camadas senhoriais numa vida pródiga e ociosa e, para os demais, numa vida de trabalho cujo ritmo e cuja quantidade são determinados em vista das necessidades a serem satisfeitas, fixadas tradicionalmente.[61]

---

61 Cf. Sombart, 1929, p.18-9. Escolhi o esquema proposto por Sombart por ser mais específico para análises de estilo de vida. Entretanto, o seu fundamento não se distingue muito dos critérios usados por Weber para construir os tipos de dominação tradicional e sociedade estamental, em oposição à dominação legal e sociedade de classes, reportando-se ambos os autores, afinal de contas, a Marx e à possibilidade de dissociar os princípios ético-jurídicos dos princípios puramente econômicos de articulação da sociedade. Veja-se, por exemplo, o texto de Marx sobre a aparência que reveste a propriedade fundiária feudal (com a ligação pessoal entre terra-senhores-servos, os traços políticos e afetivos de suas relações, com o consumo definido pela oferta e o alheiamento do senhor em face da produção que recai sobre a camada trabalhadora) e sua liquidação pela propriedade fundiária capitalista (com seu caráter de mercadoria e com a despersonalização do vínculo terra-proprietário-trabalhador, cujas relações tornam-se estritamente econômicas e se inscrevem na atividade lucrativa e na trama da concorrência). Nestas condições "o casamento de interesse substitui o casamento da honra com a terra", e a propriedade fundiária revela, sob o aspecto do capital, sua dominação sobre proprietários e trabalhadores (Marx, 1968, p.51-2).

Seria inútil qualquer tentativa de procurar compreender a organização da grande propriedade territorial brasileira e o estilo de vida que nela se constituiu tendo por referência esse modo de produção. Dentro das fazendas, o nexo que liga essencialmente sujeito e bens econômicos não é aquela relação de natureza qualitativa, orientada para o atendimento de requisitos vitais. Pelo contrário, tudo nelas adquire sentido na produção de artigos cujo valor só se consubstancia ao penetrar no mercado e ao ser reduzido à sua expressão quantitativa, representada numa soma determinada de dinheiro. Tudo, nas fazendas, se organizou em função disto, aparecendo subordinado a esse fim o que nelas houve de produção para a subsistência: os trabalhos domésticos, a manufatura de utensílios e vestuário, as oficinas de ferramentas e implementos para o trabalho, a farmácia, a enfermaria, todas as suas partes, enfim, estruturaram-se para possibilitar a constituição de uma unidade mercantil de produção. A escravidão, que nelas congregou pessoal numeroso, o caráter de latifúndio que as manteve isoladas dos estabelecimentos congêneres ou dos povoados e cidades, condicionaram toda essa complicada formação, dando-lhes essa *aparência* de uma unidade autônoma de produção e consumo. Mas é preciso não esquecer que esses mesmos traços – a escravidão e o latifúndio – são decorrentes da necessidade de ajustar a produção do café aos mercados internacionais e que estiveram assim, em última análise, definidos pela natureza e pelas exigências desses mercados. Tanto o caráter essencial dessas fazendas, enquanto unidades de produção, vem de seu nexo com os mercados, mais que das atividades coadjuvantes que nelas tinham lugar e as convertiam num centro fechado, que ao ficar ameaçada a produção mercantil, pelas dificuldades de mão de obra, foi imediatamente relegada a produção para a subsistência, ainda quando em vigor a escravidão.[62]

---

62 Observa Delden Laërne, 1885, p.290-1 que "para manter em ordem as lavouras demasiado extensas, o proprietário é obrigado a cultivar menos arroz, feijão e cana-de-açúcar e a comprar esses gêneros mais caro do que se ele próprio os plantasse". Parece-lhe "estranho que o cultivo das primeiras necessidades da vida sejam tão desprezadas nas províncias produtoras de café e de açúcar, que mesmo milho e feijão precisem ser comprados nas regiões sul do Império e mesmo dos Estados Unidos da América do Norte". O cultivo desses mantimentos ficou relegado a sitiantes "que podem dispor deles para os grandes fazendeiros das redondezas ou mesmo nos mercados do Rio". Respondendo a portarias do Governo Provincial,

Nesse contexto, é importante lembrar que o requisito de incluir, no arranjo das fazendas, os órgãos subsidiários para atender à manutenção de seu pessoal e dos implementos agrícolas não foi uma decorrência necessária da presença do escravo nem está essencialmente associado ao travamento da constituição de mercados internos. De fato, a diferenciação das funções realizadas dentro das fazendas vem muito mais de seu tamanho e da escala da sua produção. Isto fica claro ao se ter presente que mesmo depois de completa a organização das fazendas na base do trabalho livre, perdurou a sua estrutura interna e que as grandes fazendas de café do Oeste paulista de tudo incluíam para atender às suas próprias necessidades e às de seus empregados. À medida que aumentou a pressão para concentrar o trabalho na produção mercantil, o proprietário de escravo passou cada vez mais a adquirir fora os artigos necessários à subsistência, funcionando como o elemento de ligação entre os seus numerosos dependentes e os mercados. O patrão de homens livres desempenhou funções análogas e constituiu-se num intermediário da massa de trabalhadores que se achava distanciada dos povoados, comprando os artigos necessitados pelo pessoal a seu serviço e revendendo-os nos armazéns estabelecidos dentro de suas terras.

Parece-me que estas indicações são suficientes para que se veja que a organização interna dos grandes estabelecimentos, *per se*, é insuficiente para caracterizá-los e para tornar inteligíveis as relações neles definidas. A referência a essa organização interna só alcança teor explicativo quando associada ao modo de produção capitalista, que dominava os mercados mundiais.

Essa perspectiva é a que permite indicar o que foi a fazenda como unidade de produção. No seu interior ordenaram-se as funções necessárias à agricultura mercantil, na forma em que isto foi possível no Brasil, isto é, mediante a grande propriedade territorial que congregou sob o

---

escreve a Câmara de Guaratinguetá que "a causa principal do encarecimento dos gêneros de primeira necessidade neste município não é senão a carência de braços e a quase exclusiva aplicação dos braços existentes na lavoura de café, que oferece resultados em demasia vantajosos". Acrescenta ainda "que sobre os gêneros que fazem a base da alimentação pública ... tem havido decrescimento nesses gêneros e aumento de consumidores, pelas razões acima ponderadas". Conclui que "à exceção do café, todos os gêneros alimentares têm igualmente escasseado" (*Atas da Câmara*, 26.11.1857 e 30.11.1857).

mesmo teto e à volta da mesma mesa, unindo numa estreita comunidade de destino, um grande número de pessoas. Esse procedimento evitará a reconstrução da vida socioeconômica dentro das fazendas de uma perspectiva que acentue unilateralmente as amenidades das relações que nelas tiveram lugares o seu cunho benévolo e patriarcal, ou que ponha à mostra preferentemente a brutalidade da compulsão para o trabalho, no limite extremo da categorização das relações humanas, expressa na oposição irredutível entre seres essencialmente diversos: o senhor e o escravo, a pessoa e a coisa. Na verdade, as relações que se estabeleceram dentro da fazenda foram, a *um só tempo*, marcadas por todos esses componentes. Não é sem consequência, para as relações, entre os homens, que a sua existência transcorra presa e confinada a um ambiente unitário e em convivência estreita e íntima. Nem é, também, sem consequências para a natureza dessas mesmas relações que esse ambiente esteja presidido pela busca pura e simples do ganho, e que este alvo seja perseguido não mediante o extraordinário da aventura, como o foi na vida do antepassado bandeirante, mas por via da produção. Dessa maneira, o objetivo de lucro e o meio que se configurou para a sua obtenção – *a fazenda concretizada em empresa e lar* – fecharam num círculo todos aqueles que fizeram parte de sua estrutura, integrando a dominação econômica à continuidade de um cotidiano inescapável.

Como empresa, a fazenda constituiu uma formação que teve um caráter orgânico, com atividades diferenciadas, conforme o esquema rudimentar, mas imprescindível, requerido pela produção do café. Note-se que a produção dessa mercadoria em grande escala, ao mesmo tempo que supunha um grau mínimo de divisão do trabalho nas operações de cultivo e beneficiamento, não prescindiu, em tempo algum, da administração centralizada dos grupos de trabalho. Houve tentativas, quando dos tateios para solucionar o problema da substituição do escravo pelo homem livre, de compor, dentro das grandes propriedades, vários pequenos centros de produção, onde se realizariam de maneira independente todas as atividades de cultivo e mesmo de beneficiamento, e cuja capacidade estaria definida pela força de trabalho de cada família de imigrante.[63]

---

63 Cf. Couty, 1844, p.63.

As dificuldades técnicas de organizar a produção do café em larga escala, que resultariam dessa fragmentação do trabalho, são as que mais facilmente podem ser percebidas: o preço das instalações e o incentivo cada vez maior para a mecanização, advindo justamente das dificuldades e do alto custo da mão de obra, tendiam a provocar a centralização do beneficiamento, como de fato aconteceu. Os custosos terreiros e tanques de lavagem, os mecanismos de separação, limpeza, despolpamento e brunimento nunca poderiam ser economicamente ajustados para a produção dos lotes confiados a cada família de imigrantes.

Mesmo limitando essa fragmentação do trabalho ao cultivo e à colheita, surgiu um poderoso obstáculo: a dificuldade em organizar socialmente a produção do café de maneira que correspondesse aos objetivos do fazendeiro. Couty defendia o sistema de parceria nas fazendas, argumentando com base no próprio projeto do imigrante: sua aspiração a tornar-se proprietário e a ganhar independência é que o faria abandonar a pátria, onde esse objetivo estava cortado, e dirigir-se para onde sua realização seria possível. De outro lado, o camponês europeu, na maior parte das vezes pobre mas *maître chez soi*, dificilmente se acomodaria ao sistema agregatório das fazendas, com as turmas do eito supervisionada por capatazes, e à dominação pessoal exercida pelo fazendeiro, com sua ingerência nos assuntos particulares do trabalhador. Aspiração à propriedade e à liberdade individual, eis aí os traços que Couty desentranha do projeto e da "psicologia" do imigrante, aos quais urgia satisfazer para atraí-lo e fixá-lo na terra estranha. Se, de fato, ir ao encontro dessas ambições era eficiente para provocar os movimentos migratórios, corresponder efetivamente a elas teve efeitos em nada desejáveis do ponto de vista dos grandes estabelecimentos carentes de mão de obra em função dos quais se provocava, especialmente, as correntes de imigração.

Não passaram despercebidas a Van Delden Laërne as dificuldades de ajustar esse imigrante à produção de café como grande lavoura. A seu ver, esse cultivo "concentrado nas grandes propriedades de alguns senhores de terras, não é suficientemente remunerador para o colono, cujo empenho é encontrar no novo mundo uma vida mais confortável que a oferecida por seu próprio país". Assim, os imigrantes tratam e colhem o café "relutantemente e apenas porque sob essas condições podem conseguir terra para cultivar gêneros. Se obtivessem terras de qualquer outra maneira, não há dúvida que se dedicariam a colheitas que pudessem converter em dinheiro sem dificuldade, como milho, feijão, batata e verduras".[64] Proporcionar ao colono facilidades para a comercialização de gêneros, dar-lhe empreita nos cafezais e participação nos lucros realizados foi, ao mesmo tempo, equipá-los para uma passagem transitória pela fazenda, por período que raras vezes ultrapassou a duração dos contratos iniciais.[65] Instalados nas férteis terras roxas, em culturas formadas, em franca produção e altamente rendosas, abriu-se a eles o caminho para a realização de suas ambições pequeno-burguesas. Fecundaram os cafezais com ambição e trabalho, fizeram crescer a sua produtividade, aumentando momentaneamente os lucros do proprietário, mas conseguiram com isto algo que foi decisivo para os seus próprios interesses: lograram alçar os seus recursos acima do nível de subsistência, e isto num mundo em que as oportunidades de exploração econômica abriam-se de par em par. Não foram poucos os que conseguiram livrar-se do endividamento, que o fazendeiro não deixou de usar como técnica de sujeição, e ainda poupar, ajuntando somas que lhes permitiram ir-se das fazendas e lançar-se à aventura de "fazer a América". Dessa maneira, o problema do abastecimento de mão de obra como que se regenerava, repetindo-se ciclicamente um estado de carência.

No momento em que estava para ser abolida a escravidão, o contingente de população livre e pobre não chegara realmente a ser expropriado dos meios de produção: havia sido privado da propriedade da terra, mas não de seu uso. Conseguira acomodar-se à sombra das grandes fazendas e reeditar, com a agregação e a vida de favor em chão alheio, o seu modo tradicional de subsistir, produzindo o pouco de que necessitava e escapando assim, pelo menos temporariamente, ao destino de assalariado. Extinta a escravidão e inexistente dentro do país a possibilidade de utilização sistemática de uma força de trabalho nacional, o fazendeiro foi obrigado a voltar-se para o exterior, onde poderia prover-se da categoria de homens de que necessitava. E teve que aceitar as condições com que se apresentavam nos mercados. Eram condições visivelmente desfavoráveis para o fazendeiro, mas precisou submeter-se

---

64 Delden Laërne, 1885, p.215 e p.374.
65 Sobre a instabilidade do imigrante, ver Prado Júnior, 1953, p.218-20 e Holanda, 1950.

a elas e conceder ao imigrante uma situação compatível com suas ambições, porque isto constituía uma forma imediata de garantir a continuidade das lavouras. Assim procedendo, entretanto, estava a favorecer a evasão dos trabalhadores, tão custosamente conseguidos. A acomodação entre ambos, com a presença de interesses opostos, tendo os dois lados probabilidades de se fazerem valer, não esteve isenta de tensões. E foi, na verdade, transitória, sendo esta fase um compromisso fugaz entre a *praxis* do fazendeiro, ao enfrentar os problemas de suprimento de mão de obra e ajustar-se à solução possível para ele, e o projeto do imigrante, que também se sujeitou às condições adversas iniciais, a fim de superar a condição que rejeitara ao abandonar seu país de origem e realizar sua independência.[66] Depois, progressivamente, a grande fazenda de café foi regularizada, novamente organizando-se sobre a base de trabalhadores expropriados, com remuneração mais ou menos no nível de subsistência, congregados em atividades centralizadas sob o controle do fazendeiro. O processo transitório de rompimento do equilíbrio das relações de trabalho, com a introdução dos programas de parceria e sua posterior eliminação, nas zonas ricas de café, onde a fazenda pôde manter-se em toda sua integridade, deixa inequívoco o seu caráter de empresa econômica, por meio da qual seu proprietário mobiliza meios de produção e trabalho, mantidos sob seu poder, e torna bem evidente como a persistência e sucesso dessa organização estão condicionados a este requisito.

Uma fazenda, nesse sentido, diferencia-se radicalmente da forma de exploração capitalista da terra, em que o proprietário aufere as suas rendas. Este ideal tranquilo não esteve de todo ausente das cogitações dos homens ligados aos negócios do café, quando buscavam uma solução

---

66 Esses ajustamentos iniciais com o imigrante tiveram um significado geral na dinamização da economia de São Paulo. Do ponto de vista da organização interna das fazendas, entretanto, essas tentativas não tiveram resultados muito positivos. Sobre o Senador Vergueiro, comenta Azevedo (in: Werneck, 1878, p.273) que "em todos esses ensaios ganharam os colonos, mas o ilustre iniciador da ideia perdeu grandes cabedais". Pouco acima relata que uma "pluralidade desses colonos de lá saíram com pequenas fortunas e muitos hoje são fazendeiros abastados". Delden Laërne, op. cit., p.355, descreve uma dessas propriedades conseguidas por imigrante, depois de uma década nas lavouras de café: cultivava ele próprio café (16.000 pés) e gêneros de alimentação que "podia dispor rapidamente no mercado de Campinas".

para a crise em que se debateram nos fins do século, e aparece, muito significativamente, associado aos programas de descentralização do trabalho. Escreve um dos porta-vozes do grupo: "Nós acreditamos firmemente que, se hoje um fazendeiro possuidor de extensos cafezais quisesse descansado auferir lucros sem grande emprego de capitais, poderia repartir o terreno em vários lotes, e arrendá-los a colonos com famílias, homens morigerados e verdadeiramente lavradores. Viria isto constituir propriamente o rendeiro, posição independente e cercada de garantias de rendas".[67]

Foi sempre negada ao fazendeiro, contudo, essa graciosa e segura forma de desfrutar a vida: ele nunca foi economicamente prescindível, um homem cujo rendimento independesse de aplicar sua habilidade e sua reflexão inteiramente, ou predominantemente, a serviço da aquisição econômica. Sempre foi, de uma maneira ou de outra, indispensável à entidade onde seus lucros eram gerados, nela vertendo o seu esforço. Mesmo quando a fazenda não havia tomado decisivamente a forma de uma empresa agrícola e em que uma disciplina imperativa ainda não regulava necessariamente as tarefas nela realizadas, já afirmara Luccock, que a região onde se instalava o café era "habitada por uma raça dura e industriosa que nada mais deseja senão estradas que levem seus produtos para a costa ou para o mercado".[68] E pelos fins do século, mesmo D'Assier, cuja observação estava referida à imagem do patriarca antigo e do nobre europeu, não pôde deixar de incluir uma rotina de trabalho no cotidiano dos "nababos do Novo Mundo", ao lado dos lazeres fidalgos que estava predisposto a ver.[69]

O fazendeiro esteve, na verdade, à testa de um empreendimento de proporções consideráveis, organizado com o objetivo de obter lucros, produzindo gêneros para um mercado que se ampliava continuamente e que nessa medida abria todas as possibilidades para que se realizassem as ambições de enriquecimento contínuo, afastando sempre para o horizonte os limites de satisfação com o ganho. O quanto esteve orientado para a atividade lucrativa pode ser visto nas palavras de um deles, escritas ao filho: "Tudo é egoísmo, e abra os olhos para dinheiro.

---

67 Azevedo, s. d. In: Werneck, 1855, p.270.
68 Luccock, 1951, p.180.
69 D'Assier, 1867, p.131.

Por aqui, o lema é: Se podes ganhar dinheiro, faça-o a qualquer custo".[70] O movimento incessante no sentido da aquisição de bens econômicos surge expresso na vida de um desses homens enriquecidos, que adquiria sempre terras e escravos, aumentando cada vez mais seu vasto patrimônio. "Comprar, sempre; vender, nunca", diz-se ter sido o seu lema. Em verdade, foi essa sedução que presidiu sua morte: endividado e atingido pelas dificuldades com a escravaria, preferiu suicidar-se a ter que vender parte de seus haveres.[71] Tal como este fazendeiro, os demais tiveram uma existência dominada pelo signo da atividade econômica, dela derivando a sua maneira específica de ser. O próprio arcabouço material, que ficou da velha fazenda de café por eles construída, é testemunho do quanto suas vidas estiveram atadas ao atributo de produtores, encontrando aí o seu sentido: não foram os lagos e os parques de uma paisagem de lazer que cercaram as suas moradas, mas os terreiros de café e as oficinas de trabalho, que quiseram imediatamente à vista e sob controle direto.

A austeridade e a simplicidade que em regra marcaram o estalão industrioso de vida nesses casarões, mesmo quando já em plena prosperidade,[72] foram elementos conservados da antiga condição de pobreza, quando a limitação dos meios de vida e a ausência de dinheiro obrigavam a um zelo contínuo para que se conservasse a proporção entre o produzido e o consumido. Essa frugalidade, tão amiúde relatada pelos viajantes do início do século, foi um componente que se integrou harmonicamente ao novo tipo de ajustamento econômico, que se inaugurava com o exercício da atividade lucrativa de maneira regular e em larga escala. A parcimônia, imposta como necessidade nos quadros de uma economia que oscilava pelo nível de subsistência, entrosou-se de modo criador ao estilo de atividade econômica que supunha a produção de excedentes e implicava a poupança de parte desse produto. Cumpre notar que o caráter preservado da antiga ordem não trouxe consigo nenhum entrave ao desenvolvimento da nova; pelo contrário, ajustou-se

---

70 Carta, provavelmente de 1854, citada por Stein, 1957, p.121.
71 Taunay, 1839, v.VIII, t.VI, p.200.
72 Para uma descrição minuciosa, ver Von Binzer, p.19-54. Mesmo em fazendas como as do Barão de Nova Friburgo se observa que "à exceção do Gavião, onde residia, nenhum luxo se pode encontrar. A mão firme do superintendente tudo guia e em toda parte prevalece uma bem avisada frugalidacle" (Delden Laërne, 1885, p.339).

de maneira confluente aos outros determinantes e reforçou o processo de mudança. De fato, a privação de consumo supérfluo, definido anteriormente pela penúria, integrou-se à nova ordem de coisas como meio de enriquecimento, limitando-se o dispêndio ao necessário e à aplicação reprodutiva. Saint-Hilaire, nas proximidades de Resende, comenta: "Os proprietários desta redondeza possuem 40, 60, 80 e até 100 mil pés de café. Pelo preço do gênero devem esses fazendeiros ganhar somas enormes. Perguntei ao francês (que encontrara), em que empregavam o dinheiro. O senhor pode ver, respondeu-me, que não é construindo boas casas e mobiliando-as. Comem arroz e feijão. Vestuário também lhes custa pouco, nada gastam também com a educação dos filhos que se entorpecem na ignorância, são inteiramente alheios aos prazeres da convivência, mas é o café que lhes traz dinheiro. Não se pode colher café senão com negros; é pois, comprando negros que gastam todas as rendas e o aumento da fortuna se presta muito mais para lhes satisfazer a vaidade do que para lhes aumentar o conforto".[73]

Com efeito, na consciência e nas práticas dessas pessoas, mesmo quando já gozavam de uma condição abonada, a prodigalidade é escandalizante, enquanto a poupança é encarecida como virtude, e isto em todos os planos da vida, dos negócios à economia doméstica. Em vários dos testamentos examinados deparei com a recomendação, firmada por homens ricos, de que "o meu enterro se faça com decência, porém sem luxo". O mesmo velho fazendeiro, cujas informações já utilizei em capítulo anterior, transmitiu-me, certa vez, o preceito que havia norteado sua vida e ao qual atribuía o sucesso que alcançara: "Trabalho e Economia. Gastar do necessário, o mais necessário".[74] A relevância dessa afirmação pode bem ser avaliada ao considerar-se a extração socioeconômica de seu autor, filho de uma família de fazendeiros que se estabeleceu e prosperou com uma história que pode ser considerada típica.[75]

---

73 Saint-Hilaire, 1954, p.117-8.
74 Walsh, 1830, p.130, também acentua a "prudência e operosidade" como práticas associadas ao enriquecimento na região em que visitou.
75 Negociando com tropas trazidas do Rio Grande do Sul (cerca de mil cabeças), um de seus antepassados demorou-se pelos pastos das cercanias de Resende e, agradando-se do lugar, com os recursos obtidos ao vender a tropa no Rio de Janeiro, deu

A referida limitação do consumo, transferida dos antigos "mores" forjados na pobreza e cujo sentido foi redefinido pela compulsão do lucro, não esteve presente apenas nas famílias que expressariam a mediania do grupo de fazendeiros. A atitude industriosa e frugal pode ser apanhada mesmo em se tratando de proprietários titulados e de largas posses. Os conselhos do Barão do Paty do Alferes a seu filho doutor, recém-chegado da Europa e destinado à lavoura, constituem um documento revelador de toda uma concepção de vida cujos valores centrais são a riqueza, o trabalho e a economia.

A medida do sucesso e o caráter da recompensa esperados da vida agrícola aparecem na invocação com que o autor abre as suas lições: "Possa o céu fazer-te feliz e dar-te tanta quanta fortuna te deseja teu Pai". Que a palavra fortuna, nesse contexto, denote riqueza material, não pode haver dúvida. Em suas recomendações aparece também a evidência de que a fazenda constituiu, em principal lugar, uma empresa; realizem-se antes de mais nada as obras requeridas pelo processo de produção, e que isto seja feito "com perfeição e cuidado". As providências com alojamento e bem-estar são proteladas para uma segunda etapa, cuidando-se de início apenas "da construção ligeira de uma casa de morada do agricultor". Note-se que essa sequência vem definida por um fazendeiro abastado que poderia primeiramente, com folga, cogitar da instalação confortável do filho. Seu ponto de vista, que exprime como se fosse parte da ordem natural das coisas, formara-se em outras eras, ao se instalarem as culturas de café, estimuladas pela expansão dos mercados mundiais mas como que arrancadas da estagnação a que se reduzia o sistema econômico da área fluminense e paulista. Nessas condições, a atividade tendia a orientar-se necessariamente para o esforço inicial de conseguir que a produtividade fosse alçada acima do nível de satisfação das necessidades

---

início à sua fazenda, que atingiu a proporção média desses estabelecimentos na região, abrangendo cerca de 200 alqueires, com mais ou menos 200 mil pés de café e 100 escravos. A trajetória de seu crescimento e declínio foi também aquela que mais frequentemente ocorreu na região, ligada ao endividamento progressivo, tendo a família sido arruinada pela Abolição, que a deixou onerada com um lote de escravos recém-comprados, tal como aconteceu a tantas outras. Esse quadro típico completa-se com o fato de seus membros terem se conduzido à maneira corrente na camada dominante com certa dose de participação política e o quinhão usual nos cargos públicos.

básicas. Só depois haveria lugar para o que representasse amenização da vida. No plano das fazendas, que se constituíram nos núcleos ativos desse crescimento, tiveram uma parte importante essas práticas que consistiram em tornar mínima a absorção da capacidade produtiva para atender às necessidades de subsistência. Alargava-se, assim, a margem do excedente disponível para saldar obrigações contraídas ou cobrir novas inversões, visto que pelo menos nas fases iniciais desses empreendimentos qualquer possibilidade de aumento da produtividade por alterações significativas na forma de utilização dos fatores de produção estava excluída.

Dessa maneira, nos quadros de uma economia em que o objetivo de produzir e acumular consistia num árduo e quase impossível cometimento, definiram-se padrões de consumo que, embora mantendo uma certa desigualdade para as diferentes categorias sociais, foram generalizadamente parcimoniosos. Esses hábitos de moderação foram resguardados, preservando-se a noção de sua importância para o enriquecimento, mesmo depois que as fortunas já se haviam consolidado, dispensando a antiga disciplina de gastos. Nas lições do próspero Barão do Paty, a ideia de economia, que evidentemente não podia ser imposta pela necessidade, aparece como um dos valores fundamentais da existência. As ações continuavam basicamente a ser presididas pelo discernimento entre o que seria despesa supérflua e gasto necessário, embora já estivesse muito diferenciado o critério de formação deste juízo. "Conquanto a arquitetura rural não tenha ainda constituído entre nós regras fixas, todavia é fora de dúvida que tal ou qual elegância não é incompatível com a economia que deve presidir a todas as construções que houverem de ser levantadas em uma fazenda." O sentido estético, que não deixa de estar presente nesse conselho, subordina-se, contudo, ao interesse material. Assim também, a ele está sujeito o empenho pelas condições de saúde do pessoal da fazenda: "as prescrições de higiene não elevarão, por certo, o custo das obras".

É certo que os padrões parcimoniosos de consumo, mantidos mesmo depois de estabelecida a desigualdade de distribuição de rendas, haviam sido forjados no antigo estado de pobreza que atingiu mais ou menos rudemente a todos os moradores da região, moldando, no conjunto, uma vida parca e frugal. Mas não se pode entender que a produtividade confinada nos níveis de subsistência tenha significado, nessa área, algo parecido com "economia natural". Vontade de aquisição econômica e ambição de lucro nunca foram estranhos ao universo desses homens, nos seus três séculos de existência. O alheamento em relação às atividades econômicas de âmbito nacional e mundial, a que ficou relegada a região, não pode ser pensado em termos absolutos. A conduta econômica, pelo menos das minorias privilegiadas, sempre foi no sentido de integrar-se a essas esferas mais amplas, embora essa orientação tenha sido impedida, é verdade, pela pobreza condicionada pela própria marginalidade. Mas, no momento em que foi possível romper-se esse circuito, quando do estabelecimento do comércio internacional do café, essa pobreza inicial, pelo estilo de vida que determinou, integrou-se de modo proveitoso ao crescimento econômico. Nesse processo, ambição e sobriedade fundiram-se criadoramente.

A importância desse fato aparece bem clara quando se retoma a observação sobre a impossibilidade de introduzir modificações substanciais na forma de utilização dos fatores de produção. Convém lembrar as condições em que teve origem e se desenvolveu a cultura do café: a técnica agrícola rudimentar e estável, o regime escravista já comprometido por perturbações sérias, mas subsistindo ainda firme como instituição, a abundância e fertilidade da terra, que em parte compensavam essas dificuldades, mas que também contribuíam para mantê-las e, sobretudo, o praticamente nulo estoque de capitais. Tudo isto formava um sistema bastante emperrado, no qual inexistia a possibilidade de modificações internas. De um lado, a rotinização da tecnologia era muito função da larga disponibilidade de homens e terras, utilizados num contexto que fazia rentável a exploração agrícola por processos rudimentares; de outro, a base técnica estável condicionava qualquer expansão da produção à incorporação de mais homens e mais terras. Dia veio em que esse estado de coisas voou pelos ares. Entretanto, à época em que nasceu a cultura do café, aquelas condições estavam *dadas* e foi circunscrito a elas que teve começo o processo de acumulação de capitais.

E de onde extraí-los? Como já se indicou, para uma boa parte dos fazendeiros o primeiro momento de constituição dos empreendimentos foi realizado com esforço.[76] Foram homens de posses modestas, que se

---

76 Os cronistas trazem descrições da abertura das fazendas que confirmam essas dificuldades. Escreve Mawe, 1812, p.127: "Como os fazendeiros, quando começam os trabalhos, raramente têm fundos suficientes para comprar negros no Rio, suas

financiaram mutuamente, inter-relacionando-se, o proprietário de terras que adquiria os seus meios de produção com o excedente salvo da subsistência e o comerciante que os distribuía e vendia a crédito, aceitando mesmo qualquer tipo de transação. Só mais tardiamente é que os recursos vindos do Exterior passaram a financiar esses empreendimentos, filtrando-se através das mãos do comissário de café. Dentro das condições internas acima referidas, recursos adicionais só poderiam ser conseguidos se o esforço para produzir mais fosse acompanhado do esforço correlato para dispender menos.[77]

Essa modalidade de ajustamento encontrou campo fértil na "desnecessidade de consumo" que se definira com a tradição de pobreza, que atalhou a incorporação, nos padrões de consumo, dos artigos supérfluos que não poderiam ser produzidos dentro da própria fazenda. Desse modo, definiu-se favoravelmente para o sucesso da fazenda como estabelecimento mercantil a sua outra "face", a do lar cujos membros suprem a si mesmos. Nesse contexto, na fusão do núcleo doméstico e empresa lucrativa que constituiu a fazenda, a produção para a subsistência passa a ser legitimada em função do próprio *ganho*, como medida de restrição do dispêndio supérfluo. Este último reparo reconduz a reflexão para os conselhos do Barão do Paty. Através deles vê-se como, em verdade, é reelaborado o sentido da autonomia econômica da fazenda e como é projetada na consciência de seu proprietário. Não é o *orgulho* de produzir todo o requerido no interior da própria fazenda, mas a preocupação em *não gastar*, que preside esta afirmação: "Um fazendeiro cuidadoso tem todos os dias um jantar esplêndido, *e só lhe custa dinheiro*, o vinho e o sal e algum acepipe; o mais ele tem em casa e com muita profusão". O alvo de produzir, enriquecendo com trabalho e economia, e sua autenticidade como expressão de um ideal de vida não poderiam ser melhor expressos que nesses conselhos de pai a filho. "Enfim, aformoseai a vossa fazenda, tereis o útil com o agradável, e sem que isto importe em despesa, bastando que haja gosto, capricho e atividade",[78] ensina o homem ao moço.

---

    operações são, por muito tempo, bastante restritas e frequentemente esmorecem por falta de braços".
77 Anota Mawe, op. cit., p.118, referindo-se a fazendeiro laborioso, em processo de enriquecimento: "Suas despesas são deveras leves".
78 Werneck, 1878, p.10.

O conforto comedido, num ambiente severo tendendo para a simplicidade escorreita, parece ter sido um padrão em que o antigo despojamento não se perdeu, recompondo-se com a prosperidade. Das famílias mais importantes e ricas do café, algumas houve que conservaram, junto com os novos refinamentos, muito do caráter singelo e industrioso dos costumes originários. Vejam-se, por exemplo, as informações dadas por Taunay sobre o Barão de Vassouras, que, jovem e com poucos recursos, chegou à região do café no início do século. Com o apoio de um tio, conseguiu prosperar como negociante e adquirir fazenda, chegando a ser dono de grande fortuna. "Ativo, inteligente, organizado e poupado", são as qualidades com que Taunay o descreve, tirando-as da imagem que reteve quando privou de sua intimidade. Suas lembranças sobre o Barão de Vassouras informam sobre um representante completo de homem do café, fazendeiro, banqueiro e comissário. No mobiliário de sua casa, notou o predomínio de peças brasileiras, enormes, toscas e pesadas, em meio às quais surgiam alguns móveis estrangeiros que, no dizer de Taunay, eram "documentos da passagem dos mascates, agentes da civilização e tosquiadores ferozes da fazendeirada singela". De procedência europeia eram a mobília do salão, "que nada tinha de rica", os seus poucos adornos, o serviço de jantar que, enterrado nos aparadores rudes, constituíam "outra disparidade da época", e um enorme lustre de cristal, que "parecia uma peça deslocada de seu ambiente, naquela sala singela do casarão de Vassouras". Conservador em seu ambiente, também o foi em suas maneiras, o Barão de Vassouras. A evocação de Taunay é a do anfitrião presidindo a refeição doméstica: "Em sua mesa reinava sempre a maior singeleza. Obedecia ao perfeito cardápio dos tempos afastados de Minas Gerais". Vestia-se também "do modo mais singelo e ao mesmo tempo mais apurado". Falava pouco e com prudência: "A vida trabalhosa, que lhe coubera nos rudes anos do Brasil central joanino, não lhe deram ensanchas a que estudasse mais que rudimentos de Humanidades".[79]

Completa-se, desse modo, a figura do homem de origem tosca, que logrou enriquecer, conservando, no novo tipo de civilização a que se

---

[79] Taunay, 1839, v.V, t.III, p.212-3. Francisco José Teixeira Leite em seu testamento recomendava a seus descendentes que "fossem diligentes, ordeiros e econômicos, a fim de que nenhum viesse a cair em infortúnios" (Stein, 1957, p.18).

integrou com sucesso, o gosto e as atitudes fundamentais em seu passado. De fato, o Barão de Vassouras, que foi emprestador de dinheiro, necessariamente teve as suas ações pautadas por motivos de interesses, mas elas foram acomodadas ao velho estilo de relações pessoais, que as abrandavam. Nele, o tino para as espantosas oportunidades de enriquecimento que então se abriam articulou-se ao comedimento forjado em dias mais difíceis, numa conjugação que constituiu a base de sua realização como homem de seu tempo: dela floresceram os seus interesses materiais e preservaram-se os valores centrais de sua moralidade. Ainda nas palavras de Taunay, foi o Barão de Vassouras pessoa que "se gloriava de jamais ter mandado executar hipotecas e nem realizar cobranças judiciárias".

Para alguns desses fazendeiros realmente grandes, a entrada na exploração do café fez-se com uma já sólida cabeça de ponte.

Os privilégios que vinham do Brasil joanino, seja pela propriedade ou pela facilidade de acesso à terra, seja pela fortuna amealhada nas atividades comerciais, foram decisivos. Estes homens mais favorecidos, que começaram seus empreendimentos alicerçados em posses consideráveis, compuseram em regra o punhado de reais latifundiários da época, como Nova Friburgo, Santa Justa, Rio Preto e, o maior de todos eles, o muito plebeu Joaquim Breves.[80]

Joaquim Breves foi um fazendeiro e negociante capaz de explorar ao máximo as probabilidades de ganho que sua época lhe deixou abertas. O êxito que alcançou é significativo justamente por não ser uma personalidade de exceção que estivesse adiante de seus contemporâneos.[81] Apenas realizou, em sua plenitude, os predicados dos homens privilegiados de então, valendo-se das mesmas prerrogativas e mobilizando os mesmos recursos que estavam ao alcance de todos eles. Concretizou de modo completo esse tipo de homem, indo ao limite das possibilidades de exploração dos fatores materiais de que dispunha – terras, homens, técnicas e capitais –, recorrendo à forma mais "tradicional" de sua combinação, quando este modelo já periclitava. Além de administrador

---

80 Para as referências a Joaquim Breves, cf. Taunay, op. cit., v.VIII, t.III, p.259-83.
81 D'Ursel, p.100-2, o classifica como um proprietário *vieux style*, "um verdadeiro tipo de fazendeiro à antiga", por oposição a Nova Friburgo, fazendeiro *nouveau style*, "personificação das ideias modernas".

próximo e constante de suas fazendas, integrou verticalmente os negócios de café, desde a importação do escravo até a exportação direta do grão. Resolveu seus problemas de escassez de mão de obra montando uma empresa negreira na ilegalidade, possuindo navios, fazendo de sua propriedade na Marambaia um entreposto de desembarque e distribuição de escravos. Assim, logrou transformar os próprios entraves virtuais ao ganho em condições favoráveis para um lucro adicional, garantindo e barateando, ao mesmo tempo, o suprimento de suas próprias plantações. Converteu, também, as dificuldades que grandes extensões de terras e grandes massas de homens criam para a organização do trabalho em vantagem para estruturar a produção em larga escala. Ao lado do número fixo de escravos, que mantinha em cada uma de suas fazendas, mobilizava um contingente nômade de trabalhadores, que deslocava de um ponto a outro, conforme as necessidades de serviço. Na fase terminal de seus negócios, garantiu-se um rendimento máximo, estabelecendo uma ligação direta com o comprador no estrangeiro e com o dinheiro que de lá fluía, mantendo casa comissária no Rio de Janeiro. Com esses itens, que dão uma ideia do sentido que imprimiu à sua ação econômica, vê-se que não poderia ser incluído entre os fazendeiros "progressistas" de seu tempo.

Os traços de sua personalidade também o enquadram no tipo clássico do poderoso latifundiário e escravocrata. Sua crônica sintetiza os traços do chefe de empresa, impessoal, e do chefe de núcleo doméstico. Cumprindo a primeira face do tipo humano que encarnou, trata o escravo no limite da categorização das relações humanas, como simples parte do mecanismo da produção e, como tal, devendo permanecer ajustado ao princípio de eficiência nele vigente. Nessa medida, foi o homem rude, "capaz de lançar mão de todos os meios para trazer a disciplina aos seus enormes batalhões de escravos". De todo lado, em sua saga ficou também o atributo do senhor "de bom cativeiro".

Esse ajustamento entre senhor e escravo encontra sua explicação na própria estrutura material das grandes propriedades rurais, que condicionou essa complexa síntese de benignidade e extrema violência, compondo, com esses elementos divergentes, o fio das relações entre ambos. Enquanto núcleo doméstico, ela colocou o dependente em relação contínua, e não raro estreita, com os membros da família dominante, tecendo, à maneira clássica, as redes do poder pessoal: o tratamento condescendente dispensado à ama de leite, à mucama, ao pajem, ao companheiro de folguedos infantis representa a objetivação desses aspectos amenos da relação senhor-escravo. O homem reificado e torturado para que a disciplina e a continuidade do trabalho de sol a sol não fosse quebrada concretiza o extremo oposto do *continuum* de ajustamentos possíveis entre o senhor e o escravo. Essa diversificação prende-se, por certo, às situações particulares em que transcorriam os contactos, isto é, o lar ou o eito. Mas é preciso não esquecer que estas duas situações constituíam uma *unidade* socioeconômica, a fazenda. Determinadas por esta formação social, as relações entre senhores e escravos permanecem essencialmente as mesmas em qualquer das posições diferenciadas que estes últimos possam ocupar em sua estrutura interna. Significa isto que implícitos no curso dessas relações se encontram a compulsão e a violência em síntese com seus contrários, isto é, a quebra do rigor e a mercê. Basta lembrar que a mucama estava tão sujeita ao suplício, legitimado por seu caráter de coisa, quanto o último dos trabalhadores do eito poderia escapar a ele, desde que conseguisse apadrinhamento, instituição totalmente tecida em considerações pessoais.

Chamo a atenção sobre a integridade desse conjunto feito de moderação e excesso, que esteve presente no tratamento do senhor ao seu escravo, não tanto para iluminar essa relação, que não é objeto deste trabalho, mas para acentuar a referência dos processos socioeconômicos em curso dentro da fazenda ao modo de sua organização, que articulou produção mercantil e produção direta de meios de vida.

Essa referência da escravidão à estrutura global da fazenda encaminha, de maneira correta, o entendimento de um tema que é central neste estudo e que não pode ser tratado independentemente daquela instituição. Refiro-me ao trabalho, como atividade que atravessou de ponta a ponta a sociedade e impôs-se como requisito mesmo para as camadas dominantes. Com efeito, a existência de senhores e escravos transcorreu indissoluvelmente vinculada ao funcionamento de uma unidade de produção, e isto significou trabalho diferenciado, mas trabalho para todos.

Só se tornará inteligível a enorme gama de variações do trabalho realizado, e o próprio conceito de trabalho socialmente admitido para as camadas dominantes, se dermos a devida relevância ao fato de que a gênese da sociedade colonial brasileira e todo o seu desenvolvimento estiveram presididos pela aquisição econômica de vulto, perseguida de maneira sistemática. E aqui, o primeiro desbravador não contou com coisa alguma senão puras virtualidades: *a riqueza que pretendeu, precisou criar.* E esse objetivo de ganhar produzindo, ele o realizou estabelecendo e controlando um empreendimento econômico, vale dizer, nele verteu o seu "engenho e arte". Dessa maneira integrou-se, na própria gênese da figura do colonizador, o trabalho como prática regular. Entretanto, a riqueza que buscava teve necessariamente por meio a grande empresa trabalhada por escravos. Dessa maneira, depara com uma sociedade fundada na escravidão e na qual, ao mesmo tempo, o trabalho não aparece como elemento necessariamente desqualificador e nem a atividade lucrativa como infamante para os senhores de homens. E, reafirmo, trata-se de uma sociedade *escravocrata*, em que forçosamente o princípio da separação nítida entre o requisito do trabalho e o privilégio de sua dispensa se fazia fundamental para a própria afirmação do poder. É fora de dúvida que essa amálgama de escravidão e produção mercantil, gerida e controlada diretamente pelas camadas privilegiadas, seguiu cheia de ambiguidades e tensões e o ajustamento entre dominados e dominantes definiu-se de maneira complexa no processo de produção.

As acomodações elaboradas nesse setor comportaram uma enorme gama de variações. De um lado efetivamente a noção da indignidade do trabalho estava incorporada à atitude dos homens livres e foi levada às suas últimas consequências, como o faz notar Scully: "Com relação às classes pobres brasileiras, o velho ditado de que orgulho e pobreza são primos-irmãos é demasiado verdadeiro, pois que a descer a certas ocupações laboriosas e manuais eles preferem mendigar, emprestar, ou viver na privação e na sujeira".[82]

De outro lado, no ajustamento de livres e escravos as marcas de diferenciação atenuavam-se através do trabalho comum nas lavouras e oficinas, como se observa nas vidas mais rústicas e pobres. Nas situações em que homens livres não proprietários e escravos estiveram juntos nas roças, a organização e a dinâmica dos grupos de trabalho parecem semelhantes às já descritas no primeiro capítulo. Observa-se que subsiste o próprio desafio, técnica de controle que não é de tipo compulsivo. "Ele depoente achava-se com outros companheiros trabalhando em uma roçada pertencente a Inácio Sousa, onde também trabalhavam Bento,

---

82 Scully, 1886, p.9

escravo de Manuel José, e Firmino, pertencente a diversos herdeiros do falecido pai do referido Manuel José, quando Bento dissera a ele depoente: Vamos encontrar, dito esse que se entende como um desafio, para ver qual trabalha melhor." Seguiu-se uma briga entre Bento e Firmino, em que este último foi assassinado. Foram cinco os homens livres a participar desse roçado.[83]

Em pequenas propriedades, ou naquelas que se iniciavam, observa-se a família proprietária diretamente empenhada no trabalho: "Embora o proprietário desta fazenda esteja estabelecido apenas há cinco anos, e conte apenas com seus dois filhos e seis negros, já conseguiu torná-la bem cultivada".[84] O tipo de atividade mais frequentemente exercido foi o descrito por Rugendas: "O colono reserva para si, pessoalmente, o encargo de fiscalizar os escravos, e como suas propriedades são, o mais das vezes, muito vastas, essa ocupação basta para absorver-lhe grande parte do dia".[85] Há que considerar, também, que o exercício efetivo da supervisão variava, podendo ocorrer mesmo o alheamento completo das tarefas realizadas. Diz Mawe, sobre um de seus interlocutores: "Quando fazia alguma pergunta sobre o processo (de fabricação de aguardente), o proprietário confessava sua ignorância e mandava chamar um de seus capatazes africanos para me responder". Não obstante, a administração competente da propriedade agrícola foi a regra. Veja-se, por exemplo, as palavras de Ribeyrolles sobre o Barão do Campo Belo e sua Fazenda do Secretário: "Todos conhecem a breve história desta casa. Não é um palácio trissecular, repleto de armaduras e lendas. É uma granja moderna, hoje abastada, e que um homem, um único homem, construiu em vinte anos de trabalho ... Trabalhador infatigável, mourejando desde o romper da alvorada, há quarenta anos ele está, com seus negros jungindo

---

[83] G. 44-3 312, 1883. Sobre o trabalho conjunto de homens livres e escravos, ver Ianni, 1962, p.158-60.

[84] Mawe, 1812, p.118. Cena relatada por Mathison, 1825, p.338, mostra até que ponto o fazendeiro realizava trabalho manual: um deles, juntamente com seu filho e dez negros, estava "lavando a carcaça de um porco morto recentemente". Sobre o assunto ver Stein, 1957, p.139.

[85] Rugendas, 1954, p.140. Dado que Rugendas não desconhecia a figura do feitor, penso que essa passagem se refere à supervisão do trabalho nas fazendas pelo proprietário. Poucas foram as supervisionadas por administradores. Para dados sobre um destes, ver Burnmeister, 1952, p.133.

ao cativeiro".[86] E finalizo, retornando ao Comendador Breves: oriundo de família já proprietária de terras no litoral fluminense e também já importante na política local, não esteve desobrigado do trabalho para a construção de sua enorme fortuna. Conservou, através da vida, a atividade e a disciplina que lhe haviam sido impostas como necessidade em dias mais difíceis. Informa D'Ursel, hospedado em sua casa, que, após um dia de trabalho em suas propriedades, apareceu à hora do jantar "vestido como um camponês e calçado com botas que iam até o alto das coxas".[87] Conservando essa rusticidade, não excluiu de sua vida o consumo conspícuo que sua grande fortuna lhe permitiu, possuindo palacete no Rio de Janeiro e casarões luxuosos em suas várias fazendas.

Mesmo para as mulheres abastadas não se definiu um campo preciso de solicitações e também elas se afinaram com a ambiguidade das situações vividas, elaborando ajustamentos correlatamente cambiantes. Assim, a observação de que "uma brasileira coraria se fosse surpreendida numa ocupação qualquer, pois professam o maior desdém por todos que trabalham", exprime tão fielmente a atitude por elas assumida quanto uma outra apreciação, do mesmo observador: "Uma das opiniões mais generalizadas sobre a brasileira é a de que seja preguiçosa e permaneça ociosa todo o dia; engano. A brasileira nada faz por si mesma, mas faz com que façam".[88] Também isto é preciso detalhar, indicando que a atividade de supervisão foi muito indeterminada. Frequentemente consistiu na direção dos afazeres domésticos, inclusive a execução efetiva de tarefas manuais.[89] Comportou, também, o alheamento total dessas ocupações, como na situação relatada por Mawe em que este se viu embaraçado ao elogiar os doces que lhe haviam sido servidos, supondo fazer um cumprimento à dona da casa: "presumi que os frutos tivessem sido conservados sob sua direção imediata; mas ela assegurou-me que

---

86 Sobre o proprietário que desconhecia o processo de trabalho, ver Mawe, op. cit., p.135; sobre o fazendeiro que participava das atividades produtivas, ver Ribeyrolles, 1941, v.I. p.191-2.
87 D'Ursel, 1880, p.100-2.
88 Sanson, 1883, p.174-6.
89 Suzannet, 1846, p.265; Von Binzer, 1956, traz elescrições minuciosas. Afirma esta autora sobre uma fazendeira de Campinas, expressão completa dessas mulheres abastadas e industriosas: "é mais ativa que qualquer dessas célebres donas de casa alemãs" (p.99-100).

não, e fez notar que suas negras faziam toda espécie de trabalho. Percebi, ou imaginei, que ela ficou ofendida com minha observação".[90]

Toda essa fluidez entre o que seria atividade de homens livres e de escravos tem um fundamento econômico em choque com a etiqueta do regime servil. Este implicava necessariamente desqualificação do trabalho, mas numa sociedade em que o setor dominante se propunha *enriquecer produzindo*, os encargos laboriosos não poderiam ser eliminados de seu horizonte. No processo de acomodar-se esta oposição, o menosprezo pelo uso das mãos limitou-se aos estereótipos de *status*, sem atingir o sistema ocupacional. O artesão livre chegava a alugar um preto "para que lhe carregasse o martelo, a talhadeira e uma outra ferramenta pequena", quando transitava pelas ruas.[91] Não obstante, os ofícios eram largamente praticados por escravos. Adestrá-los era rendoso ao fazendeiro: "em pouco tempo estarão oficiais e tereis de casa operários, tendo-vos assim aproveitado do tempo despendido na aprendizagem".[92]

De modo geral, os homens livres alimentaram um projeto de senhores – "nenhum brasileiro consente jamais em servir, todos desejam ser amos" – cujas vias de realização estiveram traçadas sobre faina aturada: "Dedico-te este meu pequeno trabalho, a fim de que possas, sem os obstáculos de que se acha rodeada a maior parte dos nossos agricultores, entrar na vida laboriosa que vais encetar".[93] Com estas palavras o Barão do Paty confere sentido aos ensinamentos que transmitiu a seu filho. Em suma, com referência à degradação do trabalho, ou a sua aceitação como prática básica do cotidiano de homens livres, as variações determinadas pela organização social e pelo processo econômico foram grandes. O grau em que ocorreu a diversificação do trabalho, excluindo o homem livre do esforço físico e reservando para ele as tarefas de supervisão, dependeu sobretudo do tamanho e da rentabilidade das unidades de produção em que se integraram senhores e escravos.

É preciso lembrar, ainda uma vez, que essas unidades de produção tiveram sua gênese e desenvolvimento condicionados pelos mercados mundiais modernos. De tempos em tempos esse largo sistema é sacu-

---

90 Mawe, 1812, p.135.
91 Luccock, 1951, p.73.
92 Werneck, 1878, p.34-5.
93 Sanson, 1883, p.75; Werneck, 1878 ou 1855? dedicatória.

dido por transformações técnico-econômicas que repercutem decisivamente no interior das estruturas sociais que a ele estão referidas, quebrando as situações estabelecidas, modificando a composição dos estratos sociais, abrindo-os e determinando sua recomposição. A produção colonial esteve conjugada a esse sistema em fluxo, enquanto ela própria se ergueu sobre um princípio mais rígido de organização econômica e de estruturação social, embora permitisse uma mobilidade vertical maior do que até agora se acreditava.[94] A mais superficial observação sustenta que a rigidez da monocultura colonial e sua dependência ao movediço sistema capitalista a tornam "cíclica": qualquer modificação – como maior disponibilidade de terras, maior rentabilidade do escravo, uma invenção técnica simples – que permitisse o avanço de um novo centro liquidava o que anteriormente tivera hegemonia.

Do ponto de vista da organização social, é claro que a relação senhor-escravo trazia implícita a tendência ao monopólio de bens econômicos por um grupo determinado, estabilizando a composição dos estratos superiores. Assim sendo, ao ruir a base econômica exclusiva sobre a qual se erguia, também com exclusividade, uma camada dominante e segregada que enfeixava as oportunidades de enriquecimento, tinha curso um processo inapelável de decadência e desmantelava-se a ordem social. Nessas condições, essa sociedade rígida e exposta ao movimento dos mercados capitalistas, a cada uma das grandes crises a que esteve sujeita, sofreu um processo profundo de desagregação. Vê-se, pois, como se definiu para os destinos dessa sociedade uma situação de extrema ambiguidade: de um lado, a própria dinâmica dos processos econômicos a que esteve vinculada impediu a estabilização de uma camada privilegiada; de outro, essa estrutura social era inteiramente falta da plasticidade que seria requerida para a superação das crises mantendo-se a continuidade da ordem social. Para um ajustamento desse tipo, seria necessária uma abertura muito maior dos canais de ascensão socioeconômica, correlata com uma maior diversificação da própria economia interna. Este estado de coisas não impediu que o sistema socioeconômico atingido por essas perturbações se recompusesse, inclusive nas mesmas bases, visto que os membros decadentes da antiga

---

94 Cf. França, 1963.

camada dominante, embora empobrecidos, em regra conservaram os instrumentos de dominação. Mas nessa dependência do processo histórico a esses movimentos cíclicos profundos de destruição, o renascimento é importante que, em regra, os novos surtos introduziram atividades inéditas e desenvolveram-se em regiões virgens. Assim, correlatamente aos hiatos de regressão no sistema socioeconômico, ficou também freado um processo cumulativo de crescimento do patrimônio cultural. Desse modo, nos períodos críticos, impôs-se a necessidade reiterada de superação da pobreza a partir de uma sociedade lisamente desprovida de recursos e de um conhecimento que fosse pelo menos praticamente sedimentado. Esses momentos de depressão não deixam de ter o seu aspecto criador: ao se darem as condições para o reerguimento, eles abrem possibilidades de integração nos segmentos economicamente ativos, para um grupo de pessoas que, caso contrário, se a situação de privilégio permanecesse intocada, ficariam à margem desses processos. Ainda mais, esses momentos de superação da pobreza por um esforço produtivo recolocam o trabalho como um imperativo para todos, tanto para os que dão início às suas atividades com recursos parcos e os movimentam a custo e vagarosamente, quanto para aqueles que já se encontram a cavaleiro da situação e melhor equipados para dominá-la e explorá-la.

Em resumo, quando acentuamos a importância da empresa mercantil administrada centralizadamente pelo proprietário, aparece o significado pleno do trabalho na sociedade brasileira. Seu imperativo nunca desapareceu dos grupos dominantes, num sistema socioeconômico marcado pela oposição *rigidez interna-instabilidade externa* e pela descontinuidade de desenvolvimento. E foi um estado de grande pobreza que o café encontrou no século XIX paulistas e fluminenses. Aí, a necessidade de trabalho, imposta pelas condições econômicas, encontrou meio favorável na quase indiferenciação social reinante. Em função dessa ordem de coisas, nunca se definiram nitidamente privilégios ou proibições no setor ocupacional, caindo tanto os trabalhos de execução quanto os de supervisão na órbita dos homens livres. Correlatamente, não se determinou com rigor um conceito geral depreciativo do trabalho. Dessa maneira, atenuaram-se os efeitos da escravidão, embora sua presença introduzisse inevitavelmente a noção de degradação do trabalho. Este aparece contraditoriamente desqualificado e valorizado, refletindo as oposições fundamentais daquela sociedade.

4 Diferenciação social e participação na cultura

É bem verdade que vários traços encontrados no estilo de vida dos senhores do café são formalmente análogos aos que distinguem as camadas fidalgas. Um bom exemplo do equívoco que pode ser gerado pela acentuação desses característicos é fornecido por Pierre Dénis, que tentou defini-los indicando elementos como propriedade fundiária, domínio socioeconômico, poder político e a observância de um modo particular de vida.[95] Entretanto, em sua caracterização apenas alinha traços discretos, que permanecerão ininteligíveis a menos que se evidencie o nexo que lhes dá sentido: o objetivo de lucro. Uma tal base seria suficiente para invalidar a comparação do grupo de fazendeiros às formações estamentais, cujo conceito está construído sobre critérios puramente sociais, de caráter honorífico. A rigor, a aptidão para conduzir-se segundo os padrões próprios a um estamento está condicionada por circunstâncias econômicas, mas este suporte como que submerge no traço que é socialmente relevante e que aparece à consciência de seus membros como marcas sensíveis de sua peculiaridade; isto é, uma concepção específica de honra, alicerce e apanágio de um modo específico de viver. Assim, a convencionalização e a estilização da existência são os componentes decisivos nas organizações desse tipo e é em função de sua continuidade que se legitimam os privilégios econômicos.

Seria tão difícil compreender, a partir desse esquema, a sociedade e a cultura ligadas ao café, quanto ver sua economia da perspectiva do dispêndio e não da produção. Observam-se, sem dúvida, diferenças no estilo de vida dos vários grupos sociais, de início mais nítidas nas cidades que na roça e posteriormente mais acentuadas nas fazendas com o fausto introduzido pelo enriquecimento. Entretanto, a tendência geral foi antes de difusão dos padrões culturais que de sua fragmentação em mundos estanques.

Voltando à alimentação, relembro que aí não houve exclusivismos. O homem próspero aumentou o volume, mas não dispensou a *comida* do caipira, que se encontrava também na cuia do escravo. "Cinco

---

95 Dénis, 1909, p.4-10.

ingredientes básicos – fubá, feijão, mandioca, toicinho e açúcar – formavam o núcleo das quatro refeições servidas tanto a senhores como a escravos."[96] E uns e outros suplementaram-nas com a utilização imediata dos recursos naturais. Quanto a isto, no caso dos homens livres, nada há que acrescentar ao que já disse Antonio Candido.[97] No caso do escravo, esse alvitre é claramente função de motivos econômicos do fazendeiro, definidos com necessária inconsistência: de um lado, o interesse óbvio de baratear sua manutenção empobrecendo as rações; de outro, a exigência de conservá-lo impunha maior fartura, incluindo o suprimento de carne. Uma saída para isto foi conceder-lhe terra para plantio e criação e licença para caçar e pescar, fazendo-o, assim, autoprover-se em parte.[98]

No vestuário, os efeitos da desigualdade de fortuna aparecem mais diretamente, materializando-se em marcas de diferenciação social. Assim, os ricos vestiam-se preferencialmente bem, conforme as suas posses, mas não hesitavam, nos inícios do século, em simplesmente cobrir-se com "camisa e calça de tecido grosseiro de algodão".[99] Cinquenta anos depois, escreve Ina von Binzer: "Mesmo as senhoras mais distintas andam em casa com as tranças soltas, saias de chita sem cintos e largos paletós".[100] Até hoje se reconhece esse vestuário, quase inalterado, em velhas representantes de famílias paulistas: usa-o tanto a que foi mulher do fazendeiro abastado, quanto a filha do lavrador mais rústico, até a autêntica caipira. Rugendas chegou a escrever: "as mulheres vestem dentro de casa um roupão, às vezes substituído por um avental, comum também às negras".[101] Se a simplicidade caseira podia aproximar as

---

96 Stein, 1957, p.174. Esse esquema repete-se monotonamente pela documentação. Cf., por exemplo, Mawe, 1812, p.84; D'Assier, 1867, p.153; Luccock, 1951, p.82; Von Binzer, 1956, p.27.
97 Candido, 1964. Para uma referência da época, cf. Luccock, 1951, p.197.
98 Rugendas, 1954, p.179. Burnmeister, 1952, p.135. Uma anedota liga diretamente interesse econômico, alimento do escravo e exploração de recursos naturais: certo fazendeiro, por ocasião do descanso dominical que concedia aos escravos, não lhes fornecia comida, mas anzóis. E tranquilizava a consciência, exclamando ao distribuí-los: "Mas que peixadas formidáveis vocês vão comer! Que peixadas! Felizardos!" (Taunay, 1839, v.III, t.V., p.286).
99 Saint-Hilaire, 1954, p.123.
100 Von Binzer, 1956, p.89.
101 Rugendas, 1954, p.101.

roupas de senhoras e escravas, a ostentação usual nos locais públicos chegava também a esmaecer os sinais de diferenciação em suas vestimentas. Observou Kidder: "As classes inferiores exaurem seus recursos em adornos domingueiros e as senhoras capricham em bem vestir as suas escravas. Às vezes o ouro e a pedraria adquiridas para refulgir nos salões são vistas cintilando pelas ruas, em curioso contraste com a pele negra das domésticas, efêmeras e humildes representantes da abastança da família".[102]

Não sei quanto precisa ser deixado à fantasia dos autores, mas esse texto encontra fundamento em gravuras da época, em que se entrevê certa licença nos padrões de vestuário.[103] Já sugeri que a forma básica de convivência, que colocou o grupo dominado, a um só tempo, sob o poder do chefe de empresa e sob a égide do chefe de núcleo doméstico, repercutiu mesmo nas relações entre senhores e escravos. Nas tréguas fugazes da brutalidade normal do regime servil, fora do processo de produção no qual se constituía a reificação do homem escravizado, transparece o requisito necessário à dominação pessoal: o reconhecimento de humanidade. No relato da escrava ataviada nos pertences de sua senhora vem à luz a "face" da organização social que assenta no postulado da identidade entre os seres humanos e por isto supõe como possível o uso comum do instrumental da vida: o contacto com o escravo não era necessariamente degradante. Mas é significativo que este princípio apareça num contexto que subordina prestígio social à ostentação de riqueza. Isto mostra que, na própria prática que possibilitou, se consubstancia a outra face da organização social, orientada para a aquisição econômica e baseada na desigualdade essencial entre o senhor e seu escravo: enquanto "símbolo de *status*", a negra aparamentada é apenas um objeto a mais na exposição de fausto.

No equipamento doméstico nota-se também a preservação de elementos da velha cultura e mesmo em fazendas prósperas muito do despojamento primitivo foi conservado.[104] Ao lado disto, o dispêndio

---

102 Kidder, 1951, p.193.
103 Debret, 1949, t.II, p.148, prancha 6; Dénis, 1955, v.I, estampa 8 (Senhoras escravas, aparatosamente vestidas, embora com gradações, por ocasião de cerimônias religiosas).
104 Von Binzer, 1956, p.22.

conspícuo aparece como critério de prestígio social.[105] Assim, por exemplo, identificar a importância dos viajantes por sua equipagem era imediato: "fossem pessoas ricas, trariam consigo muitos escravos e mulas para sua escolta"; fossem "gente pequena", a "caravana se reduziria a proporções mais simples".[106] Esse padrão de consumo refletiu antes a afirmação direta do poder que sua transfiguração em requintes de vida. Em regra, as casas de fazenda, quando luxuosas, eram de um mau gosto ataviado, a trair a falta de tirocínio de seus proprietários "que não tinham ainda em geral o polimento necessário para a criação de ambientes harmônicos". A fazer justiça, porém, é preciso lembrar as que tiveram melhor sorte como a do Secretário. Mas mesmo nesta, seu segundo possuidor, ao receber o Conde D'Eu, gastou nada menos de 40:000$000 para ter um jardim, fazendo-o surgir, esplendoroso e artificial, sobre o terreiro de café que seu industrioso antecessor colocara à soleira da porta.[107] As inseguranças da prosperidade recente não foram melhor disfarçadas nas maneiras dos moradores dessas casas. Suas reuniões o atestam: as mulheres "chegam cobertas com os mais ricos adornos, mas os belos tecidos não suprem a falta de graça e esse luxo de mau gosto surpreende sem encantar";[108] os homens usam "brim, linho ou casimira vulgar, envergando rodaques, jalecos, paletós de mil e um feitios e variadas cores".[109] Ambientes e maneiras retratam o modo como introduziram uma riqueza aparatosa e canhestra por sobre a antiga simplicidade.

No que concerne à etiqueta de relações sociais, tanto o regime servil como a dominação pessoal muito pesaram para que a hierarquia fosse observada com rigor e se traduzisse em fórmulas cerimoniosas de comunicação. "Ao dirigirem-se pessoalmente uns aos outros, os brasileiros prestam muita atenção à dignidade e à posição e talvez em nenhuma outra língua isto esteja indicado de maneira tão precisa."[110] Contudo, a solenidade não foi prerrogativa das camadas superiores. Com apelativos

---

105 Stein, 1957, p.122.
106 D'Assier, 1867, p.136-7; Agassiz, 1893, p.55; D'Ursel, 1880, p.99.
107 Taunay, 1839, t.VIII, VI, p.197.
108 Suzannet, 1846, p.211.
109 Ibidem, v.VI, t.VIII, p.197.
110 Scully, 1866, p.10.

menos pomposos que os V. Exa. e V. Sa., usados pelos "fidalgos", mas com o mesmo sentido de deferência, definiu-se o grave tratamento caipira. Até hoje, os membros mais velhos de autênticas famílias desse grupo, mesmo irmãos e primos, não dispensam o "senhor" como manifestação do respeito que se devem. Assim, nas fórmulas de comunicação, a praxe definida pelo princípio de autoridade, associada às condições iniciais de relativa indiferenciação, constituiu-se como patrimônio de uso largo: o titulado e o agregado, cada um com seus matizes, observaram as fórmulas cerimoniosas. De outro lado, dado o ritmo de mudança que caracterizou a civilização do café, na qual no espaço de uma geração todo um mundo foi construído, a etiqueta das relações entre as camadas sociais que se formavam serviu para manifestar e fazer reconhecer, ostensivamente, o lugar conquistado de fresco. Sobre as senhoras brasileiras comenta uma parisiense: "o dinheiro é a única superioridade que reconhecem".[111] Com efeito, as fronteiras imprecisas dos grupos privilegiados, com portas abertas ao enriquecimento e acolhendo sem muitas histórias os recém-chegados, numa sociedade que foi ao mesmo tempo regulada por dominação pessoal, tendiam a fazer com que os superiores marcassem, sem supostas condescendências, a posição conquistada: os sinais de deferência que fizeram observar à risca exprimiam de modo direto, às vezes cru, o poder exercido.[112]

É certo que houve diferenças no estilo de vida dos vários grupos, mas a tendência geral foi antes de difusão dos padrões culturais que de sua fragmentação em mundos estanques. Mesmo com a opulência do café não chegou a se definir um modo específico de vida que fosse a expressão convencionalizada do poder, a ponto de ser representativo dele e continuar como sua marca legítima mesmo quando lhe faltasse, em casos isolados, o seu fundamento objetivo – a base material. O requisito mínimo para que houvesse uma estereotipação de estilos de vida distintos, que fossem privativos de determinados grupos sociais e constituíssem

---

111 Sanson, 1883, p. 117.
112 Bom exemplo é dado por fazendeiro e político influente. Viajando sempre acompanhado por capangas, certa vez encontrou um estranho a quem cumprimentou, não recebendo resposta. Ordenou então a seus "escudeiros" que intimassem "o viandante a apear-se para, de chapéu na mão, cumprimentar seu senhor. Ante os trabucos aperrados, obedeceu o desconhecido" (Taunay, 1839, v.III, t.V, p.164-5).

um imperativo para eles, seria uma estabilidade grande na forma de distribuição de riqueza, dando tempo a que passasse para segundo plano a base econômica da diferenciação social, submersa sob os preceitos éticos e as regras jurídicas. Não foi isto o que se observou: houve rapidez, em um processo de mudança inteiramente dominado pela atividade lucrativa e na qual os símbolos de posição social estiveram muito abertamente ligados à condição econômica.

Essa dupla constatação – participação indiscriminada nos padrões culturais e ligação direta entre riqueza e *status* – nos remete ao processo de estratificação social. Ela nos sugere que a sociedade indiferenciada do passado integrou-se de modo positivo no fluxo de mudança originado com a grande lavoura, como condição propícia para que ele se desencadeasse sem muitas peias. Os degraus da ascensão social foram em boa parte franqueados, sendo definidos por critérios predominantemente econômicos e podendo ser galgados mediante a oportunidade e a aptidão para os negócios.

No material acima apresentado, o contraste entre a antiga singeleza muitas vezes conservada, o novo padrão faustoso mas rude, e a opulência refinada que também existiu mostra bem como não houve um recrutamento aristocrático do grupo de fazendeiros.[113] Quando as plantações de café invadiram o Vale do Paraíba, tanto prosperou o antigo dono de engenho com foros de cortesão, quanto o tropeiro rude, o bronco mercador de escravos, o esperto vendeiro de beira da estrada, o lavrador

---

113 A propósito das origens dos fazendeiros titulados e de suas ocupações antes de dedicarem-se ao café, lê-se, nas *Atas da Câmara*, um documento elucidativo: "Foi presente a esta Câmara um requerimento do Excelentíssimo Barão de Guaratinguetá, porém firmado por seu filho Doutor José Martiniano de Oliveira Borges ... que ele Barão era fiador de seu finado Pai, Alferes Inácio Joaquim Monteiro, na arrematação que em mil oitocentos e trinta e dois fizera o mesmo, do oleado e branqueamento da Casa da Cadeia desta cidade, e que tendo o arrematante recebido por conta da obra, a quantia ele cento e cinquenta mil-réis, em virtude do Termo respectivo, dera princípio a ela, oleando e branqueando tudo o que hoje estava oleado e branqueado na referida casa ... e como depois faltasse as tintas que pela Câmara haviam sido fornecidas, deixara de ser concluída esta obra; entretanto, que até hoje ainda existia a responsabilidade dele suplicante pela conclusão da obra, e como não lhe convinha continuar assim, requeria a esta Câmara que ou mandasse pôr à sua disposição as tintas e óleo necessário para se acabar a obra, ou exonerar-se o suplicante da fiança... " (sessão de 21 de janeiro de 1856).

rústico, iluminados todos por projetos idênticos e realizáveis por um só meio: enriquecer, afazendando-se. Essa intensificação da mobilidade possível na estrutura social, juntamente com a limitação das opções quanto aos caminhos da ascensão, trouxe irreprimivelmente uma heterogeneidade grande nos tipos humanos e nos estilos de vida do grupo de fazendeiros, agregando um conjunto de homens que foram discrepantes em vários sentidos. Em suma, acentuaram-se as marcas exteriores das categorias sociais como decorrência imediata do enriquecimento; contudo, as condições mesmas em que as fortunas foram feitas, mediante a atividade lucrativa, rapidamente e a partir de um estado de indiferenciação social, impediram que os grupos se estancassem e que se discriminasse a participação no acervo cultural.

Quão profundamente essa sociedade esteve condicionada pelo interesse econômico revela-se até mesmo na maneira como foi institucionalizada a nobiliarquia, com o princípio de atribuição de honrarias subordinado ao puro enriquecimento. E na verdade, o que fazia sentido como autorrealização para os homens do tempo, e que também importava decisivamente para os destinos da sociedade, era mesmo a atividade mercantil. Assim, numa tradição bem digna dos antepassados portugueses, os príncipes brasileiros elevaram-na à categoria de serviço nobilitante. Este arranjo é muito judiciosamente expresso por Walsh (1830): "No estado presente deste país, o lavrador é o promotor de seus mais úteis interesses. Aquele que faz nascer do solo uma utilidade, que jamais ali existira, merece que seu governo lhe confira grandes honras e distinções". *A prostitution of title*, opinavam a respeito seus conterrâneos.[114]

A vulgarização dos títulos, tão abertamente desligados de critérios seletivos baseados em qualificação pessoal, não passou despercebida. Alguns políticos e fazendeiros opuseram expressamente os valores de sua personalidade e o orgulho de seu nome ao desprezo que a esses atributos se votava nas decisões de nobilitação. E agiram de acordo com essa visão crítica, deixando exposta a diferença entre o princípio real de estratificação da sociedade e a aparência de que se revestiu, ao recusarem os títulos que poderiam ter recebido. Do próprio Joaquim Breves, diz-se que acentuava o poderio de sua situação econômica desdenhando dos enobrecidos do Império. Mas diz-se também que a nobreza lhe fora

---

114 Walsh, 1830, p.33.

negada por estar envolvido com negócios negreiros numa época em que esse comércio já havia caído no desfavor real. Entretanto, com outros, que não poderiam ter sofrido restrições dessa ordem, ocorreram casos semelhantes. Bernardo Avelino Gavião Peixoto, conselheiro do Imperador e Presidente da província do Rio de Janeiro, nenhum apreço teve pelos títulos e não os aceitou: "Não valem o meu nome". Também recusou-os Nabuco de Araújo, por desprestígio da nobreza e "por afeição ao nome que sempre usara".[115]

Entretanto, no período aqui abordado, a síntese difícil que conciliara produção mercantil e produção direta de meios de vida em unidades operadas por escravos chegara a seu termo. A abolição da escravatura é o marco institucional que fecha esse longo processo.

5 Declínio

Procurei mostrar como as características da exploração do café – a presença do comissário obstruindo o processo de acumulação no setor agrícola e tolhendo o desenvolvimento normal das operações comerciais e financeiras; a dominação dos mercados exteriores, seja diretamente, seja mediada pela presença dos ensacadores; a tecnologia rudimentar e estável subordinada a critérios de quantidade, rapidez e barateza – potenciaram-se reciprocamente: ao tempo que se exauria o crédito, baixava a rentabilidade das plantações, chegava a crise mundial. Entrosado a esse contexto, ocorreu a mudança do regime de trabalho.

O que significava, para o fazendeiro, essa transformação? A resposta vem contida nas reflexões de Van Delden Laërne sobre o alarido e a inércia que cercava, no Brasil, o problema da imigração. "A razão para isto? Ao se falar com os grandes fazendeiros, é suposto que favoreçam a imigração no exclusivo interesse das lavouras de café e açúcar, que apenas desejam colonos para trabalhar suas terras em lugar de escravos. Não desejam colonos livres, mas trabalhadores – instrumentos de trabalho em proveito de suas empresas. Daí decorre que os adeptos da imigração

---

115 Nabuco, 1949, v.IV, p.145; sobre Gavião Peixoto, relato ele sua filha. Sobre o prestígio pessoal entre portugueses, independentemente do título ou do nome herdado, cf. Buarque de Holanda, 1948, p.17-21.

livre recebam pouco apoio ou cooperação dos grandes – fazendeiros." Tinha o fazendeiro inteira consciência da incompatibilidade entre seus objetivos e os propósitos do colono: "Poucos fazendeiros da zona de Santos se permitem ver isto, ou pelo menos confessar isto. No Rio, entretanto, a maior parte dos comissários e negociantes atacadistas de café são de minha opinião; também eles admitem que enquanto os trabalhadores receberem tão altos salários, e enquanto um imigrante no Brasil puder fazer uma vida confortável em outros ramos da agricultura, ele não considerará o cultivo do café como um emprego lucrativo e agradável". Van Delden Laërne registra a opinião de um dos maiores fazendeiros fluminenses e expõe sua aguda e melancólica consciência do próprio destino: "De acordo com o senhor de Nova Friburgo, a decadência gradual da grande lavoura não pode mais ser sustada, agora que a tentativa feita em outubro de 1883 para substituir escravos por *coolies* foi malsucedida. Não parece esperar nenhum bem da imigração europeia, pois quando o deixei disse-me, entre outras coisas: o futuro é vosso, estamos condenados".[116]

A visão do fazendeiro alcançava, assim, os limites de previsibilidade de sua ação: proprietário de uma empresa mercantil, sabia que precisava de trabalhadores expropriados, que só poderiam ser mantidos nessa condição caso a isto estivessem compelidos, seja juridicamente, seja por fortes pressões econômicas. É à necessidade inapelável de preservar a fazenda nesses termos que se precisa atribuir o apego do velho fazendeiro de café ao regime servil, sua aparente irracionalidade a comprar escravos já nas vésperas da Abolição. Esta sua cegueira transforma-se em lucidez quando lembramos que assim procedendo apegava-se à única solução a seu alcance para garantir o estilo de produção capaz de fazer valer sua propriedade comprometida. Abrir mão do escravo significava, simplesmente, paralisar a fazenda e entregar os pontos. Por estas razões insistiu em importar asiáticos, passíveis de serem submetidos a uma semiescravidão: "Atendendo as circunstâncias excepcionais em que se achava a lavoura do município, pela completa desorganização do trabalho devido à falta absoluta de trabalhadores; atendendo a que essa falta de trabalhadores tem concorrido para a elevação do preço dos salários e que

---

116 Delden Laërne, 1885, p.147, 141 e 339, respectivamente. Para uma notícia sobre Nova Friburgo e suas fazendas, ver D'Ursel, 1880, p.96 ss.

esta circunstância é uma das causas da grande carestia dos gêneros de primeira necessidade; atendendo a que apesar dos patrióticos esforços do Governo do Estado a colonização europeia tem sido insuficiente para atender às necessidades da lavoura, máxime, nesta parte do Estado dando os imigrantes preferência ao Oeste, sob pretexto de ser ali a produção mais remuneradora, indicamos que se represente ao Congresso do Estado pedindo a votação de uma lei que autorize a colonização asiática, que na ocasião pode acudir a todas as necessidades da lavoura, até que estas desapareçam".[117]

Nesse texto observa-se como o fazendeiro situou-se diante do processo de mudança que abalou toda sua existência. Concebeu-o como *desorganização* do trabalho, valendo notar que sua representação está impregnada de conservadorismo, na mais completa acepção desse termo. Não só a mudança é vista como disnomia, como há, sobretudo, a clara noção de que as novas formas de organização do trabalho devem reeditar, sob outras formas de dominação, a sujeição anteriormente existente. Desse ângulo, e nos limites restritos de sua própria ação, o velho fazendeiro do Norte talvez tenha sido mais esclarecido quanto ao essencial de seus interesses que o seu congênere do Oeste. Este introduziu o imigrante e com isto dinamizou a região em que se instalara, mas esta consequência de seus atos estava para além de sua consciência.

Pelos materiais apresentados, vê-se que não foi falta de sensibilidade aos problemas dos negócios cafeeiros que tolheu os homens do tempo na prevenção do rumo catastrófico que assumiram. A própria análise foi conduzida em grande parte, no nível de suas consciências. A pergunta que, diante disto, acode ao investigador é o *que* teria aprisionado numa sorte devastadora esse grupo de homens poderosos. Não me parece satisfatória a explicação de sua decadência pelo esgotamento do solo e pela persistência da escravidão, referidos ambos fatores à sua mentalidade "tradicional". Quanto ao caráter predatório da exploração dos recursos naturais, é simples eliminar, da parte que teve, o peso de necessidade. Para atribuí-lo seria preciso que as consequências tivessem alcançado os limites do absoluto e isto não ocorreu – as largas e ricas várzeas permaneceram intactas, as colinas recobriam-se de vegetação. A terra

---

[117] *Atas da Câmara*, 26.8.1892.

esgotara-se para o café e por isto despovoou-se, com a transferência dos mais aptos e dos que haviam conservado alguns recursos para as regiões cafeeiras novas. Em suma, o café balizava sua concepção das potencialidades naturais. Isto posto, é óbvio que a constatação do desgaste do solo apenas serve para levar adiante a questão: o que fez com que os homens sentissem tal condicionamento como inelutável?

A resposta está contida nas várias partes deste trabalho e reside na "racionalidade" dessa forma de utilização da natureza em vista dos propósitos econômicos então definidos. Um contemporâneo dirige acerba crítica aos "adoradores da rotina", aos quais atribuiu "a prodigalidade com que se abatiam matas, e o capricho ambicioso de possuir extensos plantios mal cultivados". Essas palavras apenas refletem o modo como o lucro foi traduzido em prática: produzir muito e barato. Estes objetivos, rebatidos sobre a disponibilidade de terras, consolidaram as culturas rudimentares, agravando suas implicações deletérias pela amplitude das áreas ocupadas. O argumento irretorquível, oposto às objeções do autor acima, encerra a síntese de prosperidade e decadência contidas nessa forma de ajustamento: "fortunas sólidas foram feitas nessa mesma velha rotina da lavoura".[118] Isto compôs o elemento de necessidade no destino ruinoso do fazendeiro.

Entrelaçado a ele também surge a escravidão. Do mesmo modo que a disponibilidade de terras, a fartura de escravos serviu aos requisitos do lucro: quantidade, preços baixos. Entretanto, era instituição que ia desaparecendo ao firmar-se o próprio modo de produção que a reeditara nas colônias modernas. De outra parte, por suas ligações com os demais componentes do sistema socioeconômico gerado com o café, era instituição que se tornara quase insubstituível para o velho fazendeiro, que assim foi colocado num impasse. Creio que aqui fica pelo menos sugerido que sua decadência não pode ser reportada às propriedades deletérias universais da escravidão, que constituiriam regularidades em quaisquer situações históricas. Muito pelo contrário, ligada à agricultura comercial dos tempos modernos, seu teor destrutivo é função de seu aproveitamento ditado pelos cânones capitalistas.

As indicações aqui feitas são suficientes para evidenciar como os componentes básicos com que se organizou a velha civilização do café,

---

118 Para essas duas citações, cf. Azevedo, in: Werneck, 1878.

a forma de que se revestiram, os nexos estabelecidos entre eles foram unificados pelo princípio que conferiu sentido a todo o conjunto: a coerência com a produção capitalista. Só aparecem desdobradas até o limite último as implicações deletérias desses componentes, quando enfatizada a conexão externa com o mercado europeu e americano, que os interligava no interior do sistema brasileiro. Nenhum deles – seja técnicas agrícolas predatórias, escravidão ou "mentalidade rotineira" – pode ser apreendido de maneira discreta na tentativa de compreender a crise que desabou sobre as antigas zonas cafeeiras. Foi todo o conjunto, no qual se constituíram integradamente e assumiram sentido, que encerrou essa fatalidade. Mas a constatação permanecerá insatisfatória e conduzirá a erro, se dela se passar à noção de que isto se reporta a dois tipos diferentes de sociedade, em *oposição:* uma escravista e tradicional e outra capitalista e moderna. Pelo contrário, no caso brasileiro foi da *coerência* deste novo mundo com o velho de além-mares que surgiu a contradição, determinada na própria gênese do sistema colonial, desenvolvida ao longo de sua história e levada ao ponto crítico com a exploração do café: a existência de formações sociais geradas num sistema em expansão rápida e que dele fizeram parte com um equipamento letal. Muito simplesmente, novas ampliações mais acentuavam os efeitos negativos.

Assim, para os fazendeiros e negociantes do café, cada uma das realizações no sentido do crescimento foi também, ao mesmo tempo, um passo adiante no caminho da regressão: a prosperidade só pode ser construída à custa da ruína. A consciência desta implicação foi o feito impossível para aqueles homens, obliterados que estiveram pelas "sólidas fortunas" que vinham em resposta imediata às suas ações. Conheceram e avaliaram com justeza o seu mundo, do ponto de vista prático, mas não alcançaram que essa eficácia tinha os seus limites, estabelecidos por todo um universo de relações que necessariamente ultrapassava o seu entendimento. Embora fossem sensíveis às dificuldades originadas nesse contexto, seus diagnósticos e soluções foram parciais e, de qualquer maneira, quando os problemas se fizeram sentir praticamente foi demasiado tarde para qualquer correção. Para além de sua vontade os elementos mesmos que sustentaram a obra de criação transformaram-se em matrizes de destruição: o mundo que engendraram em função de suas aspirações acabou por voltar-se contra eles mesmos, presas de suas próprias artes.

Como solução para a comercialização do café em larga escala, surgiu a figura do comissário, ligada ao fazendeiro tanto por relações pessoais como por interesses. As relações de família, de amizade e de vizinhança serviram à formação da clientela das casas comissárias e transformaram--se em recursos competitivos e em técnicas para garantir o equilíbrio das transações comerciais. Consolidando as lealdades com serviços prestados, o comissário foi-se firmando como agente, banqueiro e "assessor" do fazendeiro, assim controlando os capitais do café no comércio, nas finanças e na produção. A tendência dos negócios cafeeiros à expansão contínua comprometeu as bases desse arranjo: de uma parte, tornava cada vez maior a exigência de recursos por parte do comissário, ao mesmo tempo que os imobilizava; de outra, impediu o processo de capitalização na agricultura. No momento de crise observa-se o desmoronar da trama de relações pessoais que servira às montagens dos negócios do café. Esse ajustamento entre padrões costumeiros e atividades aquisitivas revela-se também na "honorabilidade" que alicerçava esses negócios. A noção de respeito à palavra dada e de confiança mútua, que se percebe no uso de não pesar os fardos ou de aceitar a compensação coletiva das perdas ocasionais de peso, correspondia aos requisitos dos negócios realizados: garantir a rapidez nas transações importava mais que eventuais desperdícios.

Passando-se para a área da produção, observa-se o mesmo entrosamento: a agricultura extensiva, as técnicas rudimentares e a escravidão garantiram a colocação bem-sucedida do café brasileiro nas praças estrangeiras. As condições internas de produção ajustavam-se à estrutura social e aos padrões de consumo definidos tanto na Europa como na América. Tipos regulares, preços baixos, grandes quantidades: estes foram os critérios que traduziram, em termos de prática, os requisitos do lucro.

Também no estilo de vida da camada dominante nota-se a marca da atividade lucrativa. Não é *dispender conforme a posição social* que o qualifica, mas *produzir para enriquecer*. A própria organização interna das fazendas, que poderia levar à ilusão de uma unidade fechada de autoconsumo, na verdade compõe o aparelhamento necessário para a agricultura mercantil. Especialmente a organização do trabalho deixa isto a descoberto, com a exigência de centralizar o processo de produção, congregando um grande número de trabalhadores expropriados e mantendo baixo o nível de remuneração. Os fazendeiros também se revelam chefes de empresa e de núcleo doméstico. A partir da vida de três deles – Paty do Alferes, Vassouras e Breves – procurei alcançar alguns dos princípios que orientaram a prática desses grupos. Observou-se como a parcimônia imposta pela antiga pobreza integrou-se às mudanças econômicas como meio de enriquecimento; assim, define-se uma ética que valoriza a frugalidade, ao mesmo tempo que são legitimados os recursos fraudulentos de acumulação. Nota-se também que a compulsão para o lucro mescla-se a uma limitação "pessoal" das práticas de usura. Finalmente, o trabalho revela-se como prática normalmente integrada ao cotidiano das camadas dominantes, em tensão com o caráter escravista da sociedade. Correlatamente define-se uma ambiguidade nas representações: ora observa-se a desqualificação do trabalho, ora sua valorização. Quanto à estratificação social observa-se uma grande fluidez, com recrutamento heterogêneo da camada dominante, sua composição rápida e nada aristocrática, realizada a partir de uma situação de quase indiferenciação social. No que diz respeito à participação na cultura o que se observa é uma difusão bastante grande dos padrões de comportamento.

Na desagregação de todo esse conjunto, qualquer de seus componentes só revela suas implicações deletérias quando exposta sua relação com o sistema capitalista. Quando se revela esse nexo, ressalta a contradição que minou o sistema: a exigência de criar mais significou sempre o imperativo de destruir mais.

No decorrer dessa história os característicos da fazenda e os atributos do fazendeiro definiram-se univocamente. Na medida em que ela devia produzir para um mercado cuja tendência era de ampliação constante, ele tornou-se um homem de vastas posses que visava alargar suas propriedades e seus negócios; na medida em que ela devia produzir rápido e barato, ele filtrou terras e homens nessa exigência e tornou-se o destruidor de matas e o dilapidador de vidas; na medida em que o trabalhador expropriado, possível ao configurar-se a produção mercantil dos trópicos, consolidou-se como o trabalhador necessário ao sistema, ele perpetuou-se como senhor de escravos; na medida em que as próprias bases de sua empresa – terras e homens à saciedade – congregaram sob sua égide e poder um numeroso grupo de seres humanos, ele foi governante supremo; na medida em que seu estabelecimento unificou trabalho e lar, definindo entre senhores e subordinados, a um só tempo, contactos estritamente categóricos e laços íntimos, o seu arbítrio foi limitado e a disciplina opressiva mesclou-se às graças e às mercês. Fica assim visto como os componentes objetivos cercaram a ação do grande agricultor tropical: de seu ajustamento a eles dependia o êxito de sua empresa, a preservação de seu estilo de vida, o seu próprio ser.

CONCLUSÕES

Duas ordens de reflexões podem ser feitas a partir da reconstrução da velha sociedade do café. A primeira diz respeito à sistematização dos resultados conseguidos na pesquisa e a segunda se refere ao significado presente desse conhecimento.

Verificou-se que a organização interna dos grupos de homens livres e pobres se edificou sobre bases pouco estáveis, dado seu ajustamento à sociedade inclusiva. Não houve condições para que a tradição consolidasse as diferentes áreas de suas relações, comprometida que esteve pela interferência, descontínua por sua vez, do setor orientado para a atividade mercantil. A marginalização e a situação de carência a que ficaram relegados em todos os planos da vida, ao mesmo tempo que definiram relações de cooperação, fizeram com que o conflito se determinasse correlatamente e atravessasse todas as áreas da organização social.

A presença da produção mercantil também torna inteligível que enriquecer fosse aspiração generalizada, que os caminhos do enriquecimento estivessem abertos, que riqueza se ligasse à ascensão social e que tudo isto se medisse, finalmente, em termos de dinheiro. Isto ampliou o recrutamento dos grupos dominantes, favorecendo a entrada daqueles que satisfizessem a critérios seletivos claramente econômicos. Os homens livres e pobres que conseguiram ajustar-se com êxito à ordem estabelecida fizeram-no em termos estritamente individuais, sem que se possa perceber sinais de organização de suas atividades. A dominação entre homens livres configurou-se num forte sistema autoritário, basicamente constituído por associações morais. Aí também a empresa mercantil fez sentir os seus efeitos. Com a atividade lucrativa incorporada à vida das camadas dominantes, seus membros orientaram-se de modo predominante por considerações de interesses e foram levados a faltar aos compromissos morais tacitamente assumidos para com seus dependentes, assim expondo a contingência de sua dominação. Apesar dessa fissura no sistema de poder, os homens que romperam violentamente a sujeição fizeram-no também como revolta pessoal, impossibilitados de conceberem sua oposição em termos organizados.

O latifúndio fez sentir seu peso igualmente sobre aqueles que o criaram. Na época aqui considerada, desapareciam rapidamente as possibilidades da vida transcorrer fechada nesses pequenos mundos. Não obstante, as instituições locais permaneciam resistentes e as realizações materiais tinham ainda dimensões compatíveis com a atuação de indivíduos ou grupos isolados. A pobreza inicial teve seu papel nesse estado de coisas, contribuindo para que a vida privada se prolongasse para dentro da vida pública, mantendo, também nesta, a dominação pessoal. Nessas condições, o serviço do Estado fez-se com agentes que detinham de fato os meios da administração, fundindo-se patrimônio estatal e propriedade privada e superpondo-se autoridade oficial e influência pessoal. Nesse contexto, configura-se a utilização direta do aparelho do Estado, especialmente através da apropriação de terras. Entretanto, a própria forma de exploração dessas terras propunha aos grupos dominantes alvos que só poderiam ser atingidos mediante outros esquemas de atuação, pressionando no sentido da formação de um aparelho institucional que pusesse o Estado a seu serviço, mas sob a forma de uma entidade abstrata e soberana. A utilização dessa forma indireta de poder, que poderia ter sido explorada de maneira consequente e prospectiva, não caiu dentro do raio de ação definido por esses homens, para quem tanto as relações materiais como o destino alheio pareciam submetidos à própria vontade. Ao ter o mundo reduzido a dimensões pessoais, os alicerces mesmos de seu poder determinaram seus limites: quase onipotentes porque fechados em seus pequenos reinos, por isto mesmo mostram-se incapazes de transcendê-los.

Nos negócios cafeeiros, o "tradicional" aparece como condição necessária ao curso normal das novas atividades aquisitivas, conferindo um mínimo de estabilidade e previsibilidade às transações, bem como ampliando sua escala. A mesma adequação "racional" entre padrões costumeiros e práticas capitalistas surge na organização da produção: as técnicas rotineiras fundaram o entrosamento das condições internas aos requisitos dos mercados externos. A organização das fazendas indica um estilo de vida cuja qualificação é *produzir para enriquecer*. Seu caráter de empresa aparece claramente marcado sobre sua estrutura material, sobre a organização do trabalho, sobre as relações de dominação. Mas o núcleo doméstico e a escravidão também fazem sentir o seu peso em todas essas áreas, definindo ajustamentos de extrema ambiguidade, que aparecem sobretudo em torno dos comportamentos e representações relacionados com dinheiro e com trabalho. No plano da sociedade em geral, nota-se que são critérios econômicos plásticos e não rígidos preceitos ético-jurídicos que regulam os processos de diferenciação social e de participação na cultura. Definiu-se com isto uma considerável fluidez na categorização dos homens livres e também a dispersão dos padrões culturais.

A despeito da presença desses elementos, não se completou o processo de constituição de uma sociedade de classes. O poder pessoal lá estava a impedir que isto acontecesse, filtrando, por seu prisma de solidão, o mundo material e o mundo humano. Assim como o poder pessoal fechou o homem pobre na violência sem expressão social, também impediu os grupos dominantes de identificarem seus objetivos econômicos comuns e de agirem com unidade. Assim, enquanto homens *situados economicamente* organizaram seu universo conforme seus interesses, conformando-o aos requisitos dos mercados internacionais. Todavia, o modo como se houveram nesse processo – através do latifúndio – fez com que seu poder ficasse confinado às suas posses, impedindo-os de quebrar essas fronteiras e *situarem-se socialmente*.

Ao lado do latifúndio, a presença da escravidão freou a constituição de uma sociedade de classes, não tanto porque o escravo esteja fora das relações de mercado, mas especialmente porque excluiu delas os homens livres e pobres e deixou incompleto o processo de sua expropriação. Ficando marginalizada nas realizações essenciais à sociedade e guardando a posse dos meios de produção, a população que poderia ser transformada em mão de obra livre esteve a salvo das pressões econômicas que transformariam sua força de trabalho em mercadoria. Em outras palavras, as relações entre proprietários e não proprietários não assumiram generalizadamente o caráter de relações de troca. Este enunciado, ao mesmo tempo que acentua a forma específica de dominação social que funda uma estrutura de classes, aponta para seu corolário o alargamento dos mercados. Na sociedade estudada uma e outra dessas condições estiveram presentes e foram neutralizadas, ao mesmo tempo, pelas relações com o exterior.

De outra parte, esses grupos dominantes não se apresentam também como formação estamental. Quando se procura conhecer essa realidade tendo por referência o estamento como conceito sociológico de estrutura, é todo seu sentido que vai ficando comprometido diante do pesquisador. Esse conceito descreve formações organizadas conforme um esquema fixo de distribuição de bens econômicos, ao qual corresponde outro esquema também fixo de privilégios e deveres, de acordo com critérios estritamente sociais. Seu elemento central é a concepção de honra e, portanto, o que há de mais inextrincavelmente ligado à ideia de pessoa. Ao contrário, o universo do dinheiro e do mercado estão atravessados por forças inteiramente impessoais e de todo estranhas à definição honorífica de posição social. Por isto, a ordem tradicional se opõe a uma regulamentação abertamente econômica do poder e define a desqualificação das atividades lucrativas. De modo coerente, a propriedade fundiária constitui sua forma específica de riqueza, aliando-se à dominação pessoal: *Nulle terre sans seigneur* e *L'argent n'a point de maître*, dizem os velhos adágios comentados tanto por Marx como por Weber.

As dificuldades para referir esse conceito à sociedade brasileira surgem quando observamos que os critérios extraeconômicos de categorização dos indivíduos aparecem, reiteradamente, perturbados pelos critérios de diferenciação social fundados em situação econômica. Nela, o latifúndio e a economia orientada para o autoconsumo, a dominação pessoal, o uso direto do aparelho do Estado aparecem vinculados à produção mercantil, ao poder econômico, à consolidação das instituições de um Estado soberano. Se procurarmos esquematizar, acentuando alguns desses elementos, então a produção mercantil terá de ser privilegiada como componente central: os demais definem-se e relacionam-se em função dessa marca.

Os resultados obtidos põem em foco uma formação social que esteve longe de realizar os requisitos de uma formação estamental: em lugar da durabilidade que esta pressupõe, apresentou uma fluidez constante; em lugar de camadas fechadas e nitidamente diferenciadas pela estilização da forma de vida, agregou grupos fracamente delimitados e com marcas exteriores pouco precisas. Em lugar da apropriação preferencial de uma atividade que fosse objetivamente significativa para a sociedade como um todo e aparecesse associada a critérios honoríficos a transcender os fundamentos materiais da estratificação social, a situação econômica e a atividade lucrativa determinaram a posição ocupada na escala do poder e do prestígio. E nem poderia deixar de ser assim: as mudanças rápidas, a vinda para o primeiro plano da situação econômica como elemento articulador da sociedade, a tendência à intensificação da mobilidade vertical, a vulgarização do patrimônio cultural são característicos gerais das sociedades contemporâneas. As condições particulares ao Brasil ampliaram os movimentos, "enfeudaram" o produtor de lucros, fizeram do "ladrão, barão", colocaram o piano nas mãos das moças e o Positivismo na cogitação dos homens, a porcelana fina sobre as tábuas brutas, os tecidos e as pedras preciosas nas "mulheres mal-amanhadas".

A "civilização do café" constituiu-se a partir de um universo econômico em expansão, em que o projeto de todos foi enriquecer e no qual os meios de enriquecimento não estiveram monopolizados. A apropriação não estava juridicamente limitada, nem mesmo convencionalmente estabelecida, como privilégio exclusivo de um determinado grupo de homens livres, observando-se a tendência inversa daquela que acompanha as formações estamentais. Nestas, o fechamento cada vez maior das camadas dominantes, o monopólio por elas exercido sobre os bens materiais, aliado à desqualificação do trabalho e da atividade lucrativa têm por consequência o travamento da evolução dos mercados. Na sociedade aqui focalizada, a possibilidade de ganhar uma posição economicamente vantajosa e desta traduzir-se em posição social privilegiada, manteve abertos os estratos superiores, intensificando sua participação nas atividades mercantis. É certo que o latifúndio trabalhado por escravos implicava uma limitação das relações de troca. Mas, em certa medida, também esse efeito corrigiu-se pela referência aos mercados internacionais, que conferiu sentido a toda a atividade organizada no interior das fazendas, impedindo que elas se convertessem em unidades autossuficientes e fazendo com que o movimento tendesse no sentido contrário, para a diferenciação e integração, incipientes que sejam, da vida econômica.

Os limites que a velha civilização do café encontrou não podem ser atribuídos a um suposto tradicionalismo. De fato, as características da organização social que poderiam assim ser identificadas não foram simplesmente *postas a serviço* das práticas capitalistas; umas e outras aparecem interligadas, constituindo uma sociedade plena de tensões.

A contradição que encontramos nas origens da sociedade brasileira, no nível da economia – produção direta de meios de vida e produção mercantil –, desdobrou-se, no nível da organização social, na síntese difícil das associações morais e das constelações de interesses e desenvolveu-se, no nível da organização política, na unidade da vida pública e da vida privada.

Não é um quadro gratificador o que acaba de ser reconstruído. Tem por base a grande propriedade fundiária e todos os personagens estão presos num mundo autoritário e contraditório. Para os nossos ouvidos de hoje, o termo latifúndio tem implicações muito claras: na literatura técnica ou nas campanhas políticas, ele aparece como uma sobrevivência pesada que freia o curso das forças produtivas do país, como uma realidade negada e a ser ultrapassada. Com esse colorido, ele se associa aos outros temas que permeiam a consciência atual do brasileiro: a defesa das reservas naturais, a promoção da indústria nacional, o alargamento e integração dos mercados internos. Assim, o caráter de "essencialmente agrícola", vinculado às sobrevivências "feudais" das relações de dominação, é visto como óbice fundamental para o desenvolvimento do país. Dentro desse contexto, o assunto torna-se quase pacífico, porque comodamente convertido num libelo contra uma aristocracia retrógrada e preservadora de privilégios. Nesses quadros, ainda, os debates em torno da mudança de estrutura agrária acabam se resolvendo nos argumentos de que "todo o mal está na propriedade improdutiva". Vale indagar, todavia, em que medida esse passado, facilmente negado, encontra plena vigência em condições presentes de nossa sociedade.

Depois da desagregação das fazendas de café, no Vale do Paraíba, a grande propriedade fundiária reconstituiu-se com a pecuária. Nascido *quase* espontaneamente, o capim-gordura espalhou-se pelas colinas limpas dos cafezais mortos e as pastagens fizeram-se por todos os lados. As fazendas de leite foram exploradas extensivamente e mediante técnicas rotineiras, alargando-se por áreas tão grandes quanto as de café. Essa forma de utilização da terra ajustou-se ao fato de que nas regiões próximas inexistiam centros consumidores de leites de tipo alto, que tornassem lucrativo o gado estabulado e selecionado. Toda a produção dessa área foi orientada para o abastecimento de São Paulo: destinou-se portanto a alimentar as grandes usinas que servem a um mercado urbano em expansão. Mais uma vez os interesses do fazendeiro convergiram para produzir o máximo, com custos baixos, sem preocupação de qualidade. Os efeitos desse estado de coisas não são difíceis de perceber.

De uma parte o alastramento das pastagens ultimou, em algumas décadas, o processo que não se completou no decorrer de alguns séculos: a expropriação do trabalhador rural. É lembrado, hoje, com nostalgia, o bom tempo do café, quando as terras eram cedidas para as roças dos empregados. "Agora, a ganância do fazendeiro põe o capim na porta de casa". Isto, é claro, jogou o trabalhador rural definitivamente nas relações de mercado. A isto se deve acrescentar, para ter ideia de suas condições de vida, que há inflação, que ele encontra fraca oferta de trabalho e percebe salários baixos. A despeito, portanto, da expansão da pecuária e do reerguimento econômico do Vale do Paraíba, não se fez sentir melhoria correlata no nível de vida do trabalhador rural. A riqueza continua a "sobrevoar" a região, permanecendo altamente concentrada a propriedade da terra, com o fazendeiro relacionando-se, em suas transações, sobretudo com os grandes centros urbanos.

Até há alguns anos, conquanto grande parte da população rural apresentasse um padrão de vida extremamente baixo, as fazendas cresciam sólidas e prósperas. Esta prosperidade, é óbvio, consolidou as práticas do fazendeiro que manteve o seu empreendimento no velho estilo e cuidou de salvaguardar sua integridade. Por isto, não vende, nem arrenda terras. Assim, o aluguel da terra torna-se muito alto e acentua-se a instabilidade do pequeno lavrador, que fica sem garantias de que seu trabalho possa ter continuidade e apresentar resultados cumulativos. Em geral, os arrendamentos para culturas visam preparar o terreno para futuras pastagens; quando esse objetivo é alcançado, o fazendeiro reclama os seus direitos. Também para preservar sua empresa e conservar as condições que a tornaram rendável, o fazendeiro combate a introdução de indústrias, na medida em que estas perturbam o suprimento de mão de obra. Os fazendeiros mais jovens mostram-se sensíveis à dinamização do sistema econômico, provocada pela industrialização.

De outro lado, as condições pregressas da vida do caipira continuam a pesar sobre seu destino. O passado ainda faz dele um desajustado à disciplina das fazendas e sua tendência para resolver seus problemas com a mobilidade se acentuou, visto que se tornou ainda mais desenraizado. Reclama por não receber chão para suas roças, mas também sua instabilidade o leva a não plantar, mesmo quando o recebe. Ademais, os seus hábitos descansados fazem com que o trato das suas próprias roças lhes pareça uma sobrecarga, após o trabalho devido nas fazendas.

Nessas condições, acentuaram-se as dificuldades, já apontadas neste trabalho, entre fazendeiro e dependentes, agora transformados em patrão e empregados. Os interesses econômicos acabaram de realizar a sua tarefa predatória na área das associações morais. Cada dia o patrão é levado, pelo caráter mesmo de seu empreendimento e pela própria acentuação da instabilidade do caipira, a relegar as promessas que anteriormente de algum modo os unira. Especialmente as antigas obrigações de auxílio vão sendo substituídas por medidas impessoais como segurar empregados contra acidentes. Entretanto, esse proceder não é generalizado, e o mais frequente é que os compromissos tácitos sejam simplesmente quebrados. No momento em que isto ocorre, o caipira sente, escandalizado, o desinteresse pessoal do fazendeiro e o fato de ser, a seus olhos, mais empregado que ser humano. Contudo, o desgosto e a revolta que manifestam diante dessas circunstâncias acomodam-se numa sensação de impotência, que se traduz por um resignado conformismo. Apesar de tudo, os velhos padrões ainda encontram vigência e o compadrio continua a proporcionar vida mais fácil para os que permanecem à sombra das famílias proprietárias, servindo-as e recebendo seus favores.

Muito no velho estilo, o fazendeiro que conservou os antigos padrões de vida, residindo na fazenda, ainda exerce um poder considerável dentro dela, desafiando a lei se assim entender. Suas transgressões, entretanto, são mais leves que as de seus recentes antepassados: limitam-se, por exemplo, a dificultar a instalação de escolas e o trabalho das autoridades educacionais. Até poucos anos, diante desse homem, o camarada, o arrendatário, o pequeno comerciante sentiam-se impotentes; só a intervenção do governo poderia, a seu ver, mudar um pouco a ordem das coisas, inflexível para eles: intervenção para regular os termos de arrendamento, intervenção para desapropriar terras e instalar indústrias, intervenção para regular as relações entre patrão e empregado.

A situação acima descrita vem sendo modificada nos últimos anos. Em parte a própria modernização interna das fazendas vai-se encarregando disso. O aumento de produção, o enriquecimento, as exigências técnicas de manipulação do leite trouxeram as boas estradas e os caminhões que realizam viagens diárias. Isto estabelece entre o caipira e a cidade uma ligação que não é sem consequências. Ele já procura a justiça para resolver seus problemas de emprego, já pode também ser alcançado pelo advogado jovem e ambicioso, que procura formar clientela. As modificações que se vêm introduzindo na regulamentação jurídica das relações no campo têm igualmente contribuído para introduzir fissuras no sistema de dominação. Pressionados por seus interesses mais imediatos, o fazendeiro, como sempre, desrespeita a ordem legitimada na região, dispensando velhos empregados ou pressionando-os para que se retirem.

São observados também outros rumos no processo de mudança das relações entre fazendeiro e seu empregado, *reforçando o sistema de dominação*. Há fazendeiros que incorporam as transformações econômicas com a sabedoria de mobilizar o lastro que herdaram, redefinindo e reeditando as antigas sujeições. Nesse esquema, o tratamento personalizado do empregado passa a ser cultivado conscientemente como técnica de defesa de interesses, como forma de fixação da mão de obra e de eliminação das áreas de atrito. Este tipo de relação é especialmente eficiente quando o fazendeiro passa boa parte de seu tempo na fazenda. Hoje, como antigamente, a terra confina o destino de dominantes e dominados, cumprindo a sua parte para sujeitar o roceiro ao proprietário. Esta lucidez de incorporar os velhos padrões aos novos rumos da vida, fazendo com que a mudança econômica deslize, deixando praticamente intocada a ordem social, não é um atributo que se encontre regularmente no fazendeiro. Este, na maioria das vezes, age no sentido de seus interesses mais imediatos e continua, desse modo, progressivamente, a comprometer as bases de seu poder.

No passado, a fazenda de café organizou-se em função dos mercados internacionais e mais tarde, ainda hoje, a fazenda de gado assumiu características semelhantes em função dos novos mercados urbanos. A analogia de organização que as aproxima não se deve a nenhuma sobrevivência, mas simplesmente ao critério de produzir lucros. Os quadros "atrasados" de exploração agrícola foram recriados e se mostram, mesmo agora, "racionais" para os fins a que se destinam, tendendo, por isto, a resistir. Dentro desses padrões de existência, as fazendas prosperam e os que nelas trabalham seguem, o mais das vezes, o seu destino aquém da humanidade.

REFERÊNCIAS BIBLIOGRÁFICAS

Fontes Manuscritas

ATAS da Câmara de Guaratinguetá – 1830 a 1899 (Arquivo da Secretaria da Câmara Municipal de Guaratinguetá).
CORRESPONDÊNCIA da Câmara Municipal de Guaratinguetá – 1830 a 1880 (Departamento do Arquivo do Estado de São Paulo).
INVENTÁRIOS e Testamentos – 1835 a 1899 (Cartório do Segundo Ofício de Guaratinguetá).
PROCESSOS criminais – 1835 a 1899 (Cartório do Registro de Imóveis e Anexos de Guaratinguetá).

Fontes Impressas do Século XIX

"A Baixa do Café" (Artigos publicados no *Jornal do Commercio* em fevereiro de 1898. Rio de Janeiro: Tip. do Jornal do Commercio, 1898a.
"A Baixa do Café" (Resposta de Cândido de Brito ao articulista do *Jornal do Commercio*). Rio de Janeiro: Tip. do Jornal do Commercio, 1898b.
AGASSIZ, L. *A Journey in Brazil.* Boston: Houghton, Mifflin & Co, 1893.
AGUIAR, J. J. F. de. *Pequena memória sobre a plantação, cultura e colheita do café: na qual se expõe os processos seguidos pelos fazendeiros desta província,*

desde que se planta até ser exportado no comércio. Rio de Janeiro: I. P. da Costa, 1836.

A máchina de seccar café Taunay-Telles. Pareceres recentes sobre o invento dos engenheiros Luiz Goffredo de Escragnolle Taunay e Augusto Carlos da Silva Telles. Rio de Janeiro: Moreira, Maximino, 1883.

AZEVEDO, L. C. de. Da cultura do café. In: WERNECK, F. P. de L. Memória sobre a fundação e costeio de uma fazenda na Província do Rio de Janeiro. Rio de Janeiro: s. n., 1878.

BINZER, I. von. Alegrias e tristezas de uma educadora alemã no Brasil. São Paulo: Anhambi, 1956.

BRACKENRIDGE, H. M. Voyage to South America, performed by order of the American Government in the years 1817-1818. London: T. & J. Allan, 1820.

BRANDÃO, J. E. L. Dissertação sobre o cafezeiro. Tese apresentada à Faculdade de Medicina do Rio de Janeiro e sustentada em 5 de dezembro de 1842. Rio de Janeiro: Tip. Universal de Laemert, 1842.

BUENO, J. A. P. (Marquês de São Vicente). Direito Público Brasileiro. Rio de Janeiro: 1857.

BURLAMAQUE, F. S. L. Monografia do cafezeiro e do café. Rio de Janeiro: Vianna e Filhos, 1860.

BURNMEISTER, H. Viagem ao Brasil através das Províncias do Rio de Janeiro e Minas Gerais. Biblioteca Histórica Brasileira. São Paulo: Martins, 1952.

CENTRO DA LAVOURA E DO COMÉRCIO. Breve notícia sobre a Primeira Exposição de Café no Brasil. Rio de Janeiro: Tip. de Moreira, Maximino, 1882.

CENTRO DA LAVOURA E DO COMÉRCIO. Segunda Exposição do Café do Brasil. Rio de Janeiro: Tip. de Moreira, Maximino, 1883.

CÉZARD, A. Le Brésil, son commerce avec la France. Obstacles qui s'opposent au développement des rélations commerciales entre les deux pays. Orléans: s.n., 1877.

Código Comercial do Império do Brasil (1850). Anotado com toda a legislação do País que lhe é referente, com os arrestos e decisões mais notáveis dos Tribunais e Juízes, concordando com a legislação dos países estrangeiros. Anotado pelo Desembargador Salustiano Orlando de Araújo Costa. Rio de Janeiro: Laemert & Cia, 1886.

Código Criminal do Império do Brasil. Rio de Janeiro: Tip. de Émile Seignot--Plancher, 1831.

Código Criminal do Império do Brasil (e leis relativas a alguns artigos do Código Criminal). Pernambuco: Tip. de Santos & C., 1836.

(Código Criminal do Império do Brasil). Repertório ou índice alfabético de todas as disposições dos Códigos Criminal e do Processo, Disposições provisórias, Lei de 3 de dezembro de 1841, Regulamentos de 31 de janeiro e 15 de março de 1842, *e de toda a legislação e decisões do Governo relativas às citadas leis* por Jacinto José da Silva Pereira Dutra. Rio de Janeiro: Tip. Austral, 1884.

Código Penal do Império do Brasil com algumas observações sobre alguns de seus artigos pelo Dr. Manoel Alves da Cunha Azevedo. Recife: Tip. de Meira Henriques, 1851.

Código Criminal do Império do Brasil anotado com as leis, decretos, avisos e portarias publicadas desde sua data até o presente e que explicam, revogam ou alteram algumas de suas disposições, ou com elas têm imediata conexão (seguido de um apêndice contendo na íntegra as leis adicionais ao mesmo Código) por J. M. Pereira de Vasconcellos. Rio de Janeiro: Antônio Gonçalves Guimarães, 1860.

Código Criminal do Império do Brasil contendo não só toda a legislação alterante ou modificante de suas disposições, publicada até o fim de 1860, com todas as penas e seus diferentes artigos calculadas segundo os seus graus e as diversas qualidades dos criminosos pelo Dr. Carlos Antônio Cordeiro. Rio de Janeiro: Tip. de Quirino e Irmão, 1861.

Código Criminal do Império do Brasil anotado com os atos do Poder Legislativo e avisos do Governo que hão alterado e explicado algumas de suas disposições e com as decisões do Supremo Tribunal de Justiça e da Relação do Rio de Janeiro, pelo Dr. João Batista Pereira. Rio de Janeiro: E. A. Oliveira, 1869.

Código Criminal do Império do Brasil aumentado com as leis, decretos, avisos e portarias que desde a sua publicação até hoje se tem expedido, explicando, revogando ou alterando algumas de suas disposições com o cálculo das penas em todos os graus por Josino Nascimento Silva. Rio de Janeiro: Eduardo e Henrique Laemert, 1863.

Código Criminal do Império do Brasil anotado com os atos dos Poderes Legislativo, Executivo e Judiciário que têm alterado e interpretado suas disposições desde que foi publicado, e com o cálculo das penas em todas as suas aplicações por Araújo Filgueiras Júnior. Rio de Janeiro: Eduardo e Henrique Laemert, 1876.

Código Criminal do Império do Brasil com as leis subsequentes pelo Conselheiro Tristão de Alencar Araripe. Rio de Janeiro: Livraria Popular, 1880.

Código Criminal do Império do Brasil comentado e anotado com os princípios do Direito; legislação de diversos povos, leis do País. Decretos, jurisprudência dos Tribunais, avisos do Governo, interpretando, alterando ou revogando diversas de suas disposições (apêndice contendo o Regulamento de 18 de março de 1849, lei de 2 de julho de 1850, de 1 de dezembro de 1860. Decreto de 8 de outubro de 1850) pelo Conselheiro Vicente Alves de Paula Pessoa. Rio de Janeiro: A. A. da Cruz Coutinho, 1885.

Código Criminal do Império do Brasil teórico e praticamente anotado pelo bacharel Francisco Luiz, Maceió: Tip. de T. Meneses, 1885.

Código Criminal do Império do Brasil anotado pelo Juiz de Direito, Antônio Luiz Ferreira Tinoco. Rio de Janeiro: Imprensa Industrial, 1886.

(Código Criminal do Império do Brasil). Nova edição oficial do Código Criminal Brasileiro de 1830. Anteprojeto seguido do parecer sobre ele por uma comissão especial e refutação do mesmo parecer pelo advogado Dr. João Vieira de Araújo (1889).

Código do Processo Criminal de Primeira Instância seguido da Disposição Provisória acerca da administração da Justiça Civil e instruções do mesmo Código. Pernambuco: Tip. de Santos & C., 1836.

(Código do Processo Criminal). Repertório ou Índice Alfabético de todas as disposições dos Códigos Criminal e do Processo, Disposição Provisória, Lei de 3 de dezembro de 1841 e Regulamentos de 31 de janeiro e 15 de março de 1842, e de toda a legislação e decisões do Governo relativos à citada lei, por Jacinto José da Silva Pereira Dutra. Rio de Janeiro: Tip. Austral, 1844.

Código do Processo Criminal de Primeira Instância do Império do Brasil aumentado com a lei de 3 de dezembro de 1841 e seus regulamentos, disposição provisória acerca da administração da Justiça Civil, todas as leis, decretos e avisos a respeito, até o princípio de 1864, por Josino do Nascimento Silva. Rio de Janeiro: Eduardo e Henrique Laemert, 1864.

Código do Processo do Império do Brasil e todas as leis que posteriormente foram promulgadas e bem assim todos os decretos expedidos pelo Poder Executivo relativamente às mesmas leis, tendo em notas todos os avisos que entendem com a matéria do texto e também os acórdãos do Supremo Tribunal e das Relações do Império, que explicam a doutrina das diversas leis e regulamentos e ensinam a melhor prática por Araújo Filgueiras Júnior. Rio de Janeiro: Eduardo e Henrique Laemert, 1874.

CODMAN, J. Ten Months in Brazil. Edinburgh: R. Grant & Son, 1870.

Congresso Agrícola. Coleção de Documentos. Rio de Janeiro: 1878.

COUTY, L. Le Brésil en 1884. Rio de Janeiro: Faro e Lino, 1844.

_____. Étude de biologie industrielle sur le café. Rapport adressé a M. le Directeur de l'École Polytechnique. Rio de Janeiro: 1883.

CUNHA, A. R. Arte da cultura e preparação do café. Rio de Janeiro: s.n., 1844.

D'ASSIER, A. Le Brésil contemporain. Paris: Durand et Laurcel, 1867.

DEBRET, J. B. Viagem pitoresca e histórica ao Brasil. Biblioteca Histórica Brasileira, IV, 2 v. São Paulo: Martins, 1949.

DELDEN LAËRNE, C. F. Van. Brazil and Java Repport on Coffee Culture in America, Asia and Africa. London: s. n., 1885.

DÉNIS, F., TAUNAY, H. Le Brésil, ou histoire, moeurs, usages et coutumes des habitants de ce royaume. Paris: s. n., 1822.

DÉNIS, F. O Brasil. 2 v. Salvador: Livraria Progresso Editora, 1955.

_____. Le Brésil au XXe siècle. Paris: Armand Colin, 1909.

D'URSEL, C. *Sud-Amérique. Séjours et voyages au Brésil, à la Plata, au Chili, en Bolivie et au Pérou*. Paris: Plon, 1880.

EWBANK, T. *Life in Brazil or a journal of a visit to the land of the cocoa and the Palim*. s. 1., Harper & Brothers, 1856.

EXPILLY, C. *Le Brésil tel qu'il est*. Paris: Dentu, 1862.

GARDNER, G. *Travels in the interior of Brazil, principally through the northern provinces and the gold and diamond districts during the years 1836-1841*. London: Reeve Brothers, 1846.

GOELDI, E. A. *Relatório sobre a moléstia do cafeeiro na Província do Rio de Janeiro*. Rio de Janeiro: Imprensa Nacional, 1887.

HADFIELD, W. *Brazil, the River Plate an the Falkland Islands*. London: Longman, 1854.

Informação sobre a posição comercial dos produtos do Brasil nas praças estrangeiras. Rio de Janeiro: Typografia Nacional, 1875.

JORDÃO, A. M., AZEVEDO, D. T. de. Memorando sobre a situação Agrícola Nacional no último período do II Império. In: *Cultura Política*, n.3, Rio de Janeiro: 1941.

KIDDER, D. P. *Reminiscências de viagens e permanência no Brasil*. Biblioteca Histórica Brasileira, v.III. São Paulo: Martins, 1951.

LALIÈRE, A. *Le café dans l'État de Saint Paul*. Paris: Challamel, 1909.

La question du café. Le café du Brésil au Palais de l'industrie (Concours agricole). Paris: Guillaumin & Cie, 1883.

Le Brésil à l'Exposition de Saint Petersbourg. Saint Petersbourg: Trenké et Fusnot, 1884.

Le Café du Brésil. A l'Exposition Industrielle de Marseille. Notice sur la Collection de Cafés du Brésil envoyée par le Centro do Comércio e da Lavoura do Rio de Janeiro. Marseille: Barlatier Feissot, 1886.

LECLERC, M. *Lettres du Brésil*. Paris: 1890.

LUCCOCK, J. *Notas sobre o Rio de Janeiro e Partes Meridionais do Brasil*. São Paulo: Martins, 1951.

MACEDO, A. A. *O enigma comercial do café de Moka patenteado na Exposição de Paris de 1867*. Rio de Janeiro: Eduardo e Henrique Laemert, 1868.

MARCONDES,]. P. de A. *O café. Esboço monográfico sobre sua origem, cultura, uso dietético etc*. São Paulo: Carlos Zanchi, 1896.

MATHISON, G. F. *Narrative of a Visit to Brazil, Chili, Perou and the Sandwich Islands*. London: Charles Knight, 1825.

MAWE, J. *Travels in the Interior of Brazil*. London: Longman, 1812.

MINISTÉRIO DA FAZENDA. *Relatório da Repartição dos Negócios da Fazenda apresentado à Assembleia Geral Legislativa na Sessão Ordinária de 1834 pelo Respectivo Ministro e Secretário de Estado, Cândido José de Araújo Vianna*. Rio de Janeiro: Tip. Nacional, 1834.

MINISTÉRIO DA FAZENDA. *Proposta e Relatório apresentados à Assembleia Geral Legislativa na Sessão Ordinária de 1840* pelo Ministro e Secretário de Estado dos Negócios da Fazenda, Manoel Alves Branco. Rio de Janeiro: Tip. Nacional, 1840.

MINISTÉRIO DA FAZENDA. *Proposta e Relatório do Ministro da Fazenda apresentados à Assembleia Geral Legislativa na Primeira Sessão da Décima-Primeira Legislatura* pelo Ministro e Secretário de Estado dos Negócios da Fazenda, José Maria da Silva Paranhos. Rio de Janeiro: Tip. Nacional, 1861.

MINISTÉRIO DA FAZENDA. *Proposta e Relatório apresentados à Assembleia Geral Legislativa na Primeira Sessão da Décima-Sétima Legislatura* pelo Ministro e Secretário de Estado dos Negócios da Fazenda, Gaspar Silveira Martins. Rio de Janeiro: Tip. Nacional, 1878.

MINISTÉRIO DA FAZENDA. *Proposta e Relatório apresentados à Assembleia Geral Legislativa da Décima-Sétima Legislatura* pelo Ministro e Secretário de Estado dos Negócios da Fazenda, Affonso Celso de Assis Figueiredo. Rio de Janeiro: Tip. Nacional, 1879.

MINISTÉRIO DA FAZENDA. *Proposta e Relatório apresentados à Assembleia Geral Legislativa na Terceira Sessão da Décima-Sétima Legislatura* pelo Ministro e Secretário de Estado dos Negócios da Fazenda, José Antônio Saraiva. Rio de Janeiro: Tip. Nacional, 1880.

MINISTÉRIO DA FAZENDA. *Proposta e Relatório apresentados à Assembleia Geral Legislativa na Terceira Sessão da Décima-Oitava Legislatura* pelo Ministro e Secretário de Estado dos Negócios da Fazenda, Visconde de Paranaguá. Rio de Janeiro: Tip. Nacional, 1883.

MINISTÉRIO DA FAZENDA. *Proposta e Relatório apresentados à Assembleia Geral Legislativa na Quarta Sessão da Décima-Oitava Legislatura* pelo Ministro e Secretário de Estado dos Negócios da Fazenda, Lafayette Rodrigues Pereira. Rio de Janeiro: Tip. Nacional, 1884.

MINISTÉRIO DA FAZENDA. *Proposta e Relatório apresentados à Assembleia Geral Legislativa na Primeira Sessão da Vigésima Legislatura* pelo Ministro e Secretário de Estado dos Negócios da Fazenda, Francisco Belisário Soares de Souza. Rio de Janeiro: Imprensa Nacional, 1886.

MOREIRA, N. J. *Breves considerações sobre a história e cultura do cafeeiro e consumo de seu produto*. Rio de Janeiro: Imperial Instituto Artístico, 1873.

_____. *Notícia sobre a agricultura no Brasil*. Rio de Janeiro: 1873.

NABUCO, J. *Um estadista do Império*. São Paulo: Instituto Progresso Editorial, 1949.

_____. *A questão da América Latina*. In: *Balmaceda*: A intervenção estrangeira durante a revolta de 1893. São Paulo: Instituto Progresso Editorial, 1949.

NABUCO, J. O sentimento da nacionalidade na história do Brasil. In: *Pensamentos soltos*. São Paulo: Instituto Progresso Editorial, 1949.

OLIVEIRA. J. J. M. de. *Informação sobre o estado da indústria da mineração, da agrícola e da fabril nos municípios da Província de São Paulo*. São Paulo: Tip. Imparcial, 1859.

OTTONI, C. B. *O futuro das estradas de ferro no Brasil*. Rio de Janeiro: Tip. Nacional, 1859.

_____. *Esboço histórico das estradas de ferro no Brasil*. Rio de Janeiro: 1866.

POHL, J. E. *Viagem ao interior do Brasil empreendida nos anos 1817 e 1821 e publicada por ordem de S. Majestade o Imperador da Áustria Francisco I*. Rio de Janeiro: Instituto Nacional do Livro, 1951.

PORTO ALEGRE, P. *Monografia do café. História, cultura e produção*. Lisboa: Viúva Bertrand, 1897.

REBOUÇAS, A. P. *Agricultura Nacional. Estudos Econômicos*. Rio de Janeiro: 1875.

Recompilação do custo, despesa e rendimento de um estabelecimento da cultura do cafeeiro. Rio de Janeiro: s. n., 1835.

Regimento das Câmaras Municipais do Império do Brasil Lei de 1º de outubro de 1828, com todas as leis, resoluções, decretos, regulamentos, avisos, portarias e ordens que lhe dizem respeito publicados desde a época da Independência até o presente. Rio de Janeiro: Eduardo e Henrique Laemert, 1875.

REIS, M. da S. *Situação econômica do Brasil. Exposição apresentada à comissão especial nomeada pela Assembleia Geral da Associação Comercial em 2 de maio de 1884*. Rio de Janeiro: A. Guimarães, 1884.

"Retrospecto Commercial" do *Jornal do Commercio*. Rio de Janeiro: Tip. J. Villeneuve, 1876-1886.

REYBAUD, C. *Le Brésil*. Paris: s. n., 1856.

RIBEYROLLES, C. *Brasil pitoresco*. Biblioteca Histórica Brasileira. São Paulo: Martins, 1941.

RUGENDAS, J. M. *Viagem pitoresca através do Brasil*. Biblioteca Histórica Brasileira. São Paulo: Martins, 1954.

SAINT-HILAIRE, A. *Segunda viagem a São Paulo e quadro histórico da Província de São Paulo*. Biblioteca Histórica Brasileira. São Paulo: Martins, 1954.

SANSON, A. T. *Une Parisiènne au Brésil*. Paris: Paul Ollendorf, 1883.

SANT'ANNA NERY, M. F. J. *Le Brésil en 1889*. Paris: s. n., 1889.

SANTOS, H. A. da C. *Breves considerações sobre o nosso café*. Rio de Janeiro: Leuzinger e Filhos, 1881.

SCULLY, W. *Brazil, its Provinces and Chief Cities; the Manners and Customs of the People*. London: s. n., 1866.

SELYS-LONGCHAMPS, W. *Notes d'un voyage au Brésil*. Extrait de la Revue de Belgique. Bruxelles: Muquardt, 1875.

SILVEIRA, A. V. de A. *Ao comércio de café*. Rio de Janeiro: Leuzinger e Filhos, 1884.

SOARES, S. F. *Notas estatísticas sobre a produção agrícola e carestia dos gêneros alimentícios do Império do Brasil*. Rio de Janeiro: s. n., 1860.

SPIX, J. B. von, MARTIUS, C. F. P. von. *Viagem pelo Brasil*. 2.ed. São Paulo: Melhoramentos, 2 v.

STRATEN-PONTHOZ, A. von der. *Le budget du Brésil*. Paris: Librairie d'Amyot, 1854.

STURTZ, J. J. *A Review Financial, Statistical and Comercial of the Empire of Brazil and its Resources*. London: Effingham Wilson, 1837.

SUZANNET (Comte de). *Souvenirs de voyage. Les provinces du Caucase, L'Empire du Brésil*. Paris: G. A. Dentu, 1846.

TAUNAY, A. C. *Manual do agricultor brasileiro. Obra indispensável a todo senhor de engenho, fazendeiro e lavrador*. Rio de Janeiro: s. n., 1839.

TEIXEIRA, C. *O café do Brasil. Contendo a análise química feita expressamente em café brasileiro e comparada ao café de outras procedências pelo prof. Ernesto Ludwig*. Rio de Janeiro: Tipografia de Moreira, Maximino e Cia., 1883.

TEIXEIRA JÚNIOR, J. J. *Discurso pronunciado na Câmara dos Srs. Deputados na Sessão de 9 de setembro de 1869 sobre a necessidade da reforma do processo de falências*. s.n.t.

THIERSANT, M. D. de. *La production et la consommation du café*. Extrait du Journal des Economistes, janvier, 1882. Paris: Guillaumin, 1882.

TSCHUDI, J. J. von. *Viagem às Províncias do Rio de Janeiro e São Paulo*. Biblioteca Histórica Brasileira, São Paulo: Martins, 1953.

WALSH, R. R. *Notices of Brazil in 1828-1829*. 2 v. London: Frederick Westley, 1830.

WELTER, H. *Essai sur l'histoire du Café*. Paris: Reinwald, 1868.

WERNECK, F. P. de L. (Barão do Paty do Alferes). *Memória sobre a fundação e costeio de uma fazenda na Província do Rio de Janeiro*. Rio de Janeiro: 1878.

WERNECK, L. P. de L. *Ideias sobre Colonização precedidas de uma sucinta exposição dos princípios gerais que regem a população*. Rio de Janeiro: Tip. Universal de Laemert, 1855.

ZALUAR, E. A. *Peregrinação pela Província de São Paulo (1860-1861)*. São Paulo: Martins, 1953.

História – Brasil e Portugal

ANTONIO CANDIDO de MELLO e SOUZA. The Brazilian Family. In: Marchand, A., LYNN SMITH, I. *Brazil, Portrait of Half a Continent*. New York: Dryden Press, 1951.

ANTONIO CANDIDO de MELLO e SOUZA. Os parceiros do Rio Bonito. Estudo sobre o caipira paulista e a transformação de seus meios de vida. Rio de Janeiro: José Olympio, 1964.

AZEVEDO, L. de. Épocas de Portugal Econômico. Lisboa: Teixeira, 1947.

BARROS, R. S. M. de. A ilustração brasileira e a ideia de Universidade. São Paulo: Faculdade de Filosofia, USP, 1959.

CALÓGERAS, J. P. A política monetária do Brasil. São Paulo: Editora Nacional, 1960.

CARDOSO, F. H. Capitalismo e escravidão no Brasil Meridional. São Paulo: Difusão Europeia do Livro, 1962.

_____. Condições Sociais da Industrialização em São Paulo. s.l. Revista Brasiliense, n.28, 1960.

COSTA, E. V. Da senzala à colônia. São Paulo: Difusão Europeia do Livro, 1966.

FERNANDES, F. Do escravo ao cidadão. In: Roger Bastide e Florestan Fernandes. Negros e brancos em São Paulo. São Paulo: Editora Nacional, 1959.

FLEIUS, Max. História administrativa do Brasil. São Paulo: Melhoramentos, 1922.

FRANÇA, E. D., SIQUEIRA, S. A. Segunda visitação do Santo Ofício às terras do Brasil. Anais do Museu Paulista, t.XVII, 1963.

FRANCO, F. de A. C. Bandeiras e bandeirantes de São Paulo. São Paulo: 1940.

FURTADO, C. Formação ecônomica do Brasil. Rio de Janeiro: Fundo de Cultura Econômica, 1959.

GODINHO, V. de M. A economia dos descobrimentos henriquinos. Lisboa: Sá da Costa, 1962.

HERRMANN, L. Evolução da estrutura social de Guaratinguetá num período de trezentos anos. Instituto de Administração da Universidade de São Paulo, 1948.

HOLANDA, S. B. de. Raízes do Brasil. Rio de Janeiro: José Olympio, 1948.

_____. Prefácio a Davatz. Memórias de um colono no Brasil (1850). São Paulo: Martins, 1950.

IANNI, O. As metamorfoses do escravo. São Paulo: Difusão Europeia do Livro, 1962.

LEAL, V. N. Coronelismo, enxada e voto. Rio de Janeiro: s. n., 1949.

MAURO, F. Le Portugal et L'Atlantique au XVIIIe siècle. Paris: Imprimerie Nationale, 1960.

MONBEIG, P. Pionniers et planteurs de São Paulo. Paris: Armand Colin, 1952.

OLIVEIRA, A. A. M. de. Vida e morte do bandeirante. São Paulo: 1930.

PRADO JÚNIOR, C. História econômica do Brasil. São Paulo: Brasiliense, 1953.

QUEIROZ, M. I. P. de. O messianismo no Brasil e no mundo. São Paulo: Dominus, 1965.

RANGEL, I. *Dualidade básica da economia brasileira.* Rio de Janeiro: Instituto Superior de Estudos Brasileiros, 1957.
SIMONSEN, R. C. *Aspectos da história econômica do café.* São Paulo: s. n., 1940.
STEIN, S. *Vassouras, a Brazilian Coffee County.* Cambridge: s. n., 1957.

Obras Gerais

FREYER, H. *La sociologia, ciencia de la realidad.* Buenos Aires: Losada, 1944.
GLUKMAM, M. *Order and Rebellion in Tribal Africa.* New York: Free Press, 1963.
HOBSBAWN, E. J. *Primitive Rebels.* London: 1959.
LEACH, E. R. *Political Systems in Highland Burma.* London Bell & Sons, 1964.
MARX, K. Ébauche d'une critique de l'économie politique. In: *Oeuvres, Économie.* t. II, Bibliothèque de la Pléiade, Paris: Gallimard, 1968.

_____. Le Capital. In: *Oeuvres, Économie.* t.I e II, Bibliothèque de la Pléiade, Paris: Gallimard, 1968.

MESSNER, J. *El funcionario en la sociedad Pluralista.* Madrid: Ediciones Rialps, 1962.
SOMBART, W. *Le bourgeois.* Paris: Payot, 1929.
TÖNNIES, F. *Comunidad y sociedad.* Buenos Aires: Losada, 1947.

_____. *Principios de sociologia.* México: Fondo de Cultura Economica, 1944.

WEBER, M. *Economia y sociedad.* México: Fondo de Cultura Economica, 1944.

_____. La decadencia de la cultura antigua. In: *Selección y Recuerdo de la Revista de Occidente.* Série II, Madrid: s. n., 1950.

_____. Politics as a vocation. In: H. H. GERTH, C. R. MILLS (Ed.) *From Max Weber; Essays in Sociology.* New York: Oxford University Press, 1947.

_____. *The Methodology of the Social Sciences.* Glencoe: The Free Press, 1949.

SOBRE O LIVRO

Coleção: Biblioteca Básica
Formato: 14 x 21 cm
Mancha: 25 x 44 paicas
Tipografia: Goudy Old Style 11/13
Papel: Pólen 80 g/m² (miolo)
Cartão Supremo 250 g/m² (capa)

4ª edição: 1997
8ª reimpressão: 2021

EQUIPE DE REALIZAÇÃO

Produção Gráfica
Edson Francisco dos Santos (Assistente)

Edição de Texto
Fábio Gonçalves (Assistente Editorial)
Luicy Caetano de Oliveira (Preparação de Original)
Carlos Alberto Villarruel Moreira e
Ana Paula Castellani (Revisão)
Cristian Clemente (Atualização Ortográfica)

Editoração Eletrônica
Casa de Ideias (Diagramação)

Impressão e Acabamento